国家出版基金项目
NATIONAL PUBLICATION FOUNDATION

〔元〕脱脱 等撰

點校本
二十四史
修訂本

遼史

第一册

卷一至卷三〇

中華書局

圖書在版編目(CIP)數據

遼史/(元)脱脱等撰. —北京:中華書局,2016.4
(2023.11 重印)
(點校本二十四史修訂本)
ISBN 978-7-101-11607-6

Ⅰ.遼… Ⅱ.脱… Ⅲ.中國歷史-遼代-紀傳體
Ⅳ.K246.104.2

中國版本圖書館 CIP 數據核字(2016)第 047839 號

責任編輯: 王　勖　劉彦捷
責任校對: 李曉霞　梁五童
責任印製: 管　斌

點校本二十四史修訂本
遼　史
(全五册)
〔元〕脱　脱 等撰
*
中 華 書 局 出 版 發 行
(北京市豐臺區太平橋西里 38 號　100073)
http://www.zhbc.com.cn
E-mail:zhbc@zhbc.com.cn
北京盛通印刷股份有限公司印刷
*
880×1230 毫米 1/32 · 57¼印張 · 8 插頁 · 1131 千字
2016 年 4 月第 1 版　2023 年 11 月第 4 次印刷
印數:13001-14000 册　定價:280.00 元

ISBN 978-7-101-11607-6

永樂大典卷之五千二百四十八

十三蕭

遼

世宗

遼史 世宗孝和莊憲皇帝諱阮小字兀欲讓國皇帝長子母柔貞皇后蕭氏帝儀觀豐偉內寬外嚴善騎射樂施予人望歸之太宗愛之如子會同九年從伐晉大同元年二月封永康王四月丁丑太宗崩於欒城戊寅梓宮次鎮陽即皇帝位於柩前甲申次定州命天德朔古解里等護梓宮先赴上京太后聞帝即位遣太弟李胡率兵拒之六月甲寅朔次南京五院夷离堇安端詳穩劉哥遣人馳報請為前鋒至泰德泉遇李胡軍戰敗之上遣郎君勤德等詣兩軍諭解秋閏七月次潢河太后李胡整兵拒於橫渡相持數日用屋質之謀各罷兵趨上京既而聞太后李胡復有異謀遷于祖州誅司徒劃設及楚補里八月壬午朔尊母蕭氏為皇太后以太后族剌只撒古魯為國舅帳立詳穩以總焉以崇德宮戶分賜翼戴功臣及北院大王洼南院大王吼各五十安摶楚補各百的魯鐵剌子孫先以非罪籍沒者歸之癸未始置北院樞密使以安摶為之九月壬

一　永樂大典卷五二四八「蕭」字韻「遼」字目引遼史（中國國家圖書館藏）

國語解第四十六　遼史百十六

開府儀同三司上柱國錄軍國重事中書右丞相監修國史領經筵事都總裁臣脫脫奉

勑修

史自遷固以迄晉唐其爲書雄深浩博讀者未能盡曉於是裴駰顔師古李賢何超董衝諸儒訓詁音釋然後制度名物方言奇字可以一覽而周知其有助於後學多矣遼之初興與奚室韋密邇土俗言語大槩近俚至太祖太宗奄有朔方其治雖參用漢法而先世奇首遥輦之制尚多存者子孫相繼亦遵守而不易故史之所載官制宮衛部族地理率以國語爲之稱號不有註釋以辨之則世何從

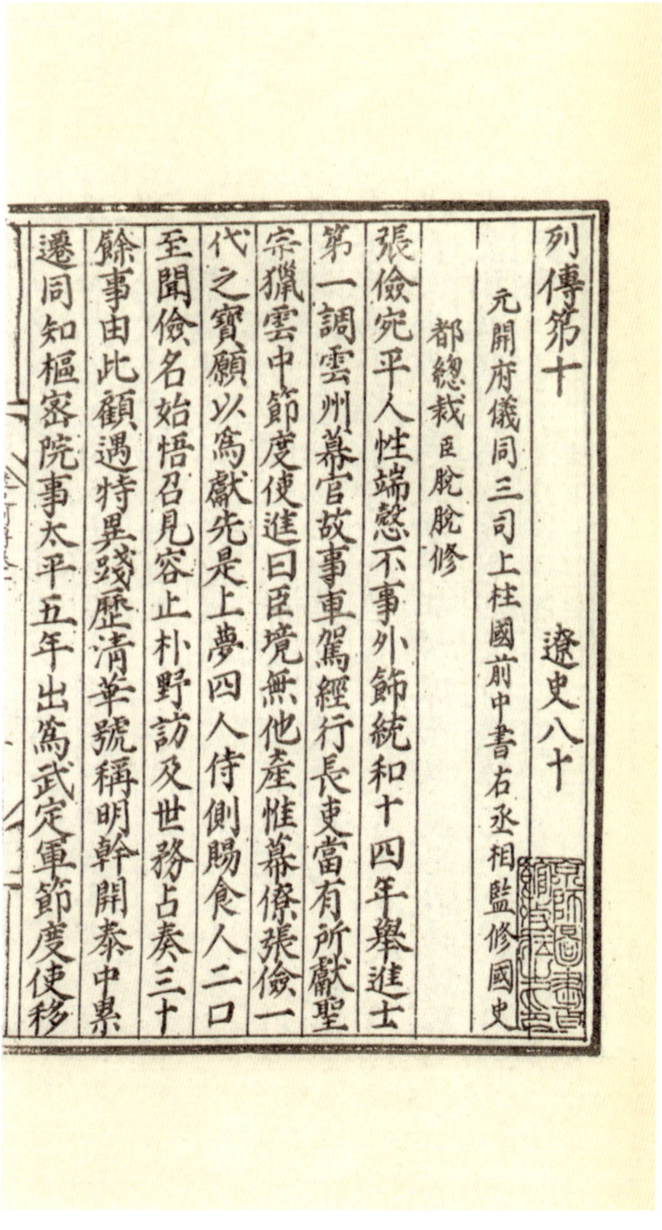
列傳第十　遼史八十

元開府儀同三司上柱國前中書右丞相監修國史

都總裁臣脫脫修

張儉宛平人性端慤不事外飾統和十四年舉進士第一調雲州幕官故事車駕經行長吏當有所獻聖宗獵雲中節度使進曰臣境無他產惟幕僚張儉一代之寶願以爲獻先是上夢四人侍側賜食人二口至聞儉名始悟召見容止朴野訪及世務占奏三十餘事由此顧遇特異踐歷清華號稱明幹開泰中累遷同知樞密院事太平五年出爲武定軍節度使移

三　明初內廷朱絲欄鈔本（臺北故宮博物院藏）

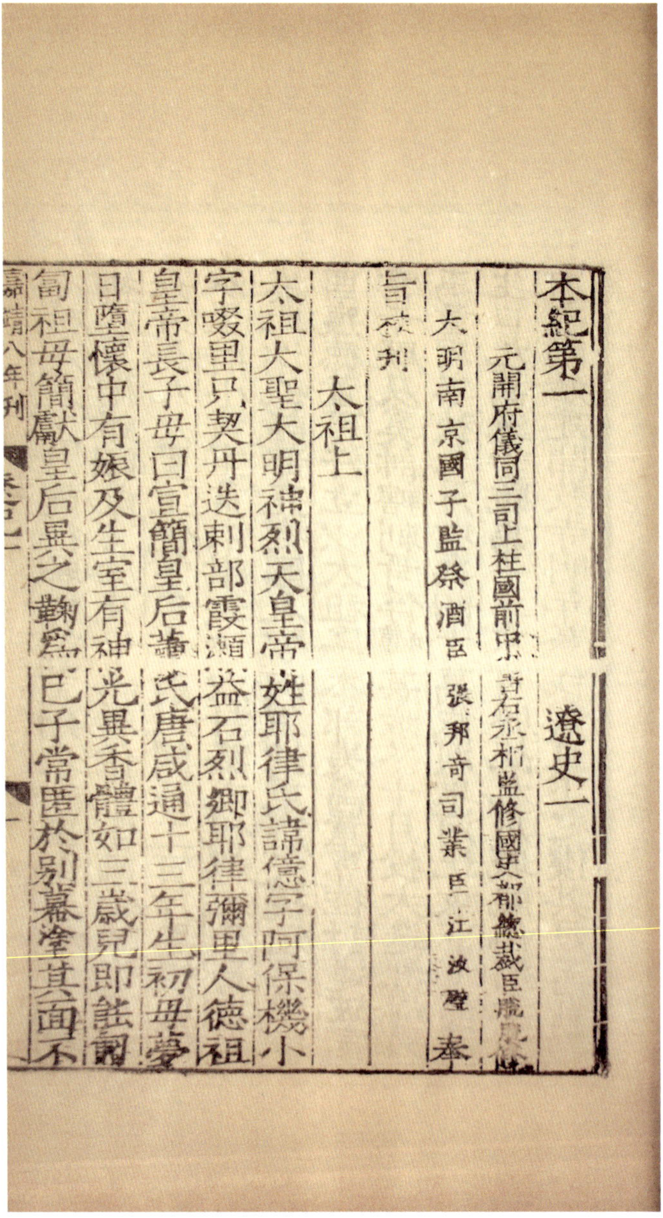

本紀第一　遼史一

元開府儀同三司上柱國前中書右丞相監修國史領經筵總裁臣脫脫等修

大明南京國子監祭酒臣張邦奇司業臣江汝璧奉

旨校刊

太祖上

太祖大聖大明神烈天皇帝姓耶律氏諱億字阿保機小字啜里只契丹迭剌部霞瀨益石烈鄉耶律彌里人德祖皇帝長子母曰宣簡皇后蕭氏唐咸通十三年生初母夢日墮懷中有娠及生室有神光異香體如三歲兒即能匍匐祖母簡獻皇后異之鞠爲己子常匿於別幕塗其面不

嘉靖八年刊　卷一　一

四　明嘉靖八年南京國子監本（北京中華書局圖書館藏）

遼史卷四十三　志第十三

元開府儀同三司上柱國前中書右丞相兼修國史都總裁脫脫修

皇明奉訓大夫左春坊右諭德兼翰林院侍講管國子監事臣沈漼等

奉

勑重校刊

曆象志中

閏考

月度不足是生朔虛天行有餘是爲氣盈盈虛相懸歲月乃牉積牉而差寒暑互易百穀不成庶政不明聖人驗以斗柄準以歲星爰立閏法信治百官是故閏正而

五　明萬曆三十四年北京國子監本（中國國家圖書館藏）

遼史卷六十五

元中書右丞相總裁脫脫等修

表第三

公主表

春秋之法主姬下嫁書于策以魯公同姓之國爲之婚主故爾古者婦諱不出門內言不出梱公主悉列于傳非禮也然遼國專任外戚公主多見記傳間不得不表見之禮男女異長不當與皇子同列别爲公主附表

屬	母	名	封	下嫁	事	罪	薨	子

乾隆四年校刊

六　清乾隆武英殿本（北京中華書局圖書館藏）

遼史整理人員名録

原點校者　馮家昇　陳述
　　　　　陳金生

修訂主持人　劉浦江

修訂承擔單位　北京大學

修訂組成員　劉浦江　康鵬　邱靖嘉　陳曉偉　任文彪　苗潤博　林鵠
　　　　　　高宇　曹流　樂日樂　聶文華　肖乃鋮　趙宇

編輯組成員　馮寶志　王勖　劉彦捷

點校本二十四史及清史稿修訂緣起

以「二十四史」及清史稿爲代表的紀傳體史書，記載了中國古代從傳説中的黄帝到辛亥革命結束清朝統治前各個朝代的歷史概貌，以歷代王朝的興亡更替爲先後，反映了中國的歷史進程，構成了關於中國古代政治、經濟、軍事、科技、思想文化、社會風俗等各個方面最爲重要的基本史料，使中國和中華民族成爲世界上惟一擁有數千年連貫、完整歷史記載的國家和民族。這是中華民族引以爲榮並值得進一步發揚光大的寶貴歷史文化遺産。

爲了更好地傳承與保護這份珍貴的歷史文化遺産，二十世紀五十至七十年代，在毛澤東主席、周恩來總理的親自部署和國家有關部門的直接領導下，由中華書局承擔組織落實和編輯出版工作，集中全國學術界、出版界的力量，完成了「二十四史」及清史稿的點校整理和出版。從一九五八年九月標點「前四史」及改繪楊守敬地圖工作會議召開，次年九月點校本史記問世，到一九七八年點校本宋史完成出版，整理工作歷時二十年，其間不斷完善點校體例，逐史加以標點、分段、校勘、正誤、補闕，所積累的科學整理方法和豐富的實踐經驗，爲傳統文獻的整理做出了寶貴的探索，確立了現代古籍整理的基本範式和標準。點校本出版之後，以其優秀的學術品質和適宜閱讀的現代形式，逐漸取代了此前的各種舊本，爲學術界和廣大讀者普遍採用，成爲使用最廣泛的權威性通行本。

點校本「二十四史」及清史稿從開始出版，至今已超過半個世紀，上距一九七八年宋史出版，點校工作完成，也已經過去了三十多年。點校本「二十四史」及清史稿的整理出版工作，由於受到當時種種客觀條件的制約，加之整理出版過程歷時綿長，時間跨度大，參與點校者時有變動，點校體例未能統一，或底本選擇不够精當，或校勘過於簡略，或標點間有失誤，各史都存在着不同程度的缺憾。爲適應新時代學術發展和讀者使用的需求，亟需予以全面修訂。

中華書局於二〇〇五年開始籌備「二十四史」及清史稿的修訂工作，梳理學術界關於點校本的意見建議，清理點校工作原始檔案，進一步明確修訂工作重點。二〇〇六年四月召開專家論證會，得到了學術界的積極響應。其後，在新聞出版總署、中國出版集團公司和社會各界學術力量的支持下，正式組建了點校本「二十四史」及清史稿修訂工程組織機構，擬定了修訂工作的各項具體規定，包括修訂工作總則、修訂工作流程，以及標點分段辦法舉例、校勘記寫法細則舉例等一系列規範性文件，並在全國範圍内通過廣泛調研，遴選確定了各史修訂承擔單位和主持人。

點校本「二十四史」及清史稿，是二十世紀中國古籍整理的標誌性成果，修訂本是原點校本在新的歷史時期的延續。修訂工作在原有點校本基礎上展開，嚴格遵守在點校本基礎上進行適度、適當修訂和完善的原則，通過全面系統的版本覆核、文本校訂，解決原點校本存在的問題，彌補不足，力求在原有基礎上，形成一個體例統一、標點準確、校勘精審、閲讀方便的新的升級版本。

修訂工作的總體目標，主要包括兩個方面：一，保持點校本已取得的整理成果和學術優勢，通過各個修訂環節，消弭點校本存在的缺憾，並認真吸收前人與時賢的研究成果，包括當代學術研究的新發現（文物、文獻資料）、新結論（學術定論），使修訂本成爲符合現代古籍整理規範、代表當代學術水準、能够體現二十一世紀新的時代特點的典範之作。二，解決原點校本各史體例不一的問題，做到體例基本統一，包括：規範取校範圍、校勘取捨標準、分段及校勘記、標點方式；撰寫各史修訂本前言、凡例；編製主要參考文獻目録及其他附録、索引。

早在一九六〇年，時任國務院古籍整理出版規劃小組組長的齊燕銘同志，就曾對點校本「二十四史」提出過兩點明確的要求，其一是在學術成果上「超越前人」；其二是經過重版修訂使之「成爲定本」。點校本的學術業績，獲得了學術界和廣大讀者的高度評價和廣泛採用，經過全面修訂，希望能在保持原有學術優勢的基礎上完善提高，進一步確立並鞏固點校本「二十四史」及清史稿的現代通行本地位，「成爲定本」還需要廣大讀者的檢驗和今後不斷的努力。

點校本「二十四史」及清史稿整理工作自二十世紀五十年代起始，至本世紀全面修訂再版，五十餘年間，一代又一代學者如同接力賽跑，前赴後繼，爲之默默奉獻，傾盡心力。點校本的學術成就和首創之功，以及其間展現的幾代人鍥而不捨的爲學精神，將澤被學林，彪炳史册！值此修訂本出版之際，我們向所有參加過點校工作的前輩學者和出版工作者，表示崇高的敬意，對已故前輩表達深切的懷念，向承擔本次修訂的各位學者專家表示誠摯的謝意，向國家出版基金管理委員會及其辦公室、各史點校和修訂承擔單位、各相關圖書收藏機構，以及關注和支持本次修訂工作的社會各界人士，謹致由衷的謝忱。

中華書局編輯部　二〇一三年七月

點校本遼史修訂前言

一

遼史一百一十六卷，元脱脱等奉敕纂修。包括本紀三十卷，志三十二卷〔一〕，表八卷，傳四十五卷〔二〕，國語解一卷。記載從耶律阿保機即可汗位至遼朝亡國二百餘年（九〇七—一一二五）的歷史，兼及遼末耶律大石建立的西遼，是研究遼朝一代歷史最基本也是最重要的史料。

遼史得以纂修成書，經歷了一個非常曲折的過程。早在元世祖中統二年（一二六一），翰林學士承旨王鶚就曾建言修遼、金二史。南宋亡後，又議修遼、金、宋三史。訖於文宗朝，朝廷屢次議修三史，前後不下六七次之多，但均因正朔義例之爭而不得不擱置。其間的主要分歧是自金朝亡國之日起就已産生的兩種對立觀點：究竟應當獨尊宋爲正統，還是應當將宋與遼金視爲南北朝呢？當時史館中有人主張採用脩端辯遼宋金正統提出的南、北史説，張紳通鑑續編序曰：「曩時朝廷纂修三史，一時士論，雖知宋爲正統，物議以宋勝國而疑之。史臣王理因著三史正統論，推明脩端之言，欲以遼爲北史，金亦爲北史，宋自太祖至靖康爲宋史，建炎以後爲南宋史〔三〕。」但主張獨尊宋統者則堅持應以宋爲本紀，以遼金爲載記。甚至連當時的科舉考試都涉及到了這個問題，元文類卷四七載宋本鄉試策問曰：「趙宋立國三百餘年，遼金二氏與之終始……廷議將併纂三氏之書，爲不刊之典。左氏、史遷之體裁何所法？凡例正朔之予奪何以辨？諸君子其悉著于篇，用備采擇。」可見這確實是元朝士人非常關心的一個話題。

後來虞集提出了一個回避爭論的設想：「間與同列議三史之不得成，蓋互以分合論正統，莫克有定。今當三家各爲書，各盡其言而覈實之，使其事不廢可也，乃若議論則以俟來者。諸公頗以爲然〔四〕。」這一動議的提出，大約是文宗時期的事情。可見三史各自成書的辦法，當時史館中醞釀已久，並非脱脱的發明。直到至正三年（一三四三），時任中書右丞相的脱脱領銜纂修三史都總裁，才最終採納了這種意見。庚申外史卷上云：「先是諸儒議論三國正統，久不決。至是脱脱獨斷曰：『三國各與正統，各繫其年號。』議者遂息。」其中遼史由廉惠山海牙、王沂、徐昺、陳繹曾四人分撰。自至正三年四月至四年三月，前後費時不到一年，遼史就率先告成。

二

關於遼史的史源，馮家昇在遼史源流考一文中進行過較爲深入的探討，他的研究結論是，元修遼史的史源主要出自遼耶律儼皇朝實録和金陳大任遼史，因遼末史料極爲匱乏，又取舊題宋人葉隆禮契丹國志加以補充〔五〕。

遼朝修史制度不甚健全，雖有修起居注、日曆的記載，但似未形成制度，亦未聞有成書者，其官修史書之可考者惟有「實録」而已。據遼史記載，遼朝曾先後四次纂修實録。最早的一次是聖宗統和九年（九九一），室昉等撰進實録二十卷。遼史聖宗紀曰：統和九年正月乙酉，「樞密使、監修國史室昉等進實録，賜物有差」。室昉傳亦云：「表進所撰實録二十卷，手詔褒之。」室昉是時已年過七旬，大概只是以樞密使領銜監修而已，此書主要成於邢抱朴之手。邢抱朴傳謂統和間「遷翰林學士承旨，與室昉同修實録」，即指此事。第二次是興宗重熙十三年（一〇四四），耶律庶成等修成實録二十卷。據遼史興宗紀，是年六月丙申，「詔前南院大王耶律谷欲、翰林都林牙耶律庶成等編集國朝上世以來事蹟」。耶律谷欲傳也說：「奉詔與林牙耶律庶成、蕭韓家奴編遼國上世事跡及諸帝實録，未成而卒。」耶律庶成傳則説：「偕林牙蕭韓家奴等撰實録及禮書。」關於此書斷限及卷數，蕭韓家奴傳説得最清楚：「擢翰林都林牙，兼修國史……（重熙十三年）詔與耶律庶成録遥輦可汗至重熙以來事迹，集爲二十卷，進之。」第三次是道宗大安元年（一〇八五），史官進呈七帝實録，卷數不詳。遼史道宗紀是年十一月辛亥，「史臣進太祖以下七帝實録」，所謂「七帝」，即指太祖至興宗。第四次就是遼末耶律儼修成皇朝實録七十卷。

皇朝實録纂修於道宗壽昌至天祚乾統間。遼史耶律儼傳稱其壽昌間「修皇朝實録七十卷」，又據王師儒墓誌説：「及任宣政殿大學士、判史館事，編修所申，國史已絶筆。宰相耶律儼奏，國史非經大手刊定，不能信後，擬公再加筆削，上從之〔六〕。」這裏所説的「國史」就是指皇朝實録，王師儒於壽昌六年（一一〇〇）授宣政殿大學士、判史館事，時「國史已絶筆」，可知皇朝實録纂成於道宗末年。而遼史天祚紀乾統三年（一一〇三）十一月又有「召監修國史耶律儼纂太祖諸帝實録」的記載，按壽昌六年成書的皇朝實録，其下限當止於興宗朝，乾統三年再修實録，可能是命耶律儼續修道宗一朝。至於其最終成書時間，也是有綫索可稽的。天祚紀乾統六年十二月有「封耶律儼爲漆水郡王，餘官進爵有差」的記載，雖未説明事由，但從時間及封爵對象來判斷，估計此次封爵的起因很可能與皇朝實録成書進呈有關。如上所述，皇朝實録的最終成書時間當在乾統六年，其記事下限應訖於道宗朝，然考之遼史，似又不然。遼史卷四三閏考和卷四四朔考逐年標注耶律儼皇朝實録和陳大任遼史的朔閏，令人意外的是，直至天祚保大年間仍有皇朝實録的相關記載。故皇朝實録的下限究竟止於何時，仍是一個有待考究的問題。

尚需説明的是，遼朝所謂的「實録」，實際上是指紀傳體的國史，而並非爲每位皇帝單獨修撰的編年體實録。如皇朝實録篇目之可考者，既有從太祖至道宗的各朝帝紀，又有部族志、百官志、禮志、儀衛志等，還有后妃傳等列傳〔七〕。其他幾部「實録」雖有記事詳略的不同，但從它們的内容斷限來判斷，大概也都是紀傳體的國史。熟悉中原王朝修史制度的人們也許會心存疑問，爲何會將紀傳體國史稱爲「實録」呢？其實這種情況在遼朝並不奇怪。由於契丹漢化程度有限，像這樣誤用漢式名詞術語的現象在整個遼朝一代都是十分常見的，如宰相、三師、三公、京師等名號的濫用，將「皇太弟」誤稱爲「皇太子」、「皇孫」誤稱爲「皇子」，都是很典型的例子。元朝史官將這種現象稱之爲「沿名之風」，所謂「沿名之風」主要是針對遼朝在漢化過程中簡單機械地效仿漢制的做法而言的，指的是沿襲漢「名」而又「名」不副實的一類現象〔八〕。由此我們不難理解，遼朝爲何會將紀傳體國史稱之爲「實録」。

金朝曾兩度纂修遼史，第一次是在熙宗皇統間，由遼朝遺老耶律固主持修纂，後成於其弟子蕭永祺之手。金史移剌子敬傳曰：「子敬讀書好學，皇統間，特進移剌固修遼史，辟爲掾屬。」蕭永祺傳提供了更爲詳細的情況：「廣寧尹耶律固奉詔譯書，辟置門下，因盡傳其業。固卒，永祺率門弟子服齊衰喪。固作遼史未成，永祺繼之，作紀三十卷、志五卷、傳四十卷，上之。」據此可知，蕭永祺遼史亦爲紀傳體史書，凡七十五卷。據熙宗紀，知此書修成於皇統八年（一一四八），但當時未曾刊行，後來便再無有關此書的任何消息，估計到元修遼史時其稿本早已散佚無存。

金朝第二次纂修的遼史，就是所謂陳大任遼史。章宗即位之初，命臣下重修遼史，金史章宗紀大定二十九年（一一八九）十一月乙亥有「命參知政事移剌履提控刊修遼史」的記載。党懷英傳於此事始末言之最詳：「大定二十九年，與鳳翔府治中郝俣充遼史刊修官，應奉翰林文字移剌益、趙渢等七人爲編修官。凡民間遼時碑銘墓誌及諸家文集，或記憶遼舊事，悉上送官……泰和元年，增修遼史編修官三員，詔分紀、志、列傳，刊修官有改除者，以書自隨……懷英致仕後，章宗詔直學士陳大任繼成遼史云。」關於陳大任與修遼史的情況，章宗紀也有相應的記載：泰和六年（一二〇六）七月丁亥，「勑翰林直學士陳大任妨本職專修遼史」；次年十二月壬寅，「遼史成」。

值得注意的是，這部遼史之纂修，自大定二十九年至泰和七年，前後歷經十八年之久，幾乎貫穿整個章宗一朝。馮家昇指出，這是由於受到章宗朝德運之爭的影響，以致遼史延宕多年不能成書。金末人脩端甚至還有這樣的説法：「（章宗）選官置院，創修遼史。後因南宋獻馘告和，臣下奏言靖康間宋祚已絶，當承宋統，上乃罷修遼史〔九〕。」馮家昇據此認爲，陳大任遼史最後並未真正完成，因泰和七年南宋函韓侂胄首請和，臣下指出金當承宋統而不當承遼統，「上乃罷修遼史」，此事最終不了了之〔一〇〕。不過，這一結論恐怕還值得仔細斟酌。章宗朝的德運之爭，主要是三派意見相持不下：一派是堅持傳統的金德説，一派是主張承宋火德的土德説，一派是主張承遼水德的木德説。自明昌四年至泰和二年，歷經十年的反復論爭，章宗最終選擇了土德，宣稱金滅北宋，趙宋火德已絶，故本朝當承宋統爲土德〔一一〕。既然泰和二年已確定承宋統而不承遼統，當時爲何不罷修遼史，反倒在泰和六年又命陳大任專修遼史？直至南宋開禧北伐失敗後向金求和，經臣下提醒本朝「當承宋統」，這才想起來應罷修遼史，其間周折似不合於情理。如此看來，脩端的上述説法很難讓人相信，大概是出自金末士人的某種傳聞和附會罷了。

幸運的是，耶律儼皇朝實録和陳大任遼史都傳到了元末。遼史禮志序説：「今國史院有金陳大任遼禮儀志……別得宣文閣所藏耶律儼志。」這裏所謂陳大任遼禮儀志、耶律儀志，就是分别指陳大任遼史禮儀志和耶律儼皇朝實録之禮志。關於皇朝實録在元朝的流播經過，蘇天爵三史質疑曾經談及：「遼人之書，有耶律儼實録，故中書耶律楚材所藏。天曆間，進入奎章閣〔一二〕。」奎章閣始建於天曆二年（一三二九），後於至正元年改名宣文閣。陳大任遼史在泰和七年告成後即隱晦不顯，以至於元好問誤以爲此書已經亡佚：「泰和中，詔修遼史，書成，尋有南遷之變，簡册散失，世復不見〔一三〕。」元世祖至元初，翰林學士承旨王鶚稱：「金實録尚存，善政頗多；遼史散佚，尤爲未備〔一四〕。」可見是時陳大任遼史尚不知所在，後來何時入藏翰林國史院，今已不可考。

前人多以爲元修遼史的史源主要出自耶律儼皇朝實録和陳大任遼史，今天看來，這一認識似乎尚可進一步深化。有迹象表明，元人所修遼史很可能是以陳大任遼史爲藍本，而參之以耶律儼皇朝實録。有學者在研究遼史朔考中的月朔記録時發現，今本遼史本紀主要源自陳大任遼史〔一五〕。不僅是本紀如此，又如屢見於遼史紀、志、表、傳中的道宗「壽隆」年號，本作「壽昌」，今本遼史作「壽隆」者，係陳大任避金諱所改〔一六〕。通檢遼史，除閏考一處記作「壽昌」外，其餘四十餘處均作「壽隆」，這個例證尤能説明問題，可知元修遼史的主要史源是取自陳大任而非耶律儼。

三

對於元人所修遼史，歷來評價不高，如清代學者顧炎武、錢大昕、趙翼及四庫館臣等都曾指陳過它的缺陷，而尤以近人馮家昇的批評最爲尖鋭：「今之廿四史，以遼史成書最速，亦以遼史爲最劣〔四七〕。」遼史存在的主要問題，可以歸納爲以下兩個方面：

（一）記事每多疏漏，史實不乏錯誤

在歷代正史中，記事疏漏、史實錯誤之類的問題本不足爲奇，不過遼史的情況顯得比較突出。元修遼史之所以屢遭後人詬病，這是一個重要的原因。如遼朝曾經先後幾次更改國號，但遼史中却僅能見到太宗大同元年（九四七）「建國號大遼」的惟一一條記載，故清代學者在這一點上屢屢指責遼史的疏漏。錢大昕廿二史考異卷八三云：「按遼自太宗建國號大遼；至聖宗統和元年，去遼號，仍稱大契丹；道宗咸雍二年，復稱大遼。遼史皆没而不書。」趙翼廿二史劄記卷二七「遼史疏漏處」條也指出：「遼史又有太疏漏者。東都事略記遼太宗建國大遼，聖宗即位，改大遼爲大契丹，道宗又改大契丹爲大遼。改號復號，一朝大事，而遼史不書。」四庫全書總目卷四六遼史提要以遼重熙十六年釋迦佛舍利鐵塔記所稱「大契丹國」來印證東都事略的記載，譏評遼史「於國號之更改尚未詳也」。又如關於契丹建國年代也是一個很典型的例子，據遼史太祖紀記載，耶律阿保機於公元九〇七年稱帝建國，後於九一六年建元神册。但根據今天的研究，阿保機在九〇七年僅僅是取代遥輦氏可汗成爲契丹部落聯盟長，至九一六年才稱帝建元，建立大契丹國〔一八〕。諸如建國年代及更改國號這樣政治史上的頭等大事，亦或語焉不詳，或記載不確，遼史之疏漏，莫此爲甚。不過，遼史存在的這些問題恐怕不能簡單歸咎於元朝史官，而主要是原始史料的欠缺所造成的。遼朝的修史制度很不完備，已知第一部官修史書是成書於統和九年的室昉實録，時距契丹建國已有七八十年之久，屬於事後追述，自然難免疏漏。

（二）篇幅過於簡略，内容多有重複

遼朝立國二百餘載，若算上西遼則近三百年，其歷史不可謂不長；統治範圍南達燕雲漢地，北至蒙古高原，其空間不可謂不廣。反觀元人所修遼史，雖有一百一十六卷之多，但由於每卷篇幅很短，内容顯得相當簡略。若與同時修成的金史和宋史做一比較，即可看出遼史卷帙的單薄。金史一百三十六卷，文字至少比遼史要多出一倍；宋史四百九十六卷，文字大約是遼史的十倍。而在這有限的篇幅中，内容又多有重複。四庫館臣對此多有批評：「如每年遊幸，既具書於本紀矣，復爲遊幸表一卷；部族之分合，既詳述於營衛志矣，復爲部族表一卷；屬國之貢使，亦具見於本紀矣，復爲屬國表一卷；義宗之奔唐，章肅之爭國，既屢見於紀、志、表矣，復屢書於列傳；文學僅六人，而分爲兩卷；伶官、宦官本無可紀載，而强綴三人〔一九〕。」這些批評不是没有道理的。實際上，除了陳大任遼史和耶律儼皇朝實録原有的篇目外，元人新立的某些志、表、傳，往往是由紀、傳中的相關内容摘録而成的。如百官志、食貨志的内容大都可以從紀、傳中找到出處，且由於抄取不當，内容或有重出，百官志北面官下既有「契丹北樞密院」、「契丹南樞密院」，南面官下又有「漢人樞密院」，其實遼朝只有北樞密院和南樞密院，此漢人樞密院即南樞密院之重出〔二〇〕。另據今人研究，遼史八表中，除了皇子表、公主表源自陳大任遼史皇族傳之外，其他六表多係雜抄諸紀傳而拼湊成文〔二一〕。又如元朝史官新設的二國外記（包括高麗外記和西夏外記），也明顯是摘抄諸帝紀的相關内容而雜糅成篇的。由於遼史本身篇幅就很簡略，加之内容又多重複，這樣就不免會脱漏許多重要的史實。

儘管遼史的整體質量難以令人滿意，但它却具有無可替代的史料價值。專記遼朝一代歷史而幸存於今者，僅遼史和契丹國志兩書而已。契丹國志題名宋人葉隆禮，實爲元代書賈贋作，主要是抄取宋代文獻中的有關記載拼湊而成的二手史料，且以宋人記遼事，大抵皆傳聞之辭，其内容多不可信據〔二二〕。惟有遼史源自遼朝官修史書，是本朝人記本朝事的第一手史料。幸得元人修成這部正史，後人才有可能對遼朝一代歷史有比較系統的了解和認識。

四

遼史修成後，於至正五年與金史同時下江浙、江西行省雕版刷印，「各印造一百部〔二三〕」，此即至正初刻本。根據存世版本情况來看，此次印本應該已經失傳。前人著録有所謂元刊本者，皆不可信。原國立北平圖書館藏有四種明初所刻遼史殘本，被分别稱爲甲、乙、丙、丁種本，傅增湘謂「丁種較早，察字之形體，以此本最佳，當即世所謂至正本也」，但據馮家昇比勘的結果，知「此四種乃據一板而翻刻者也〔二四〕」。又現藏日本静嘉堂文庫的所謂元刊本，皕宋樓藏書志卷一九、儀顧堂續跋卷六及静嘉堂秘籍志卷四均稱爲元槧。今檢出百衲本有誤而永樂大典本不誤者十餘條，與静嘉堂本逐一比勘，結果發現静嘉堂本皆與百衲本相同，且行款、刻工亦無不與百衲本相吻合，惟間有補版葉，如目録第三葉、卷一一五高麗外記第九至十葉，卷一一六國語解第二十五葉等〔二五〕。我們知道，永樂大典所據爲至正初刻本，而百衲本諸底本皆爲明初覆刻本，由是可證静嘉堂本斷非元槧。

永樂大典本遼史是目前能够見到的最接近於至正初刻本原貌的本子。今大典殘本卷五二四八、五二四九、五二五一皆爲「遼」字目，其中包括遼史本紀十五卷（卷五二四八、五二四九爲遼史卷五至一五，卷五二五一前半爲遼史卷二七至三〇），其他各卷中亦保存有部分紀、傳、志、表的内容。相較而言，大典本的質量無疑是最佳的，凡大典本與其他諸本之間的異文，大都以大典本較勝。因此我們有理由相信，永樂大典所依據的底本應是至正初刻本[二六]。不過需要注意的是，一般來説，大典整卷抄録遼史者錯誤很少，而節引者則不然。譬如遼史卷十聖宗紀統和三年曰：「閏九月癸酉，命邢抱朴勾檢顯陵。丙子，行次海上。庚辰，重九，駱駝山登高，賜羣臣菊花酒。」但汪曰楨歷代長術輯要、陳垣二十史朔閏表皆謂是年遼閏八月，宋閏九月，原點校本校勘記又據大典卷一二〇四三引此段作「九月丙子，行次海上。庚辰重九，次駱駝山登高，賜羣臣菊花酒」，無「閏」字，斷定是年遼閏八月，此處「閏」字下當有大段脱文。按遼大同元年至統和十二年行後晉調元曆，汪曰楨因其曆術無考，遂借用唐宣明曆加以推算，其推算結果多與史實不符，陳垣則一仍汪氏之舊。今檢大典卷五二四九全録本卷聖宗紀，亦作「閏九月癸酉」，而原點校本校勘記所據大典卷一二〇四三係節引，當奪「閏」字，實不足爲據。

原内閣大庫所藏明初内廷朱絲欄鈔本是一部年代較早的本子，此書原爲國立北平圖書館藏善本，抗戰時期寄存美國國會圖書館，上世紀六十年代運抵臺灣，一度保存於臺北「中央圖書館」，現藏臺北故宫博物院圖書文獻館。此本今存四函十九册，一百一十卷（缺卷九至一四共六卷）。此本每半葉十行，行二十至二十二字不等。每册以黄綾裝潢，天地開闊，紙質甚佳。傅增湘、馮家昇皆以爲明初鈔本，楊家駱更進而推斷其爲「進御講讀之本也〔二七〕」。今取此本與百衲本、大典本通校，發現與此二者均有較大差異，大體而言，錯訛之處與百衲本互有出入，但不如大典本精良。根據上述情况判斷，此本或是據至正本抄成，但其底本可能不如大典本底本保存完好。此本鈔寫時間應早於明初覆刻本，若在明刊本問世之後，則似無必要多此一舉。

刻於嘉靖八年（一五二九）的南京國子監本，是明中後期直至乾隆間最通行的本子。關於南監本的底本來源，南廱志提供了一點綫索：「本監所藏諸梓多自舊國子學而來也……遼、金二史，原無板者……於吴下購得遼、金二史，亦行刊刻〔二八〕。」南京國子監的不少書板來自於元集慶路儒學〔二九〕，但其中並無遼、金二史，嘉靖八年從吴下購得的遼史，很可能是明初覆刻本。南監本校正了底本的一些訛誤，同時又衍生出不少新的問題，雖在當時被讀書人視爲定本，但在今天看來並不是一個理想的本子。由於具有持續旺盛的社會需求，南監本自刊行後直至嘉慶十年（一八〇五）毁於火災，二百餘年間不斷修補刷印。歷次補版之可考者，至少有萬曆四年，崇禎七年，順治十五年至十六年，康熙二十年、三十九年至四十年，乾隆十六年、五十五年等等，蓋不下十餘次。

刻於萬曆三十四年（一六〇六）的北京國子監本，也是一個比較常見的本子。一般認爲，北監本二十一史多以南監本爲底本，遼史看來也不例外，從南監本中新增的訛誤大都爲北監本所沿襲這一點，即可看出兩個本子的源流關係。北監本板刻較工，但刊校質量反不及南監本，不僅很少校正南監本原有的錯誤，且翻刻時或有妄改之處。北監本雖不像南監本那樣屢經修補刷印，但在康熙二十五年（一六八六）做過一次全面的修板，此次修補後的版面特徵明顯，卷一篇目後題「康熙二十五年國子監祭酒臣常錫布、祭酒加一級臣翁叔元、司業臣宋古渾、司業加一級臣達鼐、司業臣彭定求、學正臣王默、典籍臣程大畢奉旨重校修」，並將每卷首葉上書口原有的「萬曆三十四年刊」字樣挖改爲「康熙二十五年重修」或「康熙二十五年重刊」，惟個別卷端仍有漏改者。

乾隆四年（一七三九）刊刻的武英殿本是清代最重要也最有影響的遼史版本，尤其是因爲晚清以後有多種影印本流傳於世，使它取代了南監本的地位，成爲百衲本問世之前最流行的遼史讀本。乾隆殿本據北監本翻刻，但比起南、北監本來，它在校勘方面做了更多的工作，校改了大量底本的錯誤，並在每卷末附有若干條「考證」，其實就是校勘記。書末附有校勘銜名七人：原任詹事陳浩、侍講學士周長發、洗馬陸宗楷、編修孫人龍、主事王文清、知州王祖庚、拔貢生郭世燦。不過按照今天的標準來看，乾隆殿本的校勘很不嚴謹，多有肆意妄改之處。

繼乾隆殿本之後，值得重視的是道光四年（一八二四）刊刻的武英殿本。道光殿本以乾隆殿本爲底本重刻，但北族之人名、官名、地名等皆已據四庫本及欽定遼金元三史國語解改譯，此種改譯本自然不可用，道光殿本的價值主要在於它的考證。在乾隆殿本以及四庫全書本的基礎之上，道光殿本在校勘上下了很大的功夫，從各卷末所附考證條目的數量變化即可看出端倪：如卷一乾隆殿本考證僅五條，道光殿本考證多達三十八條；卷四乾隆殿本考證僅兩條，道光殿本考證則爲三十三條。對於今人來説，道光殿本考證中最有價值的内容，莫過於引據永樂大典本遼史所作的版本校，其中部分條目所引大典今已不存。不過需要指出的是，最早利用大典來校遼史的是四庫全書本〔三〇〕，道光殿本在很大程度上是繼承了四庫本的校勘成果。

一九三一年商務印書館以數種明初翻刻本殘本配補而成的百衲本遼史，是點校本問世之前最爲通行的版本。關於百衲本的底本，需要在此做一點説明。百衲本遼史標注爲

「景印元刊本」，據張元濟百衲本遼史跋稱：「以此刊本與北京圖書館所藏初刻金史相較，字體絶異，刻工姓名亦無一相合，而與涵芬樓所補之五十五卷較，則字體相類，刻工姓名同者亦有四十六人，是此決非初刻無疑……此在元刊，誠非精本，然求較勝者，竟不可得，瑕不掩瑜，故猶取焉〔三一〕。」按他的説法，此百衲本底本雖非至正初刻本，但仍係元刊本。後來點校本遼史出版説明謂「商務印書館影印的百衲本，係用幾種元末或明初翻刻本殘本拼湊而成」云云，就是因襲了這種説法，只不過説得更加含混罷了。其實，早在趙萬里一九三三年編定的北平圖書館善本書目中，已將百衲本影印的四種遼史殘本明確著録爲明初刻本。王重民指出：「按此本刻工與明初翻刻南北史同，故知爲明初刻本。百衲本『二十四史』所印遼史，除有一二補版不同外，實即此刻本〔三二〕。」尾崎康根據這幾種遼史殘本與明初翻刻金史行款和刻工的高度相似性，更進一步推斷它們均應爲洪武後期覆刻本〔三三〕。按明初覆刻金史是有明確時間可考的，明太祖實録卷二〇六洪武二十三年（一三九〇）十二月甲戌：「福建布政使司進南唐書、金史、蘇轍古史。初，上命禮部遣使購天下遺書，令書坊刊行。至是，三書先成，進之〔三四〕。」由此推斷，遼史覆刻本可能也是出自福建書坊。這個覆刻本的刊校質量並不理想，誠如張元濟跋所説，「是本刊版粗率，訛字亦多」，但由於時代較早，相對而言仍是一種比較接近至正初刻本的本子。

五

中華書局於一九七四年出版的遼史點校本，最初由馮家昇負責整理，後因馮家昇去世，最終由陳述完成了該書的點校工作。遼史一書先天不足，且又缺乏比較理想的善本，點校工作的難度可想而知。經過馮家昇和陳述兩位先生的不懈努力，首次按照現代古籍整理規範完成了一部較爲完善的點校本。經過讀者近四十年的驗證，人們公認，在「二十四史」點校本中，遼史的點校質量堪稱上乘。

據原點校本出版説明，點校工作係以百衲本爲工作本，用乾隆殿本進行通校，以南、北監本和道光殿本進行參校，又用永樂大典所引遼史全部校對一過。所謂「工作本」指的是過去「二十四史」點校採用的一種「不主一本、擇善而從」的整理方式，以致於遼史原點校本既有以百衲本爲底本者，也有不少地方似是以乾隆殿本爲底本，間有採擇失當之處。

此次修訂嚴格遵循以百衲本爲底本的原則，用原內閣大庫所藏明初內廷朱絲欄鈔本及永樂大典殘本進行通校，以南、北監本和乾隆殿本進行參校，並參考吸收了文淵閣四庫全書本和道光殿本的考證內容。此次修訂在版本校的基礎上，充分運用本校、他校等方法，重點利用五代、遼、宋、金、元、高麗文獻進行他校，注意利用出土文獻進行參校。同時充分吸收前人校勘成果，並盡量參考散見於各種書刊的今人相關研究成果。惟限於體例，不能一一標示，謹此一併致謝。

點校本遼史修訂組　二〇一四年九月

〔一〕按百衲本卷首進遼史表、遼史目録及諸志所題皆爲三十一卷，是因爲卷四七、卷四八百官志分題「志第十七上」、「志第十七下」的緣故。

〔二〕百衲本卷首進遼史表及百衲本、明鈔本、南監本、殿本目録皆稱「列傳四十六卷」，乃併國語解計之；而歐陽玄圭齋文集卷一三所載進遼史表及北監本目録均稱「列傳四十五卷」，則未計入國語解。

〔三〕見通鑑續編元刊本卷首，至正二十二年（一三六二）張紳序。

〔四〕道園學古録卷三二送墨莊劉叔熙遠游序，四部叢刊（初編）本。此文作於元統二年（一三三四）。

〔五〕參見馮家昇遼史源流考，見遼史證誤三種，中華書局，一九五九年。此文初刊於遼史源流考與遼史初校，燕京學報專號之五，哈佛燕京學社，一九三三年十二月。按趙翼廿二史劄記卷二七遼史條已有元修遼史「悉本儼、大任二書」的説法，四庫提要亦云「當時所據，惟耶律儼、陳大任二家之書」（見四庫全書總目卷四六遼史提要）。

〔六〕北京圖書館藏中國歷代石刻拓本匯編，中州古籍出版社，一九八九年，第四十五册，第一四二頁。

〔七〕詳見馮家昇遼史源流考，遼史證誤三種，第二五—二九頁。

〔八〕參見邱靖嘉遼太宗朝的「皇太子」名號問題——兼論遼代政治文化的特徵，歷史研究二〇一〇年第六期。

〔九〕脩端辯遼宋金正統，國朝文類卷四五，四部叢刊（初編）本。此文作於蒙古太宗六年（一二三四）。

〔一〇〕馮家昇遼史源流考，遼史證誤三種，第一二—一五頁。

〔一一〕參見劉浦江德運之爭與遼金王朝的正統性問題，中國社會科學二〇〇四年第二期。

〔一二〕蘇天爵滋溪文稿卷二五，中華書局，一九九七年，第四二一頁。

〔一三〕故金漆水郡侯耶律公墓誌銘，國朝文類卷五一。

〔一四〕蘇天爵元朝名臣事略卷一二内翰王文康公（鶚）引墓碑，中華書局，一九九六年，第二三九頁。

〔一五〕參見邱靖嘉遼史曆象志溯源——兼評晚清以來傳統曆譜的系統性缺陷，中華文史論叢二〇一二年第四期，第二五九頁。馮家昇遼史源流考有「今觀脱脱本紀，蓋以大任書爲正，儼書爲輔也」的説法（見遼史證誤三種，第三〇頁），可見他已意識到這個問題。

〔一六〕參見邱靖嘉遼道宗「壽隆」年號探源——金代避諱之新證，中華文史論叢二〇一四年第四期。

〔一七〕馮家昇遼史源流考緒言，遼史證誤三種，第一頁。

〔一八〕參見劉浦江契丹開國年代問題：立足於史源學的考察，中華文史論叢二〇〇九年第四期。

〔一九〕見四庫全書總目卷四六遼史提要。

〔二〇〕參見傅樂焕遼史複文舉例，歷史語言研究所集刊第十六本，一九四八年一月；收入氏著遼史叢考，中華書局，一九八四年。

〔二一〕參見苗潤博契丹國舅別部世系再檢討——兼論遼史諸表的文獻學與史學史價值，史學月刊二〇一四年第四期。按趙翼雖有「遼史立表最善」的評價（見廿二史劄記卷二七），但主要是着眼於史學史的角度，與史料學的評判標準不同。

〔二二〕參見劉浦江關於契丹國志的若干問題，史學史研究一九九二年第二期；契丹國志與大金國志關係試探，中國典籍與文化論叢第一輯，中華書局，一九九三年。

〔二三〕金史公文，見金史點校本附録，中華書局，一九七五年，第二九〇五頁。按金史公文後所列提調官皆爲江浙行省官員，知金史當刻於杭州，據此推斷，遼史似由江西行省刊刻。

〔二四〕馮家昇遼史初校序，遼史證誤三種，第七九—八〇頁。傅增湘語係據馮家昇轉述。

〔二五〕靜嘉堂本由早稻田大學高井康典行先生代爲查閲，謹此銘謝。

〔二六〕至正本板片當已毁於元末戰火，但此次印本明初尚有幸存者。文淵閣書目卷五著録有遼史三部各二十册，又有遼史一部十五册，蓋皆爲至正初刻本，後一種當係殘本。

〔二七〕楊家駱遼史彙編述略，見遼史彙編，第一册，第六頁，臺北鼎文書局，一九七三年。

〔二八〕黄佐南廱志卷一八經籍考下梓刻本末，續修四庫全書影印嘉靖二十三年刊本，上海古籍出版社，二〇〇二年，第七四九册，第四二二頁上—下欄。

〔二九〕至正二十五年（一三六五）九月，朱元璋改集慶路儒學爲國子學（見明史卷七三職官志二），故此處稱「舊國子學」。

〔三〇〕參見李偉國、尹小林重審文淵閣四庫全書中「二十四史」之價值，學術月刊二〇一三年第一期。

〔三一〕張元濟校史隨筆「遼史元刊本疑非初刻」條亦同此説，上海商務印書館，一九三八年，第一〇二頁。

〔三二〕王重民中國善本書提要「遼史」，上海古籍出版社，一九八三年，第八五頁。

〔三三〕參見尾崎康正史宋元版の研究，東京汲古書院，一九八九年，第五七七—五七九頁。

〔三四〕明實録，中研院歷史語言研究所校印本，一九六二年，第三〇七五頁。

點校本遼史修訂凡例

一　中華書局一九七四年點校本係採用商務印書館一九三一年以數種明初翻刻本殘本配補而成的百衲本爲工作本，此次修訂以百衲本爲底本，重新加以校勘。

二　修訂所用通校本及簡稱如下：

（一）明鈔本：臺北故宮博物院圖書文獻館藏原内閣大庫所藏明初内廷朱絲欄鈔本（缺卷九至一四共六卷），其影印本見楊家駱主編遼史彙編第一册（臺灣鼎文書局，一九七三年）；

（二）大典引遼史：永樂大典殘本卷五二四八、五二四九、五二五一皆爲「遼」字目，其中包括遼史本紀十五卷（卷五二四八、五二四九爲遼史卷五至一五，卷五二五一前半爲遼史卷二七至三〇），其他各卷中亦保存有部分紀、志、表、傳的内容。

三　修訂所用參校本及簡稱如下：

（一）南監本：北京中華書局圖書館藏明南京國子監刻本（明嘉靖八年刻，清順治十五年至十六年補刊）；

（二）北監本：北京中華書局圖書館藏明北京國子監刻本（明萬曆三十四年刻，清康熙二十五年重修）；

（三）殿本：一九八六年上海古籍出版社、上海書店影印清乾隆四年武英殿校刊本。

四　此次修訂係在原點校本的基礎上進行，原點校本校改之處均一一覆核，校改無誤者予以採納，照録原校勘記或加以增潤；校改不當者予以糾正，並酌情出校説明。

五　修訂本對於原點校本的分段、標點大多加以繼承，少數分段、標點有誤或不妥者則酌情予以修訂。

六　此次修訂以版本校爲基礎，充分運用本校、他校等方法。重點利用五代、遼、宋、金、元、高麗文獻進行他校。同時注意利用出土文獻進行參校，包括漢文及契丹大小字石刻資料。校勘記所引用的石刻資料，凡能找到拓本照片者，均以拓本爲據；無法找到拓本者，盡可能使用比較可靠的録文，具體出處詳見主要參考文獻。

七　凡因底本訛、脱、衍、倒而進行增、删、改者，一般皆出校説明。形近易訛字有版本依據者以及常見的異體字、別字，隨文改正，不出校記。

八　校改原文採取從嚴的原則，凡屬史文撰寫的錯誤，原則上不改，凡屬流傳過程中產生的錯誤，則酌情加以校改，以盡量保存該書原貌。遇有可疑之處均出校存疑，並盡可能提出傾向性意見。

九　充分吸收厲鶚遼史拾遺、楊復吉遼史拾遺補、錢大昕廿二史考異、乾隆殿本考證、道光殿本考證、文淵閣四庫全書本考證、陳漢章遼史索隱、馮家昇遼史初校、羅繼祖遼史校勘記、張元濟百衲本遼史校勘記（已佚，今據原點校本校勘記轉引）、陳述遼史補注（稿本）等前人校勘考訂成果，並盡量吸收散見於各種書刊的今人相關研究成果。凡吸收前人校勘成果或研究成果者，校勘記僅列出書名或篇名，具體出處詳見主要參考文獻。

一〇　遼史所見民族語譯名往往不統一，除譯名差異太大、易滋誤解者外，一般不出校，待將來編製索引時再一併解決。

一一　遼史記載地理沿革及職官制度有欠周詳，以致各卷所見地理建置、官稱職任等內容多有舛誤、歧異，除明確可考者外，一般不出校。

一二　百衲本卷首的修三史詔、進遼史表、三史凡例、修史官員等有關修史的材料，原點校本移作附録，今仍其舊。

一三　新編遼史人名索引、遼史地名索引，將於日後另行出版。

一四　爲行文簡便，校勘記所引文獻部分使用簡稱：

乾隆殿本遼史考證，簡稱乾隆殿本考證。

文淵閣四庫全書本遼史考證，簡稱文淵閣本考證。

道光殿本遼史考證，簡稱道光殿本考證。

陳漢章遼史索隱，簡稱索隱。

張元濟百衲本遼史校勘記，簡稱張校。

馮家昇遼史初校，簡稱馮校。

羅繼祖遼史校勘記，簡稱羅校。

陳述遼史校勘記，簡稱陳校。

册府元龜，簡稱册府。

資治通鑑，簡稱通鑑。

資治通鑑目録，簡稱通鑑目録。

續資治通鑑長編，簡稱長編。

三朝北盟會編，簡稱會編。
建炎以來繫年要録，簡稱繫年要録。
續資治通鑑長編紀事本末，簡稱長編紀事本末。
宋會要輯稿，簡稱宋會要。
文獻通考，簡稱通考。
永樂大典，簡稱大典。
廿二史考異，簡稱考異。
歷代長術輯要，簡稱輯要。
陳垣二十史朔閏表，簡稱陳表。
王仲犖宋書校勘記長編，簡稱宋書王校。
嚴敦杰祖沖之科學著作校釋，簡稱嚴敦杰校釋。

遼史目録

第一册

第二册

第三册

第四册

第五册

卷九十一　列傳第二十一

卷九十二　列傳第二十二

卷九十三　列傳第二十三

卷九十四　列傳第二十四

卷九十五　列傳第二十五

卷九十六　列傳第二十六

卷九十七　列傳第二十七

附録

遼史卷一

本紀第一

太祖上

太祖大聖大明神烈天皇帝，姓耶律氏，諱億，字阿保機，小字啜里只，契丹迭剌部霞瀨益石烈鄉耶律彌里人〔一〕。德祖皇帝長子，母曰宣簡皇后蕭氏。唐咸通十三年生。初，母夢日墮懷中，有娠。及生，室有神光異香，體如三歲兒，即能匍匐。祖母簡獻皇后異之，鞠爲己子。常匿於別幕，塗其面，不令他人見。三月能行，晬而能言，知未然事。自謂左右若有神人翼衛。雖齠齔，言必及世務。時伯父當國，疑輒咨焉。既長，身長九尺，豐上銳下，目光射人，關弓三百斤。爲撻馬狘沙里。時小黄室韋不附，太祖以計降之。伐越兀及烏古、六奚、比沙狘諸部，克之。國人號阿主沙里。

唐天復元年，歲辛酉，痕德堇可汗立，以太祖爲本部夷离堇，專征討，連破室韋、于厥及奚帥轄剌哥，俘獲甚衆。冬十月，授大迭烈府夷离堇。

明年秋七月，以兵四十萬伐河東代北〔二〕，攻下九郡，獲生口九萬五千，駝、馬、牛、羊不可勝紀。九月，城龍化州于潢河之南，始建開教寺。

明年春，伐女直，下之，獲其戶三百。九月，復攻下河東懷遠等軍。冬十月，引軍略至薊北〔三〕，俘獲以還。先是德祖俘奚七千戶，徙饒樂之清河，至是創爲奚迭剌部，分十三縣。遂拜太祖于越，總知軍國事。

明年歲甲子，三月，廣龍化州之東城。九月，討黑車子室韋，唐盧龍軍節度使劉仁恭發兵數萬，遣養子趙霸來拒。霸至武州，太祖諜知之，伏勁兵桃山下。遣室韋人牟里詐稱其酋長所遣，約霸兵會平原。既至，四面伏發，擒霸，殲其衆，乘勝大破室韋。

明年七月，復討黑車子室韋。唐河東節度使李克用遣通事康令德乞盟。冬十月，太祖以騎兵七萬會克用于雲州，宴酣，克用借兵以報劉仁恭木瓜澗之役，太祖許之。易袍馬，約爲兄弟。及進兵擊仁恭，拔數州，盡徙其民以歸。

明年二月，復擊劉仁恭。還，襲山北奚，破之。汴州朱全忠遣人浮海奉書幣、衣帶、珍玩來聘。十一月，遣偏師討奚、霫諸部及東北女直之未附者，悉破降之。十二月，痕德堇可汗殂，羣臣奉遺命請立太祖〔四〕。曷魯等勸進。太祖三讓，從之。

元年春正月庚寅，命有司設壇于如迂王集會堝〔五〕，燔柴告天，即皇帝位〔六〕。尊母蕭氏爲皇太后，立皇后蕭氏。北宰相蕭轄剌、南宰相耶律歐里思率羣臣上尊號曰天皇帝，后曰地皇后。庚子，詔皇族承遥輦氏九帳爲第十帳。

二月戊午，以從弟迭栗底爲迭烈府夷离菫。是月，征黑車子室韋，降其八部。

夏四月丁未朔。唐梁王朱全忠廢其主，尋弑之，自立爲帝，國號梁，遣使來告。劉仁恭子守光囚其父，自稱幽州盧龍軍節度使。

秋七月乙酉，其兄平州刺史守奇率其衆數千人來降，命置之平盧城〔七〕。

冬十月乙巳，討黑車子室韋，破之。

二年春正月癸酉朔，御正殿受百官及諸國使朝。辛巳，始置惕隱，典族屬，以皇弟撒剌爲之。河東李克用卒〔八〕，子存勗襲，遣使弔慰。

夏五月癸酉，詔撒剌討烏丸、黑車子室韋。

秋八月壬子，幽州進合歡瓜。

冬十月己亥朔，建明王樓。築長城於鎮東海口。遣輕兵取吐渾叛入室韋者。

三年春正月，幸遼東。

二月丁酉朔，梁遣郎公遠來聘。

三月，滄州節度使劉守文爲弟守光所攻，遣人來乞兵討之。命皇弟舍利素、夷离堇蕭敵魯以兵會守文於北淖口。進至横海軍近淀，一鼓破之，守光潰去。因名北淖口爲會盟口。

夏四月乙卯，詔左僕射韓知古建碑龍化州大廣寺以紀功德〔九〕。

五月甲申，置羊城于炭山之北以通市易。

冬十月己巳，遣鷹軍討黑車子室韋，破之。西北嗢娘改部族進輓車人。

四年秋七月戊子朔，以后兄蕭敵魯爲北府宰相。后族爲相自此始。

冬十月，烏馬山奚庫支及查剌底、鋤勃德等叛，討平之。

五年春正月丙戌朔，日有食之。丙申，上親征西部奚。奚阻險，叛服不常，數招諭弗聽。是役所向輒下，遂分兵討東部奚，亦平之。於是盡有奚、霫之地。東際海，南暨白檀，西踰松漠，北抵潢水，凡五部，咸入版籍。

三月，次灤河，刻石紀功。復略地薊州。

夏四月壬申，遣人使梁。

五月，皇弟剌葛、迭剌、寅底石、安端謀反。安端妻粘睦姑知之，以告，得實。上不忍加誅，乃與諸弟登山刑牲，告天地爲誓而赦其罪。出剌葛爲迭剌部夷离堇，封粘睦姑爲晉國夫人。

秋七月壬午朔，斜離底洎諸蕃使來貢。

八月甲子，劉守光僭號幽州，稱燕。

冬十月戊午，置鐵冶。

十一月壬午，遣人使梁。

六年春正月，以化葛爲惕隱。

二月戊午，親征劉守光。

三月，至自幽州。

夏四月，梁郢王友珪弒父自立〔一〇〕。

秋七月丙午，親征朮不姑，降之，俘獲以數萬計。命弟剌葛分兵攻平州。

八月壬辰，上次恩德山。皇子李胡生。

冬十月戊寅，剌葛破平州，還，復與迭剌、寅底石、安端等反。甲申，遣人使梁致祭。壬辰，還次北阿魯山，聞諸弟以兵阻道，引軍南趨十七濼。是日燔柴。翼日，次七渡河，諸弟各遣人謝罪。上猶矜憐，許以自新。

是歲，以兵討兩冶，以所獲僧崇文等五十人歸西樓，建天雄寺以居之〔一一〕，以示天助雄武。

七年春正月甲辰朔，以用兵免朝。晉王李存勗拔幽州，擒劉守光。甲寅，王師次赤水城，弟剌葛等乞降。上素服，乘赭白馬，以將軍耶律樂姑、轄剌僅阿鉢爲御，解兵器、肅侍衞以受之，因加慰諭。剌葛等引退，上復數遣使撫慰。

二月甲戌朔，梁均王友貞討殺其兄友珪，嗣立。

三月癸丑，次蘆水，弟迭剌哥圖爲奚王，與安端擁千餘騎而至，紿稱入覲。上怒曰：「爾曹始謀逆亂，朕特恕之，使改過自新，尚爾反覆，將不利於朕！」遂拘之。以所部分隸諸軍。而剌葛引其衆至乙室堇淀，具天子旗鼓，將自立，皇太后陰遣人諭令避去。會弭姑乃、懷里陽言車駕且至，其衆驚潰，掠居民北走，上以兵追之。剌葛遣其黨寅底石引兵徑趨行宮，焚其輜重、廬帳[一二]，縱兵大殺。皇后急遣蜀古魯救之[一三]，僅得天子旗鼓而已。其黨神速姑復刦西樓，焚明王樓。上至土河，秣馬休兵，若不爲意。諸將請急追之，上曰：「俟其遠遁，人各懷土。懷土既切，其心必離，我軍乘之，破之必矣！」盡以先所獲資畜分賜將士，留夷离畢直里姑總政務。

夏四月戊寅，北追剌葛。己卯，次彌里，問諸弟面木葉山射鬼箭厭禳[一四]，乃執叛人解里向彼，亦以其法厭之。至達里淀，選輕騎追及培只河，盡獲其黨輜重、生口。先遣室韋及吐渾酋長拔剌、迪里姑等五人分兵伏其前路，命北宰相迪里古爲先鋒進擊之。剌葛率兵逆戰，迪里古以輕兵薄之。其弟遏古只臨陣，射數十人斃，衆莫敢前。相拒至晡，衆乃潰。追至柴河，遂自焚其車乘廬帳而去。前遇拔剌、迪里姑等伏發，合擊，遂大敗之。剌葛奔潰，遺其所奪神帳於路，上見而拜奠之。所獲生口盡縱歸本土。其黨庫古只、磨朵皆面縛請罪。師次札堵河，大雨暴漲。

五月癸丑，遣北宰相迪輦率驍騎先渡。甲寅，奏擒剌葛、涅里衮阿鉢於榆河，前北宰相蕭實魯、寅底石自剄不殊。遂以黑白羊祭天地。壬戌，剌葛、涅里衮阿鉢詣行在，以槀索自縛，牽羊望拜。上還至大嶺。時大軍久出，輜重不相屬，士卒煮馬駒、採野菜以爲食，孳畜道斃者十七八，物賈十倍，器服資貨委棄於楚里河，狼藉數百里，因更剌葛名暴里。丙寅，至庫里，以青牛白馬祭天地。以生口六百、馬二千三百分賜大、小鶻軍。

六月辛巳，至榆嶺，以轄賴縣人掃古非法殘民，磔之。甲申，上登都庵山，撫其先奇首可汗遺跡，徘徊顧瞻而興歎焉。聞獄官涅离擅造大校，人不堪其苦，有至死者，命誅之。壬辰，次狼河，獲逆黨雅里、彌里，生蘊之銅河南軌下。放所俘還，多爲于骨里所掠。上怒，引輕騎馳擊。復遣驍將分道追襲，盡獲其衆并掠者。庚子，次阿敦濼，以養子涅里思附諸弟叛，以鬼箭射殺之。其餘黨六千，各以輕重論刑。于厥掠生口者三十餘人，亦俾贖其罪，放歸本部。至石嶺西，詔收回軍乏食所棄兵仗，召北府兵驗而還之。以夷离堇涅里衮附諸弟爲叛，不忍顯戮，命自投崖而死。

秋八月己卯，幸龍眉宮，轘逆黨二十九人，以其妻女賜有功將校，所掠珍寶、孳畜還主；亡其本物者，命責償其家；不能償者，賜以其部曲。

九月壬戌，上發自西樓。

冬十月庚午，駐赤崖。戊寅，和州回鶻來貢。癸未，乙室府人迪里古、迷骨离部人特里以從逆誅。詔羣臣分決滯訟，以韓知古録其事，只里姑掌捕亡。

十一月，祠木葉山。還次昭烏山，省風俗，見高年，議朝政，定吉凶儀。

十二月戊子，燔柴于蓮花濼。

八年春正月甲辰，以曷魯爲迭剌部夷离堇，忽烈爲惕隱。于骨里部人特离敏執逆黨怖胡、亞里只等十七人來獻，上親鞫之。辭多連宗室及有脅從者，乃杖殺首惡怖胡，餘並原釋。于越率懶之子化哥屢蓄姦謀，上每優容之，而反覆不悛，召父老羣臣正其罪，并其子戮之，分其財以給衞士。有司所鞫逆黨三百餘人，獄既具，上以人命至重，死不復生，賜宴一日，隨其平生之好，使爲之。酒酣，或歌、或舞、或戲射、角觝，各極其意。明日，乃以輕重論刑。首惡剌葛，其次迭剌哥，上猶弟之，不忍置法，杖而釋之。以寅底石、安端性本庸弱，爲剌葛所使，皆釋其罪。前于越赫底里子解里、剌葛妻轄剌已實預逆謀，命皆絞殺之。寅底石妻涅离脅從，安端妻粘睦姑嘗有忠告，並免。因謂左右曰："諸弟性雖敏黠，而蓄姦稔惡。嘗自矜有出人之智，安忍兇狠，谿壑可塞而貪黷無厭。求人之失，雖小而可恕，謂重如泰山；身行不義，雖入大惡，謂輕於鴻毛。昵比羣小，謀及婦人，同惡相濟，以危國祚。雖欲不敗，其可得乎？北宰相實魯妻餘盧覩姑於國至親，一旦負朕，從于叛逆，未置之法而病死，此天誅也。解里自幼與朕常同寢食，眷遇之厚，冠於宗屬，亦與其父背大恩而從不軌，茲可恕乎！」

秋七月丙申朔，有司上諸帳族與謀逆者三百餘人罪狀，皆棄市。上嘆曰：「致人于死，豈朕所欲。若止負朕躬，尚可容貸。此曹恣行不道，殘害忠良，塗炭生民，剽掠財產。民間昔有萬馬，今皆徒步，有國以來所未嘗有。實不得已而誅之。」

冬十月甲子朔，建開皇殿於明王樓基。

九年春正月，烏古部叛，討平之。

夏六月，幽州軍校齊行本舉其族及其部曲男女三千人請降，詔授檢校尚書左僕射，賜名兀欲，給其廩食。數日亡去，幽帥周德威納之。及詔索之，德威語不遜，乃議南征。

冬十月戊申，鈎魚于鴨淥江。新羅遣使貢方物，高麗遣使進寶劍，吳越王錢鏐遣滕彥休來貢。

是歲，君基太一神數見，詔圖其像。

神册元年春二月丙戌朔，上在龍化州，迭烈部夷离堇耶律曷魯等率百僚請上尊號，三表乃允。丙申，羣臣及諸屬國築壇州東，上尊號曰大聖大明天皇帝，后曰應天大明地皇后。大赦，建元神册。初，闢地爲壇，得金鈴，因名其地曰金鈴岡。壇側滿林曰册聖林。

三月丙辰，以迭烈部夷离堇曷魯爲阿廬朵里于越，百僚進秩、頒賚有差，賜酺三日。立子倍爲皇太子。

夏四月乙酉朔，晉幽州節度使盧國用來降〔一五〕，以爲幽州兵馬留後。甲辰，梁遣郎公遠來賀。

六月庚寅，吴越王遣滕彦休來貢。

秋七月壬申，親征突厥、吐渾、党項、小蕃、沙陀諸部，皆平之。俘其酋長及其户萬五千六百，鎧甲、兵仗、器服九十餘萬，寶貨、駝馬、牛羊不可勝算。

八月，拔朔州，擒節度使李嗣本。勒石紀功於青塚南。

冬十月癸未朔，乘勝而東。

十一月，攻蔚、新、武、嬀、儒五州，斬首萬四千七百餘級。自代北至河曲踰陰山，盡有其地。遂改武州爲歸化州，嬀州爲可汗州〔一六〕，置西南面招討司，選有功者領之。其圍蔚州，敵樓無故自壞，衆軍大譟乘之，不踰時而破。時梁及吴越二使皆在焉，詔引環城觀之，因賜滕彦休名曰述吕。

十二月，收山北八軍。

二年春二月，晉新州裨將盧文進殺節度使李存矩來降。進攻其城，刺史安金全遁，以文進部將劉殷爲刺史。

三月辛亥，攻幽州，節度使周德威以幽、并、鎮、定、魏五州之兵拒于居庸關之西，合戰於新州東，大破之，斬首三萬餘級，殺李嗣本之子武八〔一七〕。以后弟阿骨只爲統軍，實魯爲先鋒，東出關略燕、趙，不遇敵而還。己未，于骨里叛，命室魯以兵討之。

夏四月壬午，圍幽州，不克。

六月乙巳，望城中有氣如煙火狀，上曰：「未可攻也。」以大暑霖潦，班師。留曷魯、盧國用守之。刺葛與其子賽保里叛入幽州。

秋八月，李存勗遣李嗣源等救幽州，曷魯等以兵少而還。

三年春正月丙申，以皇弟安端爲大内惕隱，命攻雲州及西南諸部。

二月，達旦國來聘。癸亥，城皇都，以禮部尚書康默記充版築使。梁遣使來聘。晉、吴越、渤海、高麗、回鶻、阻卜、党項及幽、鎮、定、魏、潞等州各遣使來貢。

夏四月乙巳，皇弟迭烈哥謀叛，事覺，知有罪當誅，預爲營壙，而諸戚請免。上素惡其弟寅底石妻涅里衮，乃曰：「涅里衮能代其死，則從。」涅里衮自縊壙中，并以奴女古、叛人曷魯只生瘞其中。遂赦迭烈哥。

五月乙亥，詔建孔子廟、佛寺、道觀。

秋七月乙酉，于越曷魯薨，上震悼久之，輟朝三日，贈賻有加。

冬十二月庚子朔，幸遼陽故城。辛丑，北府宰相蕭敵魯薨。戊午，以于越曷魯弟汙里軫爲迭烈部夷离堇，蕭阿古只爲北府宰相。甲子，皇孫隈欲生。

校勘記

〔一〕契丹迭剌部霞瀨益石烈鄉耶律彌里人　本書卷一一六國語解謂石烈爲鄉，彌里爲鄉之小者。張校引卷四五百官志一「石烈，縣也」，卷四六百官志二「彌里，鄉也」，謂石烈下不應綴鄉字。檢下文太祖七年六月有轄賴縣、卷三三營衛志下有六院部轄懶石烈，均爲「霞瀨益」之異譯。既稱轄賴縣，是亦以石烈爲縣。

〔二〕伐河東代北　「代北」，原作「伐北」，據卷三四兵衞志上及文淵閣本考證、道光殿本考證引大典改。

〔三〕冬十月引軍略至薊北　原作「十月引軍冬略至薊北」，據南監本、北監本、殿本乙正。

〔四〕十二月痕德菫可汗殂羣臣奉遺命請立太祖　五代會要卷二九、册府卷九七二外臣部朝貢五均記有契丹「前國王欽德」於開平二年（遼太祖二年）五月進貢後梁事，欽德即痕德菫之異譯；又通鑑卷二六六後梁紀一太祖開平元年五月丁丑考異引趙志忠虜庭雜紀，謂「八部落主愛其雄勇，遂退其舊主阿輦氏歸本部，立太祖爲王」，「阿輦氏」即「遥輦氏」，亦指痕德菫可汗。皆不云痕德菫可汗卒於是年。

〔五〕如迂王集會堝　本書卷三太宗紀上天顯五年十月作「如迂正集會堝」。

〔六〕即皇帝位　是年阿保機蓋即可汗位，神册元年稱帝。然下文神册元年二月稱上尊號曰大聖大明天皇帝，不云稱帝。

〔七〕其兄平州刺史守奇率其衆數千人來降　「兄」，疑當作「弟」。按册府卷八七九總録部計策二謂「守奇以兄守光奪父政，亡入虜中」；又通鑑卷二六六後梁紀一太祖開平元年四月己酉條亦稱「守光弟守奇奔契丹」，知守奇爲守光之弟。

〔八〕河東李克用卒　「卒」字原闕，據張校補。

〔九〕詔左僕射韓知古建碑龍化州大廣寺以紀功德　本書卷七四韓知古傳，知古拜左僕射在神册後。

〔一〇〕夏四月梁郢王友珪弒父自立　新五代史卷二梁太祖紀下、通鑑卷二六八後梁紀三太祖乾化二年均繫此事於六月。

〔一二〕建天雄寺以居之　本書卷三七地理志一謂天顯元年「於内城東南隅建天雄寺」，年代與此不合。

〔一三〕焚其輜重廬帳　「重」，原作「其」，據南監本、北監本、殿本改。

〔一三〕皇后急遣蜀古魯救之　「蜀古魯」，本書卷五八儀衛志四作「曷古魯」，是。

〔一四〕問諸弟面木葉山射鬼箭厭禳　馮校云：「問」當作「聞」。

〔一五〕晉幽州節度使盧國用來降　舊五代史卷二八唐莊宗紀二、卷九七盧文進傳，文進字國用，原爲晉王新州將，後梁貞明三年（遼神册二年）降契丹，入遼後署幽州節度使。知此處當爲下文神册二年二月晉新州裨將盧文進來降之重出，且稱「晉幽州節度使」不確。

〔一六〕遂改武州爲歸化州嬀州爲可汗州　本書卷四太宗紀下載會同元年十一月改「武州爲歸化州」。卷四一地理志五：「五代時，奚王去諸以數千帳徙嬀州，自别爲西奚，號可汗州；太祖因之。」又金史卷二四地理志上：「嬀川，遼可汗州清平軍，本晉嬀州，會同元年遼太祖嘗名可汗州。」索隱卷一謂：「按太宗紀會同元年改州名，蓋太宗述太祖之故號耳。史文簡略，不足疑。」當是。

〔一七〕李嗣本之子武八　「嗣本」，疑當作「嗣恩」。按新、舊五代史李嗣本傳均不稱有子武八。檢舊五代史卷五二李嗣恩傳：「有子二人，長曰武八（中略）戰契丹於新州，殁焉。」

遼史卷二

本紀第二

太祖下

四年春正月丙申，射虎東山。

二月丙寅，修遼陽故城，以漢民、渤海户實之，改爲東平郡，置防禦使。

夏五月庚辰，至自東平郡。

秋八月丁酉，謁孔子廟，命皇后、皇太子分謁寺觀。

九月，征烏古部，道聞皇太后不豫，一日馳六百里還，侍太后，病間，復還軍中。

冬十月丙午，次烏古部，天大風雪，兵不能進，上禱于天，俄頃而霽。命皇太子將先鋒軍進擊，破之，俘獲生口萬四千二百，牛馬、車乘、廬帳、器物二十餘萬。自是舉部來附。

五年春正月乙丑，始製契丹大字。

夏五月丙寅，吳越王復遣滕彦休貢犀角、珊瑚，授官以遣。庚辰，有龍見于拽剌山陽水上，上射獲之，藏其骨内府。

閏六月丁卯，以皇弟蘇爲惕隱，康默記爲夷离畢。

秋八月己未朔，党項諸部叛。辛未，上親征。

九月己丑朔。梁遣郎公遠來聘。壬寅，大字成，詔頒行之。皇太子率迭剌部夷离菫汙里軫等略地雲内、天德。

冬十月辛未，攻天德。癸酉，節度使宋瑶降，賜弓矢、鞍馬、旗鼓，更其軍曰應天。甲戌，班師。宋瑶復叛。丙子，拔其城，擒宋瑶，俘其家屬，徙其民於陰山南。

十二月己未，師還。

六年春正月丙午，以皇弟蘇爲南府宰相，迭里爲惕隱。南府宰相，自諸弟搆亂，府之名族多罹其禍，故其位久虚，以鋤得部轄得里、只里古攝之。府中數請擇任宗室，上以舊制不可輒變；請不已，乃告于宗廟而後授之。宗室爲南府宰相自此始。

夏五月丙戌朔，詔定法律，正班爵。丙申，詔畫前代直臣像爲招諫圖，及詔長吏四孟月詢民利病。

六月乙卯朔，日有食之。

冬十月癸丑朔，晉新州防禦使王郁以所部山北兵馬内附。丙子，上率大軍入居庸關。

十一月癸卯，下古北口。丁未，分兵略檀、順、安遠、三河、良鄉、望都、潞、滿城、遂城等十餘城，俘其民徙内地。

十二月癸丑，王郁率其衆來朝，上呼郁爲子，賞賚甚厚，而徙其衆于潢水之南。庚申，皇太子率王郁略地定州，康默記攻長蘆。唐義武軍節度使王處直養子都囚其父〔一〕，自稱留後。癸亥，圍涿州，有白兔緣壘而上，是日破其郛。癸酉，刺史李嗣弼以城降。乙亥，存勗至定州，王都迎謁馬前。存勗引兵趨望都，遇我軍秃餒五千騎，圍之，存勗力戰數四，不解。李嗣昭領三百騎來救，我軍少却，存勗乃得出，大戰，我軍不利，引歸。存勗至幽州，遣二百騎躡我軍後，我軍反擊，悉擒之。己卯，還次檀州，幽人來襲，擊走之，擒其裨將。詔徙檀、順民于東平、瀋州。

天贊元年春二月庚申，復徇幽、薊地。癸酉，詔改元，赦軍前殊死以下。

夏四月甲寅，攻薊州。戊午，拔之，擒刺史胡瓊，以盧國用、涅魯古典軍民事。壬戌，大饗軍士。癸亥，李存勗圍鎮州，張文禮求援〔二〕，命郎君迭烈、將軍康末怛往擊，敗之，殺其將李嗣昭。辛未，攻石城縣，拔之。

五月丁未，張文禮卒，其子處瑾遣人奉表來謝。

六月，遣鷹軍擊西南諸部，以所獲賜貧民。

冬十月甲子，以蕭霞的爲北府宰相。分迭刺部爲二院：斜涅赤爲北院夷离堇，綰思爲南院夷离堇。詔分北大濃兀爲二部，立兩節度使以統之。

十一月壬寅，命皇子堯骨爲天下兵馬大元帥，略地薊北。

二年春正月丙申，大元帥堯骨克平州，獲刺史趙思温〔三〕、裨將張崇〔四〕。

二月，如平州。甲子，以平州爲盧龍軍，置節度使。

三月戊寅，軍于箭笴山，討叛奚胡損，獲之，射以鬼箭。誅其黨三百人，沉之狗河。置奚墮瑰部，以勃魯恩權總其事。

夏四月己酉，梁遣使來聘，吴越王遣使來貢。癸丑，命堯骨攻幽州，迭刺部夷离堇覿烈徇山西地。庚申，堯骨軍幽州東，節度使符存審遣人出戰，敗之，擒其將裴信父子。閏月庚辰，堯骨抵鎮州。壬午，拔曲陽。丙戌，下北平。是月，晉王李存勗即皇帝位，國號唐。

五月戊午，堯骨師還。癸亥，大饗軍士，賞賚有差。

六月辛丑，波斯國來貢。

秋七月，前北府宰相蕭阿古只及王郁徇地燕、趙。

冬十月辛未朔，日有食之。己卯，唐兵滅梁。

三年春正月，遣兵略地燕南。

夏五月丙午，以惕隱迭里爲南院夷离堇。是月，徙薊州民實遼州地。渤海殺其刺史張秀實而掠其民。

六月乙酉，召皇后、皇太子、大元帥及二宰相、諸部頭等詔曰：「上天降監，惠及烝民。聖主明王，萬載一遇。朕既上承天命，下統羣生，每有征行，皆奉天意。是以機謀在己，取舍如神，國令既行，人情大附。舛訛歸正，遐邇無愆。可謂大含溟海，安納泰山矣！自我國之經營，爲羣方之父母。憲章斯在，胤嗣何憂？升降有期，去來在我。良籌聖會，自有契於天人；衆國羣王，豈可化其凡骨？三年之後，歲在丙戌，時值初秋，必有歸處。然未終兩事，豈負親誠？日月非遥，戒嚴是速。」聞詔者皆驚懼，莫識其意。是日，大舉征吐渾、党項、阻卜等部。詔皇太子監國，大元帥堯骨從行。

秋七月辛亥，曷剌等擊素昆那山東部族，破之。

八月乙酉，至烏孤山，以鵝祭天。甲午，次古單于國，登阿里典壓得斯山，以麃鹿祭。

九月丙申朔，次古回鶻城，勒石紀功。庚子，拜日于蹛林。丙午，遣騎攻阻卜。南府宰相蘇、南院夷离堇迭里略地西南。乙卯，蘇等獻俘。丁巳，鑿金河水，取烏山石〔五〕，輦致潢河、木葉山，以示山川朝海宗嶽之意。癸亥，大食國來貢。甲子，詔礱闢遏可汗故碑，以契丹、突厥、漢字紀其功。是月，破胡母思山諸蕃部，次業得思山，以赤牛青馬祭天地。回鶻霸里遣使來貢。

冬十月丙寅朔，獵寓樂山，獲野獸數千，以充軍食。丁卯，軍于霸離思山。遣兵踰流沙，拔浮圖城，盡取西鄙諸部。

十一月乙未朔，獲甘州回鶻都督畢離遏，因遣使諭其主烏母主可汗。射虎于烏剌邪里山，抵霸室山。六百餘里且行且獵，日有鮮食，軍士皆給。

四年春正月壬寅，以捷報皇后、皇太子。

二月丙寅，大元帥堯骨略党項。丁卯，皇后遣康末怛問起居，進御服、酒膳。乙亥，蕭阿古只略燕、趙還，進牙旗兵仗。辛卯，堯骨獻党項俘。

三月丙申，饗軍于水精山。

夏四月甲子，南攻小蕃，下之。皇后、皇太子迎謁於札里河。癸酉，回鶻烏母主可汗遣使貢謝。

五月甲寅，清暑室韋北陘。

秋九月癸巳，至自西征。

冬十月丁卯，唐以滅梁來告，即遣使報聘。庚辰，日本國來貢。辛巳，高麗國來貢。

十一月丁酉，幸安國寺，飯僧，赦京師囚，縱五坊鷹鶻。己酉，新羅國來貢。

十二月乙亥，詔曰：「所謂兩事，一事已畢，惟渤海世讎未雪，豈宜安駐！」乃舉兵親征渤海大諲譔。皇后、皇太子、大元帥堯骨皆從。

閏月壬辰，祠木葉山。壬寅，以青牛白馬祭天地于烏山。己酉，次撒葛山，射鬼箭。丁巳，次商嶺，夜圍扶餘府。

天顯元年春正月己未，白氣貫日。庚申，拔扶餘城，誅其守將。丙寅，命惕隱安端、前北府宰相蕭阿古只等將萬騎爲先鋒，遇諲譔老相兵，破之。皇太子、大元帥堯骨、南府宰相蘇、北院夷离堇斜涅赤、南院夷离堇迭里是夜圍忽汗城。己巳，諲譔請降。庚午，駐軍于忽汗城南。辛未，諲譔素服，稾索牽羊，率僚屬三百餘人出降。上優禮而釋之。甲戌，詔諭渤海郡縣。丙子，遣近侍康末怛等十三人入城索兵器，爲邏卒所害。丁丑，諲譔復叛，攻其城，破之。駕幸城中，諲譔請罪馬前。詔以兵衛諲譔及族屬以出。祭告天地，復還軍中。

二月庚寅，安邊、鄚頡、南海、定理等府洎諸道節度、刺史來朝，慰勞遣之。以所獲器幣諸物賜將士。壬辰，以青牛白馬祭天地。大赦，改元天顯。以平渤海遣使報唐。甲午，復幸忽汗城，閱府庫物，賜從臣有差。以奚部長勃魯恩、王郁自回鶻、新羅、吐蕃、党項、室韋、沙陀、烏古等從征有功，優加賞賚〔六〕。丙午，改渤海國爲東丹，忽汗城爲天福。册皇太子倍爲人皇王以主之。以皇弟迭剌爲左大相，渤海老相爲右大相，渤海司徒大素賢爲左次相，耶律羽之爲右次相。赦其國内殊死以下。丁未，高麗、濊貊、鐵驪、靺鞨來貢。

三月戊午，遣夷离畢康默記、左僕射韓延徽攻長嶺府。甲子，祭天。丁卯，幸人皇王宫。己巳，安邊、鄚頡、定理三府叛，遣安端討之。丁丑，三府平。壬午，安端獻俘，誅安邊府叛帥二人。癸未，宴東丹國僚佐，頒賜有差。甲申，幸天福城。乙酉，班師，以大諲譔舉族行。

夏四月丁亥朔，次傘子山。辛卯，人皇王率東丹國僚屬辭。是月，唐養子李嗣源反，郭存謙弒其主存勗〔七〕，嗣源遂即位。

五月辛酉，南海、定理二府復叛，大元帥堯骨討之。

六月丁酉，二府平。丙午，次慎州，唐遣姚坤以國哀來告。

秋七月丙辰，鐵州刺史衛鈞反。乙丑，堯骨攻拔鐵州。庚午，東丹國左大相迭剌卒。辛未，衛送大諲譔于皇都西，築城以居之。賜諲譔名曰烏魯古，妻曰阿里只。盧龍行軍司馬張崇叛，奔唐〔八〕。甲戌，次扶餘府，上不豫。是夕，大星隕于幄前。辛巳平旦，子城上見黃龍繚繞，可長一里，光耀奪目，入于行宮。有紫黑氣蔽天，踰日乃散。是日，上崩，年五十五。天贊三年上所謂「丙戌秋初，必有歸處」，至是乃驗。壬午，皇后稱制，權決軍國事。

八月辛卯，康默記等攻下長嶺府。甲午，皇后奉梓宮西還。壬寅，堯骨討平諸州，奔赴行在。乙巳，人皇王倍繼至。

九月壬戌，南府宰相蘇薨。丁卯，梓宮至皇都，權殯于子城西北。己巳，上謚昇天皇帝，廟號太祖。
冬十月，盧龍軍節度使盧國用叛，奔于唐。
十一月丙寅，殺南院夷离堇耶律迭里、郎君耶律匹魯等。
二年八月丁酉，葬太祖皇帝于祖陵，置祖州天城軍節度使以奉陵寢。統和二十六年七月，進謚大聖大明天皇帝。重熙二十一年九月，加謚大聖大明神烈天皇帝。太祖所崩行宫在扶餘城西南兩河之間，後建昇天殿于此，而以扶餘爲黄龍府云。

贊曰：遼之先，出自炎帝，世爲審吉國，其可知者蓋自奇首云。奇首生都菴山，徙潢河之濱。傳至雅里，始立制度，置官屬，刻木爲契，穴地爲牢。讓阻午而不肯自立。雅里生毗牒。毗牒生頦領。頦領生耨里思，大度寡欲，令不嚴而人化，是爲肅祖。肅祖生薩剌德，嘗與黄室韋挑戰，矢貫數札，是爲懿祖。懿祖生匀德實，始教民稼穡，善畜牧，國以殷富，是爲玄祖。玄祖生撒剌的，仁民愛物，始置鐵冶，教民鼓鑄，是爲德祖，即太祖之父也。世爲契丹遥輦氏之夷离堇，執其政柄。德祖之弟述瀾〔九〕，北征于厥、室韋，南略易、定、奚、霫，始興板築，置城邑，教民種桑麻，習織組，已有廣土衆民之志。而太祖受可汗之禪，遂建國。東征西討，如折枯拉朽。東自海，西至于流沙，北絕大漠，信威萬里，歷年二百，豈一日之故哉！周公誅管、蔡，人未有能非之者。刺葛、安端之亂，太祖既貸其死而復用之，非人君之度乎？舊史扶餘之變，亦異矣夫！

校勘記

〔一〕唐義武軍節度使王處直　「唐」，原作「晉」，據本書卷七五王郁傳、舊唐書卷一八二王處直傳及通鑑卷二六二唐紀七八昭宗光化三年九月癸未改。

〔二〕張文禮求援　下文五月丁未「張文禮卒，其子處瑾遣人奉表來謝」。然新五代史卷五唐莊宗紀下及通鑑卷二七一後梁紀六均王龍德元年均稱張文禮卒於神册六年八月。道光殿本考證謂或文禮雖卒，其子處瑾猶假文禮之名以求援。至契丹拔石城，始知文禮之卒，故於是年五月始書其卒，可備一說。

〔三〕獲刺史趙思温　本書卷七六趙思温傳及秋澗先生大全文集卷四八盧龍趙氏家傳均謂趙思温附遼在神册二年，與此異。

〔四〕張崇　舊五代史卷八八、新五代史卷四七本傳並作「張希崇」。

〔五〕鑿金河水取烏山石　疑「鑿」、「取」二字互舛。

〔六〕以奚部長勃魯恩王郁自回鶻新羅吐蕃党項室韋沙陀烏古等從征有功優加賞賚　此句語義不

明，「自」疑當作「洎」。按本書卷六九部族表天顯元年二月云：「奚部長勃魯恩、王郁從征有功，賞之。」又卷七〇屬國表天顯元年二月云：「回鶻、新羅、吐蕃、党項、沙陀從征有功，賞之。」蓋天顯元年二月賞從征渤海者，勃魯恩、王郁及回鶻等皆在受賞之列。

〔七〕郭存謙弑其主存勗　「存謙」，新五代史卷三七郭從謙傳作「從謙」。

〔八〕盧龍行軍司馬張崇叛奔唐　此事舊五代史卷三九唐明宗紀五及通鑑卷二七六後唐紀五並繫於天成三年（遼天顯三年）閏八月。

〔九〕德祖之弟述瀾　「弟」，疑當作「兄」。按本書卷六四皇子表，玄祖四子，述瀾第三，德祖第四。

遼史卷三

本紀第三

太宗上

太宗孝武惠文皇帝，諱德光，字德謹，小字堯骨。太祖第二子，母淳欽皇后蕭氏。唐天復二年生，神光異常，獵者獲白鹿、白鷹，人以爲瑞。及長，貌嚴重而性寬仁，軍國之務多所取決。

天贊元年，授天下兵馬大元帥，尋詔統六軍南徇地。明年，下平州，獲趙思温、張崇。回破箭笴山胡遜奚，諸部悉降。復以兵掠鎮、定，所至皆堅壁不敢戰。師次幽州，符存審拒于州南，縱兵邀擊，大破之，擒裨將裴信等數十人。及從太祖破于厥里諸部，定河壖党項，下山西諸鎮，取回鶻單于城，東平渤海，破達盧古部，東西萬里，所向皆有功。

天顯元年七月，太祖崩，皇后攝軍國事。明年秋，治祖陵畢。冬十一月壬戌，人皇王倍率羣臣請于后曰：「皇子大元帥勳望，中外攸屬，宜承大統。」后從之。是日即皇帝位。癸亥，謁太祖廟。丙寅，行柴册禮。戊辰，還都。壬申，御宣政殿，羣臣上尊號曰嗣聖皇帝。大赦。有司請改元，不許。十二月庚辰，尊皇太后爲太皇太后，皇后爲應天皇太后，立妃蕭氏爲皇后。禮畢，閱近侍班局。辛巳，諸道將帥辭歸鎮。己丑，祀天地。庚寅，遣使諭諸國。辛卯，閱羣牧于近郊。戊戌，女直遣使來貢。壬寅，謁太祖廟。甲辰，閱旗鼓、客省諸局官屬。丁未，詔選遥輦氏九帳子弟可任官者。

三年春正月己酉，閱北剋兵籍。庚戌，閱南剋兵籍。丁巳，閱皮室、拽剌、墨离三軍。己未，黄龍府羅涅河女直、達盧古來貢。庚午，以王郁爲興國軍節度使，守中書令。

二月，幸長濼。己亥，惕隱涅里衮進白狼。辛丑，達盧古來貢。

三月乙卯，東蒐。癸亥，獵殺𪆳山。乙丑，獵松山。唐義武軍節度使王都遣人以定州來歸。唐主出師討之，使來乞援，命奚秃里鐵剌往救之。

四月戊寅，東巡。己卯，祭麃鹿神。丁亥，於獵所縱公私取羽毛革木之材。甲午，取箭材赤山。丙申，獵三山。鐵刺敗唐將王晏球于定州。唐兵大集，鐵刺請益師。辛丑，命惕隱涅里衮、都統查剌赴之。

五月丙午，建天膳堂。獵索剌山。戊申，至自獵。丁卯，命林牙突呂不討烏古部。己巳，女直來貢。

六月己卯，行瑟瑟禮。

秋七月丁未，突呂不獻討烏古捷。壬子，王都奏唐兵破定州，鐵剌死之，涅里衮、查剌等數十人被執。上以出師非時，甚悔之，厚賜戰歿將校之家。庚午，有事于太祖廟。

八月丙子，突厥來貢。庚辰，詔建應天皇太后誕聖碑于儀坤州。

九月己卯，突呂不遣人獻討烏古俘。癸未，詔分賜羣臣。己丑，幸人皇王倍第。庚寅，遣人使唐。辛卯，再幸人皇王第。癸巳，有司請以上生日爲天授節，皇太后生日爲永寧節。

冬十月癸卯朔，以永寧節，上率羣臣上壽於延和宮。己酉，謁太祖廟。唐遣使遺玉笛。甲子，天授節，上御五鑾殿受羣臣及諸國使賀。

十一月丙子，鼻骨德來貢。辛丑，自將伐唐。

十二月癸卯，祭天地。庚戌，聞唐主復遣使來聘，上問左右，皆白〔一〕：「唐數遣使來，實畏威也。未可輕舉，觀釁而動可也。」上然之。甲寅，次杏堝，唐使至，遂班師。時人皇王在皇都，詔遣耶律羽之遷東丹民以實東平。其民或亡入新羅、女直，因詔困乏不能遷者，許上國富民給贍而隸屬之。升東平郡爲南京。

四年春正月壬申朔，宴羣臣及諸國使，觀俳優角觝戲。己卯，如瓜堝。

二月庚戌，閲遥輦氏户籍。

三月甲午，望祀羣神。

夏四月辛亥，至自瓜堝。壬子，謁太祖廟。癸丑，謁太祖行宮。甲寅，幸天城軍，謁祖陵。辛酉，人皇王倍來朝。癸亥，録囚。

五月癸酉，謁二儀殿，宴羣臣。女直來貢。戊子，射柳于太祖行宮。癸巳，行瑟瑟禮。

六月丙午，突吕不獻烏古俘。戊申，分賜將士。己酉，西巡。己未，選輕騎數千獵近山。癸亥，駐蹕涼陘。

秋七月庚辰，觀市，曲赦繫囚。甲午，祠太祖而東。

八月辛丑，至自涼陘，謁太祖廟。癸卯，幸人皇王第。己酉，謁太祖廟。

九月庚午，如南京。戊寅，祠木葉山。己卯，行再生禮。癸巳，至南京。

冬十月壬寅，幸人皇王第，宴羣臣。甲辰，幸諸營，閱軍籍。庚戌，以雲中郡縣未下，大閱六軍。甲子，詔皇弟李胡帥師趣雲中討郡縣之未附者。

十一月丙寅朔，以出師告天地。丁卯，餞皇弟李胡于西郊。壬申，命大內惕隱告出師于太祖行宮。甲申，觀漁三叉口。

十二月戊申，女直來貢。戊午，至自南京。

五年春正月庚午，皇弟李胡拔寰州捷至。甲午，朝皇太后。

二月己亥，詔修南京。癸卯，李胡還自雲中，朝于行在。丙午，以先所俘渤海户賜李胡。丙辰，上與人皇王朝皇太后。太后以皆工書，命書于前以觀之。辛酉，召羣臣議軍國事。

三月丙寅，朝皇太后。丁卯，皇弟李胡請赦宗室舍利郎君以罪繫獄者，詔從之。己巳，幸皇叔安端第。辛未，人皇王獻白紵。乙亥，冊皇弟李胡爲壽昌皇太子〔三〕，兼天下兵馬大元帥。壬午，以龍化州節度使劉居言同中書門下平章事。乙酉，宴人皇王僚屬便殿。

庚寅，駕發南京。

夏四月乙未，詔人皇王先赴祖陵謁太祖廟。丙辰，會祖陵。人皇王歸國。五月戊辰，詔修裹潭離宮。乙酉，謁太祖廟。六月己亥〔三〕，射柳于行在。乙卯，如沿柳湖。丁巳，拜太祖御容于明殿。己未，敵烈德來貢。

秋七月壬申，烏古來貢。戊子，薦時果于太祖廟。八月丁酉，以大聖皇帝、皇后宴寢之所號日月宮，因建日月碑。丙午，如九層臺。九月己卯，詔舍利普寧撫慰人皇王。庚辰，詔置人皇王儀衛。丁亥，至自九層臺，謁及祖廟〔四〕。

冬十月戊戌，遣使賜人皇王胙。癸卯，建太祖聖功碑于如迂正集會堝〔五〕。甲辰，人皇王進玉笛。

十一月戊寅，東丹奏人皇王浮海適唐。

六年春正月甲子，西南邊將以慕化轄戛斯國人來。乙丑，敵烈德來貢。丁卯，如南京。

三月辛未，召大臣議軍國事。丁亥，人皇王倍妃蕭氏率其國僚屬來見。

夏四月己酉，唐遣使來聘。是月置中臺省于南京。

五月乙丑，祠木葉山。乙亥，至自南京。壬午，謁太祖陵。

閏月庚寅，射柳于近郊。

六月壬申，如涼陘。壬午，烏古來貢。

秋七月丁亥，女直來貢。己酉，命將校以兵南略。壬子，薦時果于太祖廟。東幸。

八月庚申，皇子述律生，告太祖廟。辛巳，鼻骨德來貢。

九月甲午，詔修京城。

冬十月丁丑，鐵驪來貢。

十一月乙酉，唐遣使來聘。

十二月甲寅朔，祭太祖廟。丙辰，遣人以詔賜唐盧龍軍節度使趙德鈞。

七年春正月壬辰，征西將軍課里遣拽剌鐸括奏軍事。己亥，唐遣使來聘。癸卯，遣人使唐。戊申，祠木葉山。

二月壬申，拽剌迪德使吴越還，吴越王遣使從，獻寶器。復遣使持幣往報之。

后。

三月己丑，林牙迪离畢指斥乘輿，囚之。丁未，遣使諸國。戊申，上率羣臣朝于皇太后。

夏四月甲戌，唐遣使來聘，致人皇王倍書。己卯，女直來貢。

五月壬午朔，幸祖州，謁太祖陵。

六月戊辰，御製太祖建國碑。戊寅，烏古、敵烈德來貢。庚辰，觀角觝戲。

秋七月辛巳朔，賜中外官吏物有差。癸未，賜高年布帛。丙戌，召羣臣耆老議政。壬辰，唐遣使遺紅牙笙。癸巳，使復至，懼報定州之役也。壬寅，唐盧龍軍節度使趙德鈞遣人進時果。丁未，薦新于太祖廟。

八月壬戌，捕鵝于沿柳湖，風雨暴至，舟覆，溺死者六十餘人，命存恤其家，識以爲戒。戊辰，林牙迪离畢逸囚，復獲而鞫之，知其事本誣構，釋之。

九月庚子，阻卜來貢。

冬十月乙卯，唐遣使來聘。己巳，遣使雲中。

十一月丁亥，遣使存問獲里國。丁未，阻卜貢海東青鶻三十連。

十二月辛亥，以叛人泥离衮家口分賜羣臣。丁巳，西狩，駐蹕平地松林。

八年春正月戊子，女直來貢。庚子，命皇太弟李胡、左威衛上將軍撒割率兵伐党項。癸卯，上親餞之。

二月辛亥，吐谷渾、阻卜來貢。乙卯，剋實魯使唐還，以附獻物分賜羣臣。

三月辛卯，皇太弟討党項勝還，宴勞之。丙申，唐遣使請罷征党項兵，上以戰捷及党項已聽命報之。

夏四月戊午，党項來貢。

五月己丑，獵獨牛山，惕隱迪輦所乘内厩騮馬斃，因賜名其山曰騮山。戊戌，如沿柳湖。

六月甲寅，阻卜來貢。甲子，回鶻阿薩蘭來貢。

秋七月戊寅，行納后禮。癸未，皇子提离古生。丁亥，鐵驪、女直、阻卜來貢。

冬十月乙巳，阻卜來貢。丙午，至自沿柳湖。辛亥，唐遣使來聘。己未，遣拔剌使唐。

十一月辛丑，太皇太后崩，遣使告哀于唐及人皇王倍。是月，唐主嗣源殂，子從厚立。辛未，烏古吐魯没來貢。

十二月丁卯，党項來貢。

九年春正月癸酉，漁于土河。丙申，党項貢駝、鹿。己亥，南京進白麞。

閏月戊午，唐遣使告哀，即日遣使弔祭。壬戌，東幸。女直來貢。

二月壬申，祠木葉山。戊寅，葬太皇太后於德陵。前二日，發喪于菆塗殿，上具衰服以送。後追謚宣簡皇后，詔建碑于陵。

三月癸卯，女直來貢。

夏四月，唐李從珂弑其主自立。人皇王倍自唐上書請討。

五月甲辰，如沿柳湖。癸丑，女直來貢。大星晝隕。

六月己巳朔〔六〕，鼻骨德來貢。辛未，唐李從厚謝弔祭所遣使初至闕。

秋八月壬午，自將南伐。乙酉，拽剌解里手接飛雁，上異之，因以祭天地。

九月庚子，西南星隕如雨。乙卯，次雲州。丁巳，拔河陰。

冬十月丁亥，略地靈丘，父老進牛酒犒師。

十一月辛丑，圍武州之陽城。壬寅，陽城降。癸卯，洼只城降，括所俘丁壯籍于軍。

十二月壬辰，皇子阿鉢撒葛里生，皇后不豫。是月駐蹕百湖之西南。

十年春正月戊申，皇后崩于行在。

二月戊寅，百僚請加追謚，不許。辛巳，宰相涅里衮謀南奔，事覺，執之。

三月戊午，党項來貢。

夏四月，吐谷渾酋長退欲德率衆内附。丙戌，皇太后父族及母前夫之族二帳並爲國舅，以蕭緬思爲尚父領之。己丑，録囚。

五月甲午朔，始製服行后喪。丙午，葬于奉陵。上自製文，謚曰彰德皇后。癸丑，以舍利王庭鶚爲龍化州節度使。

六月乙丑，吐渾來貢。辛未，幸品不里淀。

秋七月乙卯，獵南赤山。

冬十一月丙午，幸弘福寺爲皇后飯僧，見觀音畫像，乃大聖皇帝、應天皇后及人皇王所施，顧左右曰：「昔與父母兄弟聚觀于此，歲時未幾，今我獨來！」悲嘆不已。乃自製文題于壁，以極追感之意。讀者悲之。

十二月庚辰，如金瓶濼，遣拽剌化哥、窟魯里、阿魯掃姑等捉生敵境。

十一年春正月，鈎魚于土河。庚申，如潢河。

三月庚寅朔，女直來貢。

夏四月庚申，謁祖陵。戊辰，還都，謁太祖廟。辛未，燕民之復業者陳汴州事宜。癸酉，女直諸部來貢。癸未，賜回鶻使衣有差。

五月戊戌，清暑沿柳湖。

六月戊午朔，鼻骨德來貢。乙酉，吐谷渾來貢。

秋七月辛卯，烏古來貢。壬辰，蒲割纇公主率三河烏古來朝。丙申，唐河東節度使石敬瑭爲其主所討，遣趙瑩因西南路招討盧不姑求救，上白太后曰：「李從珂弒君自立，神人共怒，宜行天討。」時趙德鈞亦遣使至，河東復遣桑維翰來告急〔七〕，遂許興師。

八月己未，遣蕭轄里報河東師期。丙寅，吐谷渾來貢。庚午，自將以援敬瑭。

九月癸巳，有飛鶩自墜而死，南府夷离菫曷魯恩得之以獻〔八〕。卜之，吉。上曰：「此從珂自滅之兆也！」丁酉，入雁門。戊戌，次忻州，祀天地。己亥，次太原。庚子，遣使諭敬瑭曰：「朕興師遠來，當即與卿破賊。」會唐將高行周、符彥卿以兵來拒，遂勒兵陳于太原。及戰，佯爲之却。唐將張敬達、楊光遠又陳于西，未成列，以兵薄之。而行周、彥卿爲伏兵所斷，首尾不相救。敬達、光遠大敗，棄仗如山，斬首數萬級。敬達走保晉安寨，夷离菫的魯與戰，死之。敬瑭率官屬來見，上執手撫慰之。癸卯，圍晉安。甲辰，以的魯子徒离骨嗣爲夷离堇，仍以父字爲名，以旌其忠。南宰相鶻离底、奚監軍寅你己、將軍陪阿臨陳退懦，上召切責之。

冬十月甲子，封敬瑭爲晉王，幸其府。敬瑭與妻李率其親屬捧觴上壽〔九〕。初圍晉安，分遣精兵守其要害，以絶援兵之路。而李從珂遣趙延壽以兵二萬屯團柏谷，范延廣以兵二萬屯遼州〔一〇〕，幽州趙德鈞以所部兵萬餘由上黨趨延壽軍，合勢進擊。知此有備，皆逗遛不進。從珂遂將精騎三萬出次河橋，親督諸軍。然知其不救，但日酣飲悲歌而已。丁卯，召敬瑭至行在所，賜坐。上從容語之曰：「吾三千里舉兵而來，一戰而勝，殆天意也。觀汝雄偉弘大，宜受茲南土，世爲我藩輔。」遂命有司設壇晉陽，備禮册命。

十一月丁酉，册敬瑭爲大晉皇帝。自戊戌至戊申，候騎兩奏南有兵至，復奏西有兵至〔一一〕。命惕隱迪輦洼拒之。敬達在圍八十餘日，内外隔絶，軍儲殆盡，至濯馬糞、屑木以飼馬，馬飢至自相啖其騣尾，死則以充食。光遠等勸敬達出降，敬達曰：「吾有死而已。爾欲降，寧斬吾首以降。」

閏月甲子，楊光遠、安審琦殺敬達以降。上聞敬達至死不變，謂左右曰：「凡爲人臣，當如此也！」命以禮葬。所降軍士及馬五千匹以賜晉帝。丙寅，祀天地以告成功。庚午，僕射蕭酷古只奏趙德鈞等諸援兵將遁，詔夜發兵追擊。德鈞等軍皆投戈棄甲，自相蹂踐，擠于川谷者不可勝紀。仍命皇太子馳輕騎據險要。追及步兵萬餘，悉降之。辛未，兵度團柏谷，以酒肴祀天地。俄追及德鈞父子，乃率衆降。次潞州，召諸將議，皆請班師，從之。命南宰相解領鶻离底、奚監軍寅你已、將軍陪阿先還。壬申，惕隱洼、林牙迪离畢來獻俘。晉帝辭歸，上與宴飲。酒酣，執手約爲父子。以白貂裘一、廄馬二十、戰馬千二百餞之。命迪离畢將五千騎送入洛。臨別，謂之曰：「朕留此，候亂定乃還耳。」辛巳，晉帝至河陽，李從珂窮蹙，召人皇王倍同死，不從，遣人殺之，乃舉族自焚。詔收其士卒戰歿者瘞之汾水上，以爲京觀。晉命桑維翰爲文，紀上功德。

十二月乙酉朔，遣近侍撻魯存問晉帝。丙戌，以晉安所獲分賜將校。戊子，遣使馳奏皇太后，及報諸道師還。庚寅，發太原。辛卯，聞晉帝入洛，遣郎君解里德撫問。壬辰，次細河，閱降將趙德鈞父子兵馬。戊戌，次雁門，以沙太保所部兵分隸諸將。庚戌，幸應州。癸丑，唐大同、彰國、振武三節度使迎見，留之不遣。

十二年春正月丙辰，次堆子口。唐大同軍節度判官吴巒閉城拒命，遣崔廷勳圍其城。庚申，上親征，至城下諭之，巒降〔一二〕。辛酉，射鬼箭于雲州北。壬戌，祀天地。癸亥，遣國舅安端發奚西部民各還本土〔一三〕。丙寅，皇太后遣侍衛實魯趣行，是夕，率輕騎先進。丁丑，皇子述律迎謁于灤河，告功太祖行宮。戊寅，朝于皇太后，進珍玩爲壽。

二月丁亥，以軍前所獲俘叛入幽州者皆斬之。壬寅，詔諸部休養士卒。癸卯，晉遣唐所掠郎君剌哥、文班吏蕭觪里還朝。

三月庚申，晉遣使來貢。丁卯，晉天雄軍節度使范延廣潛遣人請内附，不納。己巳，遣郎君的烈古、梅里迭烈使晉。壬午，晉使及諸國使來見。

夏四月甲申，地震。幸平地松林，觀潢水源。

五月甲寅，幸頻蹕淀。壬申，震開皇殿。

六月甲申，晉遣户部尚書聶延祚等請上尊號，及歸雁門以北與幽、薊之地，仍歲貢帛三十萬疋，詔不許。庚戌，侍中列率言，范延廣叛晉，引兵南向。

秋七月辛亥朔，詔諸部治兵甲。癸丑，幸懷州，謁奉陵。甲子，晉遣使來告范延廣反。庚午，遣耶律褱古皇使晉議軍事〔一四〕。

八月癸未，晉遣使復請上尊號，不許。庚寅，晉及太原劉知遠、南唐李昪各遣使來貢〔一五〕。庚子，晉遣使以都汴及范延廣降來告。

九月壬子，鼻骨德來貢。庚申，遣直里古使晉及南唐。癸亥，朮不姑、女直來貢。辛未，遣使高麗、鐵驪。癸酉，回鶻來貢。

冬十月庚辰朔，皇太后永寧節，晉及回鶻、燉煌諸國皆遣使來賀。壬午，詔回鶻使胡离只、阿刺保，問其風俗。丁亥，諸國使還，就遣蒲里骨皮室胡末里使其國。

十一月己未，遣使求醫于晉。丁卯，鐵驪來貢。

十二月甲申，東幸，祀木葉山。己丑，醫來。

校勘記

〔一〕上問左右皆白　「白」，南監本、北監本、殿本作「曰」。

〔二〕册皇弟李胡爲壽昌皇太子　「皇太子」，諸本皆同。下文天顯十一年閏十一月庚午及會同二年二月戊寅、四年二月丙申、五年二月壬辰亦均作「皇太子」。然太宗紀天顯八年、大同元年，卷一四聖宗紀五統和二十六年及卷七二章肅皇帝李胡傳則作「皇太弟」。

〔三〕六月己亥　「六月」二字原闕。按此處射柳、如沿柳湖兩事，本書卷六八遊幸表皆繫於六月。又據卷四四朔考，五月甲子朔，月内無己亥、乙卯、丁巳、己未，此四日應屬六月。今據補。

〔四〕謁及祖廟　馮校云：「及」當作「太」。

〔五〕建太祖聖功碑于如迂正集會堝　本書卷一太祖紀上太祖元年正月庚寅作「如迂王集會堝」。

〔六〕六月己巳朔　本書卷四四朔考，耶律儼作庚午朔，舊五代史卷四六唐末帝紀上同。此作己巳朔，蓋出自陳大任遼史本紀。

〔七〕河東復遣桑維翰來告急　通鑑卷二八〇後晉紀一高祖天福元年七月丙辰謂石敬瑭令桑維翰草表，遣使求救於契丹，舊五代史卷一三七外國列傳一、册府卷三〇九宰輔部佐命二皆謂使者爲何福，契丹國志卷二太宗嗣聖皇帝上引紀異録謂使者爲趙瑩，均無桑維翰如契丹告急事。

〔八〕南府夷离堇曷魯恩　羅校云：「府」當作「院」。

〔九〕敬瑭與妻李率其親屬捧觴上壽　馮校云：「李」下當有「氏」字。

〔一〇〕范延廣以兵二萬屯遼州　「延廣」，新五代史卷五一本傳作「延光」。此蓋避太宗德光諱改。

〔一一〕復奏西有兵至　「奏」，原作「於」，據大典卷四八〇引遼史太宗紀改。

〔一二〕「唐大同軍節度判官吳巒閉城拒命」至「巒降」　本書卷四太宗紀下會同七年正月謂趙延壽圍貝州，太守吳巒投井死，與此異。新五代史卷二九、舊五代史卷九五本傳及通鑑卷二八一後晉紀二、卷二八三後晉紀四俱稱巒守雲中不下，後降石晉，開運元年守貝州，城破投井死。

〔一三〕遣國舅安端發奚西部民各還本土　羅校云：安端，太祖之弟，太宗之叔，不應稱國舅，「國舅」下殆脱「敞穩」二字。

〔一四〕遣耶律裹古皇使晉議軍事　據契丹人名常見用例，此處「裹古皇」疑爲「裹古里」之誤。

〔一五〕晉及太原劉知遠南唐李昪各遣使來貢　據舊五代史卷九九漢高祖紀上、新五代史卷一〇漢高祖紀及通鑑卷二八二後晉紀三天福六年七月，知劉知遠於天福二年（遼天顯十二年）八月爲許州節度使，至六年七月始以河東節度使出鎮太原。此處稱太原劉知遠來貢，恐不確。

遼史卷四

本紀第四

太宗下

會同元年春正月戊申朔，晉及諸國遣使來賀。晉使且言已命和凝撰聖德神功碑。戊辰，遣人使晉。

二月壬午，室韋進白麃。戊子，鐵驪來貢。丁酉，獵松山。戊戌，幸遼河東。丙申，上思人皇王，遣惕隱率宗室以下祭其行宮〔一〕。丁未，詔增晉使所經供億户。

三月壬戌，將東幸，三剋言農務方興，請減輜重，促還期，從之。丙寅，女直來貢。癸酉，東幸。

夏四月戊寅朔，如南京。甲申，女直來貢。乙酉，幸溫泉。己丑，還宮，朝于皇太后。

丁酉，女直貢弓矢。己亥，西南邊大詳穩耶律魯不古奏党項捷。

五月甲寅，晉復遣使請上尊號，從之。

六月丙子朔，吐谷渾及女直來貢。辛卯，南唐來貢。癸巳，詔建日月四時堂，圖寫古帝王事于兩廡。

秋七月癸亥，遣使賜晉馬。丁卯，遣鶻离底使晉，梅里了古使南唐。戊辰，遣中臺省右相耶律述蘭迭烈哥使晉，臨海軍節度使趙思温副之〔二〕，册晉帝爲英武明義皇帝。

八月戊子，女直來貢。庚子，吐谷渾、烏孫、靺鞨皆來貢。

九月庚戌，黑車子室韋貢名馬。邊臣奏晉遣守司空馮道、左散騎常侍韋勳來上皇太后尊號，左僕射劉昫〔三〕、右諫議大夫盧重上皇帝尊號，遂遣監軍寅你己充接伴。壬子，詔羣臣及高年，凡授大臣爵秩，皆賜錦袍、金帶、白馬、金飾鞍勒，著于令。

冬十月甲戌朔，遣郎君迪里姑等撫問晉使。壬寅，晉遣使來謝册禮。是日，復有使進獨峰駝及名馬。

十一月甲辰朔，命南北宰相及夷离堇就館賜晉使馮道以下宴。丙午，上御開皇殿，召見晉使。壬子，皇太后御開皇殿，馮道、韋勳册上尊號曰廣德至仁昭烈崇簡應天皇太后。甲子，行再生柴册禮。丙寅，皇帝御宣政殿，劉昫、盧重册上尊號曰睿文神武法天啓運明德章信至道廣敬昭孝嗣聖皇帝。大赦，改元會同。是月，晉復遣趙瑩奉表來賀，以幽、薊、瀛、莫、涿、檀、順、嬀、儒、新、武、雲、應、朔、寰、蔚十六州并圖籍來獻。於是詔以皇都爲上京，府曰臨潢。升幽州爲南京，南京爲東京。改新州爲奉聖州，武州爲歸化州。升北、南二院及乙室夷离堇爲王，以主簿爲令，令爲刺史，刺史爲節度使，二部梯里已爲司徒，達剌干爲副使，麻都不爲縣令，縣達剌干爲馬步。置宣徽、閤門使，控鶴、客省、御史大夫、中丞、侍御、判官、文班牙署、諸宮院世燭，馬羣、遥輦世燭，南北府、國舅帳郎君官爲敞史，諸部宰相、節度使帳爲司空，二室韋闥林爲僕射，鷹坊、監治等局官長爲詳穩。

十二月戊戌，遣同括、阿鉢等使晉，制加晉馮道守太傅，劉昫守太保，餘官各有差。

二年春正月乙巳，以受晉册，遣使報南唐、高麗。丁未，御開皇殿，宴晉使馮道以下，賜物有差。戊申，晉遣金吾衛大將軍馬從斌、考功郎中劉知新來貢珍幣，命分賜羣臣。丙辰，晉遣使謝免沿邊四州錢幣。

二月戊寅，宴諸王及節度使來賀受册禮者，仍命皇太子、惕隱迪輦餞之。癸巳，謁太祖廟，賜在京吏民物及内外羣臣官賞有差。丁酉，加兼侍中、左金吾衛上將軍王郚檢校太尉。

三月，畋于褭潭之側。戊申，女直來貢。丁巳，封皇子述律爲壽安王，罨撒葛爲太平王。己巳，大賚百姓。

夏四月乙亥，幸木葉山。癸巳，東京路奏狼食人。

五月乙巳，禁南京鬻牝羊出境。思奴古多里等坐盜官物，籍其家。南唐遣使來貢。丁未，以所貢物賜羣臣。戊申，回鶻單于使人乞授官，詔第加刺史、縣令。

六月丁丑，雨雪。是夏，駐蹕頻蹕淀。

秋七月戊申，晉遣使進犀帶。庚戌，吐谷渾來貢。乙卯，敞史阿鉢坐奉使失職，命笞之。

閏月癸未，乙室大王坐賦調不均，以木劍背撻而釋之；并罷南、北府民上供及宰相、節度諸賦役非舊制者。乙酉，遣的烈賜晉烏古良馬。己丑，以南王府二刺史貪蠹，各杖一百，仍繫虞候帳，備射鬼箭；選羣臣爲民所愛者代之。

八月乙丑，晉遣使貢歲幣，奏輸戌、亥二歲金幣于燕京。

九月甲戌，阻卜阿离底來貢。己卯，遣使使晉。

冬十月丁未，上以烏古部水草肥美，詔北、南院徙三石烈户居之。

十一月丁亥，鐵驪、燉煌並遣使來貢。

十二月庚子，鈎魚于土河。甲子，回鶻使者傔人有以刃相擊者，詔付其使處之。

三年春正月戊子，吴越王遣使來貢。庚寅，人皇王妃來朝。回鶻使乞觀諸國使朝見禮，從之。壬辰，遣陪謁、阿鉢使晉致生辰禮。晉以并、鎮、忻、代之吐谷渾來歸〔四〕。

二月己亥，奚王勞骨寧率六節度使朝貢。庚子，烏古遣使獻伏鹿國俘，賜其部夷离堇旗鼓以旌其功。壬寅，女直來貢。辛亥，墨離鶻末里使回鶻阿薩蘭還，賜對衣勞之。乙卯，鴨渌江女直遣使來覲。

三月戊辰，遣使使晉，報幸南京。己巳，如南京。辛未，命惕隱耶律涅离骨德率萬騎先驅。壬申，次石嶺，以奚王勞骨寧監軍寅你己朝謁不時，切責之。丙子，魯不姑上党項俘獲數。癸未，獵水門，獲白鹿。庚寅，詔扈從擾民者從軍律。甲午，幸薊州。乙未，晉及南唐各遣使來覲。

夏四月庚子，至燕，備法駕，入自拱辰門，御元和殿，行入閤禮。壬寅，遣人使晉。乙巳，幸留守趙延壽别墅。丙午，晉遣宣徽使楊端、王眺等來問起居〔五〕。壬子，御便殿，宴晉及諸國使。丙辰，晉遣使進茶藥。壬戌，御昭慶殿，宴南京羣臣。癸亥，晉遣使賀端午，以所進節物賜羣臣。乙丑，南唐進白龜。

五月庚午，以端午宴羣臣及諸國使，命回鶻、燉煌二使作本俗舞，俾諸使觀之。庚辰，晉遣使進弓矢。甲申，遣皇子天德及檢校司徒邸用和使晉。戊子，閱騎兵于南郊。

六月乙未朔，東京宰相耶律羽之言渤海相大素賢不法，詔僚佐部民舉有才德者代之。丙申，閱步卒于南郊。庚子，晉及轄剌骨只遣使來見。壬寅，駕發燕京，命中書令蕭僧隱部諸道軍于長坐營。癸丑，次奉聖州。甲寅，勞軍士。

秋七月己巳，獵猾底烈山。癸酉，朝于皇太后。丙子，從皇太后視人皇王妃疾。戊寅，人皇王妃蕭氏薨。己卯，以安重榮據鎮州叛晉，詔征南將軍柳嚴邊備。丙戌，徙人皇王行宮于其妃薨所。辛卯，晉遣使請行南郊禮，許之。

八月己亥，詔東丹吏民爲其王倍妃蕭氏服。庚子，阻卜來貢。壬寅，遣使南唐。乙巳，阻卜、黑車子室韋、賃烈等國來貢。南唐遣使求青氈帳，賜之。戊申，以安端私城爲白川州。辛亥，鼻骨德使乞賜爵，以其國相授之。甲寅，阻卜來貢。乙卯，置白川州官屬。丙辰，詔以于諧里河、臚朐河之近地，給賜南院歐堇突呂、乙斯勃，北院温納何剌三石烈人爲農田〔六〕。

九月庚午，侍中崔窮古言：「晉主聞陛下數游獵，意請節之。」上曰：「朕之畋獵，非徒從樂，所以練習武事也。」乃詔諭之。壬午，邊將奏破吐谷渾，擒其長；詔止誅其首惡及其丁壯，餘並釋之。丙戌，晉遣使貢名馬。戊子，女直及吴越王遣使來貢。

冬十月辛丑，遣剋朗使吴越，略姑使南唐。庚申，晉遣使貢布及請親祠南嶽〔七〕，從之。

十一月己巳，南唐遣使奉蠟丸書言晉密事。丁丑，詔有司教民播種紡績。除姊亡妹續之法〔八〕。

十二月壬辰朔，率百僚謁太祖行宫。甲午，燔柴，禮畢，祠于神帳。丙申，遣使使晉。丙辰，詔契丹人授漢官者從漢儀，聽與漢人婚姻。丁巳，詔燕京皇城西南堞建涼殿。

是冬，駐蹕于傘淀。

四年春正月壬戌，以乙室、品卑、突軌三部鰥寡不能自存者，官爲之配。丙子，南唐遣使來貢。庚辰，涅剌、烏隗部獻党項俘獲數。己丑，詔定征党項功。

二月丙申，皇太子獲白麞。甲辰，晉遣使進香藥。丙午〔九〕，鐵驪來貢。丁巳，詔有司編始祖奇首可汗事迹。己未，晉遣楊彦詢來貢，且言鎮州安重榮跋扈狀，遂留不遣。是月，晉鎮州安重榮執遼使者拽剌。

三月，特授回鶻使闊里于越，并賜旌旗、弓劍、衣馬，餘賜有差。癸酉，晉以許祀南郊，遣使來謝，進黄金十鎰。

夏四月己卯〔一〇〕，晉遣使進櫻桃。

五月庚辰，吐谷渾夷离堇蘇等叛入晉。遣牒蠟往諭晉及太原守臣。

六月辛卯，振武軍節度副使趙崇逐其節度使耶律畫里，以朔州叛，附晉。丙午，命宣徽使褭古只赴朔州，以兵圍其城，有晉使至請開壁，即勿聽，驛送闕下。

秋七月癸亥，南唐遣使奉蠟丸書。丙寅，褭古只奏晉遣使至朔令降〔一一〕，守者猶堅壁弗納。且言晉有貢物，命即以所貢物賜攻城將校。己巳，有司奏神纛車有蜂巢成蜜，史占之，吉。壬申，晉遣使進水晶硯。

八月癸巳，南唐奉蠟丸書。庚子，晉遣使進犀弓、竹矢。吴越王遣使奉蠟丸書。

九月壬申，有星孛于晉分。丁丑，幸歸化州。

冬十月辛丑，有司奏燕、薊大熟。癸卯，吴越王遣使來貢。

十一月丙寅，晉以討安重榮來告。庚午，吐谷渾請降，遣使撫諭。阻卜來貢，以其物賜左右。丙子，鴨渌江女直來貢。壬午，以永寧、天授二節及正旦、重午、冬至、臘並受賀，著令。

十二月戊子，晉遣使來告山南節度使安從進反〔一二〕。詔以便宜討之。庚寅，南唐遣使奉蠟丸書。戊戌，晉遣王升鸞來貢。戊申，晉以敗安重榮來告，遂遣楊彦詢歸。辛亥，晉遣使乞罷戍兵，詔惕隱朔古班師。甲寅，攻拔朔州，遣控鶴指揮使諧里勞軍。時裹古只戰殁城下，上怒，命誅城中丁壯，仍以叛民上户三千爲裹古只部曲。

五年春正月丙辰朔，上在歸化州，御行殿受羣臣朝。以諸道貢物進太后及賜宗室百僚。戊午，詔求直言，北王府郎君耶律海思應詔，召對稱旨，特授宣徽使。詔政事令僧隱等以契丹户分屯南邊。戊辰，晉函安重榮首來獻。上數欲親討重榮，至是乃止。癸酉，遣使使晉。是月，晉以朔州平，遣使來賀〔一三〕，遂遣客省使耶律化哥使晉并致生辰禮。

二月壬辰，上將南幸，以諸路有未平者，召太子及羣臣議，皆曰：「今襄、鎮、朔三州雖已平，然吐谷渾爲安重榮所誘，猶未歸命，宜發兵討之，以警諸部。」上曰：「正與朕合。」遂詔以明王隈恩代于越信恩爲西南路招討使以討之〔一四〕，且諭明王宜先練習邊事，而後之官。甲午，如南京。遣使使晉索吐谷渾叛者。乙未，鼻骨德來貢。

三月乙卯朔，晉遣齊州防禦使宋暉業〔一五〕、翰林茶酒使張言來問起居。

閏月，駐蹕陽門。

夏四月甲寅朔，鐵驪來貢，以其物分賜羣臣。丙子，晉遣使進射柳鞍馬。

五月五日戊子〔一六〕，禁屠宰。

六月癸丑朔，晉齊王重貴遣使來貢。丁巳，徒覩古、素撒來貢。乙丑，晉主敬瑭殂，子重貴立。戊辰，晉遣使告哀，輟朝七日。庚午，遣使往晉弔祭。丁丑，聞皇太后不豫，上馳入侍，湯藥必親嘗。仍告太祖廟，幸菩薩堂，飯僧五萬人。七月乃愈。

秋七月庚寅，晉遣金吾衞大將軍梁言、判四方館事朱崇節來謝，書稱「孫」，不稱「臣」，遣客省使喬榮讓之〔一七〕。景延廣答曰：「先帝則聖朝所立，今主則我國自册。爲鄰爲孫則可，奉表稱臣則不可。」榮還，具奏之，上始有南伐之意。辛卯，阻卜、鼻骨德、烏古來貢。將軍闒德里、蒲骨等率降將轄德至闕，并獻所獲。丁未，晉遣使以祖母哀來告。

八月辛酉，女直、阻卜、烏古各貢方物。甲子，晉復襄州。戊辰，詔河東節度使劉知遠送叛臣烏古指揮使由燕京赴闕。癸酉，遣天城軍節度使蕭拜石弔祭于晉。

九月壬辰，遣使賀晉帝嗣位。

冬十月己巳，徵諸道兵。遣將軍密骨德伐党項。

十一月乙未，武定軍奏松生棗。

十二月癸亥，晉遣使來謝。

是冬，駐蹕赤城。

六年春二月乙卯，晉遣使進先帝遺物。辛酉，晉遣使請居汴，從之。

三月己卯朔，吴越王遣使來貢。甲申，梅里端引來歸。戊子，南唐遣使奉蠟丸書。丁未，晉至汴，遣使來謝。

夏四月戊申朔，日有食之。

五月己亥，遣使如晉致生辰禮。

六月丁未朔，鐵驪來貢。己未，奚鋤骨里部進白麝。辛酉，莫州進白鵲。晉遣使貢金。

秋八月丁未朔，晉復貢金。己未，如奉聖州。晉遣其子延煦來朝。

冬十一月辛卯，上京留守耶律迪輦得晉諜，知有二心。甲辰，鐵驪來貢。

十二月丁未，如南京，議伐晉。命趙延壽、趙延昭〔一八〕、安端、解里等由滄、恒、易、定分道而進，大軍繼之。

是歲，楊彦昭請移鎮奈灤及新鎮，從之。

七年春正月甲戌朔，趙延壽、延昭率前鋒五萬騎次任丘。丙子，安端入雁門，圍忻、代。己卯，趙延壽圍貝州，其軍校邵珂開南門納遼兵，太守吴巒投井死。己丑，次元城，授延壽魏、博等州節度使，封魏王，率所部屯南樂。丙申，遣兵攻黎陽，晉張彦澤來拒。辛丑，晉遣使來修舊好，詔割河北諸州，及遣桑維翰、景延廣來議。

二月甲辰，攻博州，刺史周儒以城降。晉平盧軍節度使楊光遠密道遼師自馬家口濟河。晉將景延廣命石斌守麻家口，白再榮守馬家口。未幾，周儒引遼軍麻荅營于河東，攻鄆州北津，以應光遠。晉遣李守貞、皇甫遇、梁漢璋、薛懷讓將兵萬人，緣河水陸俱進。遼軍圍晉别將于戚城，晉主自將救之，遼師解去。守貞等至馬家口，麻荅遣步卒萬人築營壘，騎兵萬人守於外，餘兵屯河西。渡未已，晉兵薄之，遼軍不利。

三月癸酉朔，趙延壽言：「晉諸軍沿河置栅，皆畏怯不敢戰。若率大兵直抵澶淵，據其橋梁，晉必可取。」是日，晉兵駐澶淵，其前軍高行周在戚城。乃命延壽、延昭以數萬騎出行周右，上以精兵出其左。戰至暮，上復以勁騎突其中軍，晉軍不能戰。會有諜者言晉軍東面數少，沿河城栅不固，乃急擊其東偏，衆皆奔潰。縱兵追及，遂大敗之。壬午，留趙延昭守貝州，徙所俘户于内地。

夏四月癸丑，還次南京。辛未，如凉陘。

五月癸酉，耶律拔里得奏破德州，擒刺史尹居璠及將吏二十七人。

六月甲辰，黑車子室韋來貢。乙巳，紐沒里、要里等國來貢。

秋七月己卯，晉楊光遠遣人奉蠟丸書。辛卯，晉遣張暉奉表乞和，留暉不遣。

八月辛酉，回鶻遣使請婚，不許。是月，晉鎮州兵來襲飛狐，大同軍節度使耶律孔阿戰敗之。

九月庚午朔，北幸。

十月丁未，鼻骨德來貢。壬戌，天授節，諸國進賀，惟晉不至。

十一月壬申，詔徵諸道兵，以閏月朔會温榆河北。

十二月癸卯，南伐。甲子，次古北口。

閏月己巳朔，閱諸道兵於温榆河。己卯，圍恒州，下其九縣。

八年春正月庚子，分兵攻邢、洺、磁三州，殺掠殆盡。入鄴都境。張從恩、馬全節、安審琦兵悉陳于相州安陽水之南。皇甫遇與濮州刺史慕容彦超將兵千騎來覘遼軍。至鄴都，遇遼軍數萬，且戰且却，至榆林店。遼軍繼至，遇與彦超力戰百餘合，遇馬斃，步戰，審琦引騎兵踰水以救，遼軍乃還。

二月，圍魏，晉將杜重威率兵來救。戊子，晉將折從阮陷勝州〔一九〕。

三月戊戌，師拔祁州，殺其刺史沈斌。庚戌，杜重威、李守貞攻泰州。戊午〔三〇〕，趙延壽率前鋒薄泰城。己未，重威、守貞引兵南遁，追至陽城，大敗之。復以步卒爲方陣來拒，與戰二十餘合。壬戌，復搏戰十餘里。癸亥，圍晉兵于白團衞村〔三一〕。晉兵下鹿角爲營。是夕大風。至曙，命鐵鷂軍下馬，拔其鹿角，奮短兵入擊。順風縱火揚塵，以助其勢。晉軍大呼曰：「都招討何不用兵，令士卒徒死！」諸將皆奮出戰。張彦澤、藥元福、皇甫遇出兵大戰，諸將繼至，遼軍却數百步。風益甚，晝晦如夜。符彦卿以萬騎橫擊遼軍，率步卒並進，遼軍不利。上乘奚車退十餘里，晉追兵急，獲一槖駝乘之乃歸。晉兵退保定州。

夏四月甲申，還次南京，杖戰不力者各數百。庚寅，宴將士於元和殿。癸巳，如涼陘。

六月戊辰，回鶻來貢。辛未，吐谷渾、鼻骨德皆來貢。辛巳，黑車子室韋來貢。丁亥，趙延壽奏晉兵襲高陽，戍將擊走之。

秋七月乙卯，獵平地松林。晉遣孟守中奉表請和，仍以前事答之。

八月己巳，詔侍衞蕭素撒閱羣牧于北陘。

九月壬寅，次赤山，宴從臣，問軍國要務，對曰：「軍國之務，愛民爲本。民富則兵足，兵足則國强。」上以爲然。辛酉，還上京。

冬十月辛未，祠木葉山。

十一月戊戌，女直、鐵驪來貢。

十二月癸亥朔，朝謁太祖行宫。乙丑，雲州節度使耶律孔阿獲晉諜者。戊辰，臘，賜諸國貢使衣馬。

九年春正月庚子，回鶻來貢。丁未，女直來貢。

二月戊辰，鼻骨德奏軍籍。

三月己亥，吐谷渾遣軍校恤烈獻生口千户，授恤烈檢校司空。

夏四月辛酉朔，吐谷渾白可久來附。是月，如涼陘。

五月庚戌，晉易州戍將孫方簡請内附〔二二〕。

六月戊子，謁祖陵，更閟神殿爲長思。

秋七月辛亥，詔徵諸道兵，敢傷禾稼者〔二三〕，以軍法論。癸丑，女直來貢。乙卯，以阻卜酋長曷剌爲本部夷离堇。

八月丙寅，烏古來貢。是月，自將南伐。

九月壬辰，閱諸道兵于漁陽西棗林淀。是月，趙延壽與晉張彦澤戰于定州〔二四〕，敗之。

十一月戊子朔，進圍鎮州。丙申，先遣候騎報晉兵至〔二五〕，遣精兵斷河橋，晉兵退保武强。南院大王迪輦〔二六〕、將軍高模翰分兵由瀛州間道以進，杜重威遣貝州節度使梁漢璋率衆來拒。與戰，大敗之，殺梁漢璋。杜重威、張彦澤引兵據中渡橋，趙延壽以步卒前擊，高彦温以騎兵乘之，追奔逐北，殭屍數萬，斬其將王清，宋彦筠墮水死〔二七〕。重威等退保中渡寨。義武軍節度使李殷以城降，遂進兵，夾滹沱而營。去中渡寨三里，分兵圍之，夜則列騎環守，晝則出兵抄掠。復命大内惕隱耶律朔骨里及趙延壽分兵圍守。自將騎卒夜渡河出其後，攻下欒城，降騎卒數千。分遣將士據其要害。下令軍中預備軍食，三日不得舉煙火，但獲晉人，即黥而縱之。諸饋運見者皆棄而走。於是晉兵内外隔絶，食盡勢窮。

十二月丙寅，杜重威、李守貞、張彦澤等率所部二十萬衆來降。上擁數萬騎，臨大阜，立馬以受之。授重威守太傅、鄴都留守，守貞天平軍節度使，餘各領舊職。分降卒之半付重威，半以隸趙延壽。命御史大夫解里、監軍傅桂兒〔二八〕、張彦澤持詔入汴，諭晉帝母李氏，以安其意，且召桑維翰、景延廣先來。留騎兵千人守魏，自率大軍而南。壬申，解里等至汴，晉帝重貴素服拜命，輿母李氏奉表請罪。初，重貴絶和好，維翰數諫止之，不從，至是彦澤殺維翰，紿言自經死。詔收葬之，復其田園第宅，仍厚恤其家。甲戌，彦澤遷重貴及其母若妻於開封府署，以控鶴指揮使李榮督兵衞之。壬午，次赤岡。重貴舉族出封丘門，稾索牽羊以待。上不忍臨視，命改館封禪寺。晉百官縞衣紗帽，俯伏待罪。上曰：「其主負恩，其臣何罪。」命領職如故。即授安叔千金吾衞上將軍，叔千出班獨立，上曰：「汝邢州之請，朕所不忘。」乃加鎮國軍節度使，蓋在邢嘗密請内附也。將軍康祥執景延廣來獻，詔以牙籌數其罪，凡八。縶送都，道自殺。

大同元年春正月丁亥朔，備法駕入汴，御崇元殿受百官賀。戊子，以樞密副使劉敏權知開封府〔二九〕，殺秦繼旻、李彦紳及鄭州防禦使楊承勳，以其弟承信爲平盧軍節度使，襲父爵。初，楊光遠在青州求内附，其子承勳不聽，殺其判官丘濤及弟承祚等，自歸于晉，故誅之。己丑，以張彦澤擅徙重貴開封，殺桑維翰，縱兵大掠，不道，斬於市。晉人臠食之。辛卯，降重貴爲崇禄大夫〔三〇〕、檢校太尉，封負義侯。癸巳，以張礪爲平章事，晉李崧爲樞密使，馮道爲太傅，和凝爲翰林學士，趙瑩爲太子太保，劉昫守太保，馮玉爲太子少保。癸卯，遣趙瑩、馮玉、李彦韜將三百騎送負義侯及其母李氏、太妃安氏〔三一〕、妻馮氏、弟重睿、子延煦延寶等于黄龍府安置。仍以其宫女五十人、内宦三人、東西班五十人、醫官一人、控鶴四人、庖丁七人、茶酒司三人、儀鸞三人、健卒十人從之〔三二〕。

二月丁巳朔，建國號大遼，大赦，改元大同。升鎮州爲中京。以趙延壽爲大丞相兼政事令、樞密使、中京留守，中外官僚將士爵賞有差。辛未，河東節度使北平王劉知遠自立爲帝，國號漢。詔以耿崇美爲昭義軍節度使，高唐英爲昭德軍節度使，崔廷勳爲河陽軍節度使，分據要地。

三月丙戌朔，以蕭翰爲宣武軍節度使，賜將吏爵賞有差。壬寅，晉諸司僚吏、嬪御、宦寺、方技、百工、圖籍、曆象、石經、銅人、明堂刻漏、太常樂譜、諸宮縣、鹵簿、法物及鎧仗，悉送上京。磁州帥梁暉以相州降漢，己酉，命高唐英討之。

夏四月丙辰朔，發自汴州，以馮道、李崧、和凝、李澣、徐台符、張礪等從行。次赤岡，夜有聲如雷，起於御幄，大星復隕於旗鼓前。乙丑，濟黎陽渡，顧謂侍臣曰："朕此行有三失：縱兵掠芻粟，一也；括民私財，二也；不遽遣諸節度還鎮，三也。"皇太弟遣使問軍前事，上報曰："初以兵二十萬降杜重威、張彥澤，下鎮州。及入汴，視其官屬具員者省之，當其才者任之。司屬雖存，官吏廢墮，猶雛飛之後，徒有空巢。久經離亂，一至於此。所在盜賊屯結，土功不息，餽餉非時，民不堪命。河東尚未歸命，西路酋帥亦相黨附，夙夜以思，制之之術，惟推心庶僚、和協軍情、撫綏百姓三者而已。今所歸順凡七十六處，得户一百九萬百一十八。非汴州炎熱，水土難居，止得一年，太平可指掌而致。且改鎮州爲中京，以備巡幸。欲伐河東，姑俟別圖。其概如此。」戊辰，次高邑，不豫。丁丑，崩于欒城〔三三〕，年四十六。是歲九月壬子朔，葬于鳳山，陵曰懷陵，廟號太宗。統和二十六年七月，上尊謚孝武皇帝。重熙二十一年九月〔三四〕，增謚孝武惠文皇帝。

贊曰：太宗甫定多方，遠近向化。建國號，備典章，至於釐庶政，閱名實，録囚徒，教耕織，配鰥寡。求直言之士，得郎君海思即擢宣徽。嘉唐張敬達忠於其君，卒以禮葬。輟遊豫而納三剋之請，憫士卒而下休養之令。親征晉國，重貴面縛。斯可謂威德兼弘，英略間見者矣。入汴之後，無幾微之驕，有「三失」之訓。傳稱鄭伯之善處勝，書進秦誓之能悔過，太宗蓋兼有之，其卓矣乎！

校勘記

〔一〕丙申上思人皇王遣惕隱率宗室以下祭其行宮　稽訓杰遼史帝紀校讀記謂丙申在丁酉之前，如丙申不誤，則此事當繫於丁酉條前，抑或丙申爲丙午之誤。

〔二〕遣中臺省右相耶律述蘭迭烈哥使晉臨海軍節度使趙思温副之　新五代史卷八晉高祖紀天福三年十月戊寅云「契丹使中書令韓頻來奉册曰英武明義皇帝」，與此異。

〔三〕劉昫　原作「劉煦」，按新五代史卷五五有劉昫傳，又舊五代史卷七七晉高祖紀三天福三年八月戊寅謂「以左僕射劉昫爲契丹册禮使」，今據改。下同。

〔四〕晉以并鎮忻代之吐谷渾來歸　舊五代史卷七九晉高祖紀五、通鑑卷二八二後晉紀三均繫此事於天福六年（遼會同四年）正月丙寅。

〔五〕晉遣宣徽使楊端王眺等來問起居　「王眺」，本書卷五四樂志作「王朓」。

〔六〕詔以于諧里河臚朐河之近地給賜南院歐堇突呂乙斯勃北院温納何剌三石烈人爲農田　本書卷五九食貨志上「于諧里河」作「諧里河」，「温納何剌」作「温納河剌」。又卷三三營衛志下，五院部有甌昆、乙習本石烈，即此「歐堇突呂」、「乙斯勃」；六院部有斡納阿剌石烈，即「温納何剌」，「阿」、「何」二字當有一誤。

〔七〕晉遣使貢布及請親祠南嶽　據本年七月及次年三月紀事，「南嶽」疑當作「南郊」。

〔八〕除姊亡妹續之法　「續」，原作「績」，據殿本改。

〔九〕丙午　原作「丙子」，據文淵閣本考證引大典改。按本書卷四四朔考，是月辛卯朔，月内無丙子。

〔一〇〕夏四月己卯　「己卯」，疑當作「乙卯」。按本書卷四四朔考，是月庚寅朔，月内無己卯。

〔一一〕裹古只奏晉遣使至朔令降　「晉」，原作「請」，據文淵閣本考證引大典改。

〔一二〕晉遣使來告山南節度使安從進反　「山南」下疑闕「東道」二字。按新五代史卷八晉高祖紀天福六年十月及通鑑卷二八二後晉紀三高祖天福六年五月辛巳均稱山南東道節度使安從進謀反，又舊五代史卷八〇晉高祖紀六天福六年十二月丙戌謂「獲山南東道之印」。

〔三〕遣使來賀　「遣」，原作「請」，據明鈔本及文淵閣本考證引大典改。

〔四〕遂詔以明王隈恩代于越信恩爲西南路招討使以討之　「隈恩」，原作「隈思」，據明鈔本、南監本、北監本、殿本改。按明王隈恩即安端，卷六四皇子表稱其字猥隱。

〔五〕齊州防禦使宋暉業　「暉業」，舊五代史卷八〇晉高祖紀六天福七年三月庚申作「光鄴」，此蓋避太宗德光諱改。

〔六〕五月五日戊子　「戊子」，原作「戊午」，據文淵閣本考證引大典改。按本書卷四四朔考，是月甲申朔，五日爲戊子。

〔七〕遣客省使喬榮讓之　「喬榮」，舊五代史卷八八景延廣傳、卷一三七契丹傳，册府卷四四六將帥部生事、卷九三五總録部構患，通鑑卷二八三後晉紀四齊王天福八年九月皆同，通鑑考異云：「漢隱帝實録作『喬熒』，陷蕃記作『喬瑩』。」今從晉少帝、漢高祖實録，薛史景延廣傳、契丹傳。」

〔八〕趙延昭　疑當作「趙延照」，參見本書卷七六校勘記〔一〇〕。下文會同七年正月甲戌、三月癸酉及壬午諸條同。

〔九〕晉將折從阮陷勝州　「勝州」，原作「滕州」，據本書卷四一地理志五及舊五代史卷八三晉少帝紀三開運二年二月戊子，通鑑卷二八四後晉紀五齊王開運二年正月戊申改。又新五代史卷五〇折從阮傳云：「初名從遠，避漢高祖名，改爲阮。」

〔一〇〕戊午　原作「戊子」。據本書卷四四朔考，是月丁酉朔，月内無戊子。按庚戌、己未之間有戊午，且戊午爲己未前一日，與此處敘事相合。又通鑑卷二八四後晉紀五齊王開運二年三月「戊午，契丹至泰州」，知「戊子」當爲「戊午」之誤。今據改。

〔一一〕圍晉兵于白團衛村　「白團衛村」，新五代史卷九晉出帝紀開運二年三月庚申作「衛村」，通鑑卷二八四後晉紀五齊王開運二年三月癸亥考異引漢高祖實録作「白檀」，契丹國志卷三太宗嗣聖皇帝下會同九年四月作「白團村」。

〔一二〕晉易州戍將孫方簡請内附　「孫方簡」，新五代史卷四九有傳，惟「簡」作「諫」，册府卷八二五總録部名字二謂孫方諫「本名下一字犯廟諱，廣順初改焉」，蓋避後周太祖父郭簡諱。又舊五代史卷八四晉少帝紀四及新五代史卷九晉出帝紀均繫此事於開運三年六月，契丹國志卷三太宗嗣聖皇帝下則繫之於會同十年四月，與此異。

〔一三〕敢傷禾稼者　「敢」，南監本、北監本、殿本皆作「故」。

〔一四〕趙延壽與晉張彦澤戰于定州　「晉」字原闕，據明鈔本、南監本、北監本、殿本補。

〔一五〕先遣候騎報晉兵至　「先遣」，文淵閣本考證引大典作「先鋒」。

〔一六〕南院大王迪輦　本書卷七七耶律洼傳，洼字敵輦，會同中遷北院大王。又卷五世宗紀大同元年八月亦云「北院大王洼」。

〔二七〕宋彦筠墮水死　通鑑卷二八五後晉紀六齊王開運三年十二月壬戌云：「彦筠爲契丹所敗，浮水抵岸得免。」又據宋彦筠墓誌，知其卒於後周顯德五年，則不當死於此時此地。

〔二八〕監軍傅桂兒　「桂兒」，舊五代史卷八五晉少帝紀五開運三年十二月癸酉、新五代史卷七二四夷附録一、通鑑卷二八五後晉紀六齊王開運三年十二月戊辰及契丹國志卷三太宗嗣聖皇帝下會同十年十二月均作「住兒」。

〔二九〕戊子以樞密副使劉敏權知開封府　「劉敏」，通鑑卷二八六後漢紀一作「劉密」，且繫此事於天福十二年正月丁亥朔。

〔三〇〕降重貴爲崇禄大夫　「崇禄大夫」，舊五代史卷八五晉少帝紀五開運四年正月辛卯作「光禄大夫」，此蓋避太宗德光諱改。

〔三一〕太妃安氏　「太」、「安」，原作二字空格，據明鈔本及文淵閣本考證、道光殿本考證引大典補。按舊五代史卷八五晉少帝紀五開運四年正月癸卯稱「皇太妃安氏」，通鑑卷二八六後漢紀一高祖天福十二年正月癸卯稱「安太妃」，正與此合。

〔三二〕「仍以其宫女五十人内宦三人」至「健卒十人從之」　舊五代史卷八五晉少帝紀五開運四年正月癸卯及契丹國志卷三太宗嗣聖皇帝下會同十一年正月均作内官三十人、軍健二十人。

〔三三〕丁丑崩于欒城　五代會要卷二九契丹謂太宗卒於四月十八日癸酉；通鑑卷二八六後漢紀一

高祖天福十二年四月丙子謂卒於二十一日丙子，考異引實録作「二十日乙亥卒」，皆與此異。

〔三四〕重熙二十一年九月　「二十一」，原作「三十一」。按重熙無三十一年，本書卷二〇興宗紀三重熙二十一年九月庚申增太宗謚。今據改。

遼史卷五

本紀第五

世宗

世宗孝和莊憲皇帝，諱阮，小字兀欲。讓國皇帝長子，母柔貞皇后蕭氏。帝儀觀豐偉，內寬外嚴，善騎射，樂施予，人望歸之。太宗愛之如子。會同九年，從伐晉。

大同元年二月，封永康王。

四月丁丑，太宗崩於欒城。戊寅，梓宮次鎮陽，即皇帝位於柩前。甲申，次定州，命天德、朔古、解里等護梓宮先赴上京。太后聞帝即位，遣太弟李胡率兵拒之。

六月甲寅朔，次南京，五院夷离堇安端〔一〕、詳穩劉哥遣人馳報，請爲前鋒。至泰德泉，遇李胡軍，戰敗之。上遣郎君勤德等詣兩軍諭解。

秋閏七月，次潢河，太后、李胡整兵拒於横渡，相持數日。用屋質之謀，各罷兵趨上京。既而聞太后、李胡復有異謀，遷于祖州。誅司徒劃設及楚補里。

八月壬午朔，尊母蕭氏爲皇太后，以太后族剌只撒古魯爲國舅帳，立詳穩以總焉。以崇德宫户分賜翼戴功臣〔二〕，及北院大王洼、南院大王吼各五十，安摶、楚補各百。的魯、鐵剌子孫先以非罪籍没者歸之。癸未，始置北院樞密使，以安摶爲之。

九月壬子朔〔三〕，葬嗣聖皇帝於懷陵。丁卯，行柴册禮，羣臣上尊號曰天授皇帝。大赦，改大同元年爲天禄元年。追謚皇考曰讓國皇帝。以安端主東丹國，封明王，察割爲泰寧王，劉哥爲惕隱，高勳爲南院樞密使。

二年春正月，天德、蕭翰、劉哥、盆都等謀反。誅天德，杖蕭翰，遷劉哥於邊，罰盆都使轄戛斯國。漢主劉知遠殂，子承祐立。

夏四月庚辰朔，南唐遣李朗、王祚來慰且賀，兼奉蠟丸書，議攻漢。

秋七月壬申，皇子賢生。

冬十月壬午，南京留守魏王趙延壽薨，以中臺省右相牒蠟爲南京留守，封燕王。

十一月，駐蹕彰武南。

三年春正月，蕭翰及公主阿不里謀反，翰伏誅，阿不里瘐死獄中。庚申，肆赦。内外官各進一階。

夏六月戊寅，以敞史耶律胡離軫爲北院大王。己卯，惕隱頽昱封漆水郡王。

秋九月辛丑朔，召羣臣議南伐。

冬十月，遣諸將率兵攻下貝州高老鎮，徇地鄴都、南宫、堂陽，殺深州刺史史萬山，俘獲甚衆。

四年春二月辛未，泰寧王察割來朝，留侍。是月，建政事省。

三月戊戌朔，南唐遣趙延嗣、張福等來賀南征捷。

秋九月乙丑朔，如山西。

冬十月，自將南伐，攻下安平、内丘、束鹿等城，大獲而還。

是歲，册皇后蕭氏。

五年春正月癸亥朔，如百泉湖。漢郭威弑其主自立，國號周，遣朱憲來告。即遣使致良馬。漢劉崇自立於太原。

二月，周遣姚漢英、華昭胤來〔四〕，以書辭抗禮，留漢英等。

夏五月壬戌朔，太子太傅趙瑩薨，輟朝一日，命歸葬于汴。詔州縣録事參軍、主簿，委政事省銓注。

六月辛卯朔，劉崇爲周所攻，遣使稱姪，乞援，且求封册。即遣燕王牒蠟、樞密使高勳册爲大漢神武皇帝。南唐遣蔣洪來，乞舉兵應援。是夏，清暑百泉嶺。

九月庚申朔，自將南伐。壬戌，次歸化州祥古山〔五〕。癸亥，祭讓國皇帝于行宫，羣臣皆醉〔六〕。察割反，帝遇弑，年三十四。應曆元年，葬於顯州西山，陵曰顯陵。二年，謚孝和皇帝，廟號世宗。統和二十六年七月，加謚孝和莊憲皇帝。

贊曰：世宗，中才之主也。入繼大統，曾未三年，納唐丸書，即議南伐，既乏持重，宜乖周防，蓋有致禍之道矣。然而孝友寬慈，亦有君人之度焉。未及師還，變起沉湎，豈不可哀也哉！

校勘記

〔一〕五院夷离菫安端　會同元年十一月已改五院、六院夷离菫爲北、南院大王，此時不當有五院夷离菫。又據本卷下文八月壬午及本書卷七七耶律洼傳、耶律吼傳、耶律安摶傳，時任北院大王者乃耶律洼，非安端。

〔二〕以崇德宫户分賜翼戴功臣　崇德宫爲景宗承天皇后宫衞，不應見於世宗朝，或爲應天太后長寧宫之誤。

〔三〕九月壬子朔　「朔」，原作「崩」，據大典卷五二四八引遼史世宗紀、殿本改。

〔四〕周遣姚漢英華昭胤來　「昭胤」，舊五代史卷一一一周太祖紀二廣順元年五月己巳，册府卷九八〇外臣部通好、卷九九八外臣部姦詐均作「光裔」。蓋其本名作「光胤」，周人避遼太宗諱改作「昭胤」，宋人避宋太祖諱改作「光裔」。

〔五〕次歸化州祥古山　「祥古山」，本書卷一一二察割傳作「詳古山」。

〔六〕祭讓國皇帝于行宫羣臣皆醉　本書卷七七耶律屋質傳作「上祭讓國皇帝于行宫，與羣臣皆醉」，馮校、羅校謂「羣」上當有「與」字。

遼史卷六

本紀第六

穆宗上〔一〕

穆宗孝安敬正皇帝，諱璟〔二〕，小字述律。太宗皇帝長子，母曰靖安皇后蕭氏。會同二年，封壽安王。

天祿五年九月癸亥，世宗遇害。逆臣察割等伏誅。丁卯，即皇帝位，羣臣上尊號曰天順皇帝，改元應曆。戊辰，如南京。是月，遣劉承訓告哀于漢。

冬十一月，漢、周、南唐各遣使來弔。乙亥，詔朝會依嗣聖皇帝故事，用漢禮。

十二月甲辰，漢遣使獻弓矢、鞍馬。壬子，鐵驪、鼻骨德皆來貢。

二年春正月戊午朔，南唐遣使奉蠟丸書，及進犀兕甲萬屬。壬戌，太尉忽古質謀逆，伏誅。

二月癸卯，女直來貢。

三月癸亥，南唐遣使奉蠟丸書。丁卯，復遣使來貢。甲申，以耶律撻烈爲南院大王。

夏四月丙戌朔，日有食之。己亥，鐵驪進鷹鶻。

五月丙辰朔，視朝。壬午，南唐遣使來貢。

六月壬辰，國舅政事令蕭眉古得〔三〕、宣政殿學士李澣等謀南奔，事覺，詔暴其罪。乙未，祭天地。壬寅，漢爲周所侵，遣使求援，命中臺省右相高模翰赴之。丁未，命乳媪之兄曷魯世爲阿速石烈夷离堇。

秋七月乙亥，政事令婁國、林牙敵烈、侍中神都、郎君海里等謀亂就執。

八月己丑，眉古得、婁國等伏誅，杖李澣而釋之。

九月甲寅朔，雲州進嘉禾四莖，二穗。戊午，詔以先平察割日，用白黑羊、玄酒祭天，歲以爲常。壬戌，獵炭山。祭天。庚辰，敵烈部來貢。

冬十月甲申朔，漢遣使進葡萄酒。甲午，司徒老古等獻白雉。戊申，回鶻及轄戛斯皆遣使來貢。

十一月癸丑朔，視朝。己巳，地震。己卯，日南至，始用舊制行拜日禮。朔州民進黑兔。

十二月癸未朔，高模翰及漢兵圍晉州。辛卯，以生日，飯僧，釋繫囚〔四〕。甲辰，獵于近郊。祀天地。辛亥，明王安端薨。

三年春閏正月壬午朔，漢以高模翰却周軍，遣使來謝。

二月辛亥朔，詔用嗣聖皇帝舊璽。甲子，太保敵烈修易州城，鎮州以兵來挑戰，却之。

三月庚辰朔，南唐遣使來貢，因附書于漢，詔達之。庚寅，如應州擊鞠。丁酉，漢遣使進毬衣及馬。庚子，觀漁於神德湖。

夏四月庚申，鐵驪來貢。

五月壬寅，漢遣使言石晉樹先帝聖德神功碑爲周人所毁，請再刻，許之。

六月丁卯，應天皇太后崩。

秋七月，不視朝。

八月壬子，以生日，釋囚。己未，漢遣使求援。三河烏古、吐蕃、吐谷渾、鼻骨德皆遣使來貢。

九月庚子，漢遣使貢藥。

冬十月己酉，命太師唐骨德治大行皇太后園陵。李胡子宛、郎君嵇幹、敵烈謀反，事覺，辭逮太平王罨撒葛、林牙華割、郎君新羅等，皆執之。

十一月辛丑，謚皇太后曰貞烈，葬祖陵。漢遣使來會。

是冬〔五〕，駐蹕奉聖州。以南京水，詔免今歲租。

四年春正月戊寅，回鶻來貢。己丑，華割、嵇幹等伏誅，宛及罨撒葛皆釋之。是月，周主威殂，養子晉王柴榮嗣立。

二月丙午朔，周攻漢，命政事令耶律敵禄援之。丙辰，漢遣使進茶藥。幸南京。

夏五月乙亥，忻、代二州叛漢，遣南院大王撻烈助敵禄討之。丁酉，撻烈敗周將符彦卿於忻口。

六月癸亥，撻烈獻所獲。

秋七月乙酉，漢民有爲遼軍誤掠者，遣使來請，詔悉歸之。

九月丙申，漢爲周人所侵，遣使來告。
冬十一月，彰國軍節度使蕭敵烈、太保許從贇奏忻、代二州捷。
十二月辛酉朔〔六〕，謁祖陵。庚午，漢遣使來貢。
是冬，駐蹕杏堝。

五年春正月辛未朔，鼻骨德來貢。
二月庚子朔，日有食之。庚申，漢遣使請上尊號，不許。壬戌，如褭潭。
夏四月己酉，周侵漢，漢遣使求援。癸丑，命郎君蕭海璆世爲北府宰相。
秋九月庚辰，漢主有疾，遣使來告。
冬十月壬申，女直來貢。丁亥，謁太宗廟。庚寅，南唐遣使來貢。
十一月乙未朔，漢主崇殂，子承鈞遣使來告，且求嗣立。遣使弔祭，遂封册之。
十二月乙丑朔，謁太祖廟。辛巳，漢遣使來議軍事。

六年夏五月丁酉，謁懷陵。
六月甲子，漢遣使來議軍事。

秋七月，不視朝。

九月戊午，謁祖陵。

冬十一月壬寅，鼻骨德來貢。

十二月己未朔，謁太祖廟。

七年春正月庚子，鼻骨德來貢。

二月辛酉，南唐遣使奉蠟丸書。辛未，駐蹕潢河。

夏四月戊午朔，還上京。初，女巫肖古上延年藥方，當用男子膽和之。不數年，殺人甚多。至是，覺其妄。辛巳，射殺之。

五月辛卯，漢遣使來貢。

六月丙辰，周遣使來聘。南唐遣使來貢。

八月己未，周遣使來聘。

是秋，不聽政。

冬十月庚申，獵于七鷹山。

十二月丁巳，詔大臣曰：「有罪者，法當刑。朕或肆怒，濫及無辜，卿等切諫，無或面從。」辛巳，還上京。

八年春二月乙丑，駐蹕潢河。

夏四月甲寅，南京留守蕭思温攻下沿邊州縣，遣人勞之。

五月，周陷束城縣。

六月辛未，蕭思温請益兵，乞駕幸燕。

秋七月，獵于拽剌山。迄于九月，射鹿諸山，不視朝。

冬十一月辛酉，漢遣使來告周復來侵。乙丑，使再至。

十二月庚辰，又至。

九年春正月戊辰，駐蹕潢河〔七〕。

夏四月丙戌，周來侵。戊戌，以南京留守蕭思温爲兵馬都總管擊之。是月，周拔益津、瓦橋、淤口三關。

五月乙巳朔，陷瀛、莫二州。癸亥，如南京。辛未，周兵退。

六月乙亥朔，視朝。戊寅，復容城縣。庚申〔八〕，西幸，如懷州。是月，周主榮殂，子宗訓立。

秋七月，發南京軍戍范陽。

冬十二月戊寅，還上京。庚辰，王子敵烈、前宣徽使海思及蕭達干等謀反，事覺，鞫之。辛巳，祀天地、祖考，告逆黨事敗。丙申，召羣臣議時政。

十年春正月，周殿前都點檢趙匡胤廢周自立，建國號宋。

夏五月乙巳，謁懷陵。壬子，漢以潞州歸附來告。丙寅，至自懷陵。

六月庚申〔九〕，漢以宋兵圍石州來告，遣大同軍節度使阿剌率四部往援，詔蕭思温以三部兵助之。

秋七月己亥朔，宋兵陷石州，潞州復叛，漢使來告〔一〇〕。辛酉，政事令耶律壽遠、太保楚阿不等謀反，伏誅。以酒脯祠天地于黑山。

八月，如秋山，幸懷州。庚午，以鎮茵石狻猊擊殺近侍古哥。

冬十月丙子，李胡子喜隱謀反，辭連李胡，下獄死。

十一月，海思獄中上書，陳便宜。

十一年春二月丙寅，釋喜隱。

三月辛亥〔二〕，司徒烏里只子迭剌哥誣告其父謀反，復詐乘傳及殺行人，以其父請，杖而釋之。丙辰，蕭思温奏老人星見，乞行赦宥。

閏月甲子，如潢河。

夏四月癸巳朔，日有食之。是月，射鹿，不視朝。

五月乙亥，司天王白、李正等進曆。

六月甲午，赦。

冬十一月，歲星犯月。

十二年春正月甲戌，夜觀燈。

二月己丑朔，以御史大夫蕭護思爲北院樞密使，賜對衣、鞍馬。

夏五月庚午，以旱，命左右以水相沃，頃之，果雨。

六月甲午，祠木葉山及潢河。

秋，如黑山、赤山射鹿。

十三年春正月，自丁巳，晝夜酣飲者九日。丙寅，宋欲城益津關，命南京留守高勳、統軍使崔廷勳以兵擾之〔一二〕。癸酉，殺獸人海里。

二月庚寅，漢遣使來告，欲巡邊徼，乞張聲援。壬辰，如潢河。癸巳，觀羣臣射，賜物有差。乙巳，老人星見。

三月癸丑朔，殺鹿人彌里吉，梟其首以示掌鹿者。

夏四月壬寅，獵于潢河。

五月壬戌，斡朗改國所進花鹿生麛〔一三〕。

六月癸未，近侍傷獐，杖殺之。甲申，殺獐人霞馬。壬辰，詔諸路録囚。

秋七月辛亥朔，漢以宋侵來告。乙丑，薦時羞於廟。

八月甲申，以生日，縱五坊鷹鶻。戊戌，幸近山，呼鹿射之，旬有七日而後返。

九月庚戌朔，以青牛白馬祭天地。飲于野次，終夕乃罷。辛亥，以酒脯祭天地，復終夜酣飲。

冬十月丙申，漢以宋侵來告。

十一月庚午，獵，飲于虞人之家，凡四日。

十二月戊子，射野鹿，賜虞人物有差。庚寅，殺彘人曷主。

校勘記

〔一〕穆宗上　原作「穆宗一」，下卷「穆宗下」原作「穆宗二」，據本書目録及太祖紀、太宗紀卷題例改。卷八、卷九景宗紀同改。

〔二〕穆宗孝安敬正皇帝諱璟　契丹國志卷五穆宗天順皇帝謂穆宗名璟，後更名明，通鑑卷二九〇後周紀一太祖廣順元年九月、長編卷一〇開寶二年十二月、東都事略卷一二三契丹傳亦均稱穆宗名明。陳述遼史避諱表謂遼代石刻及文獻諱「明」而不諱「璟」。

〔三〕國舅政事令蕭眉古得　「蕭眉古得」，舊五代史卷一一二周太祖紀三廣順二年六月壬寅、宋史卷二六二李澣傳作「蕭海貞」，册府卷七六二總録部忠義三、通鑑卷二九〇後周紀一太祖廣順二年六月己亥及契丹國志卷五穆宗天順皇帝並作「蕭海真」。蓋一爲契丹語小名，一爲契丹語第二名。

〔四〕以生日飯僧釋繫囚　本書卷三太宗紀上謂穆宗生於天顯六年八月庚申，下文應曆三年、十三年、十四年、十七年生日皆在八月，此作十二月疑誤，或「生日」上有脱文。

〔五〕是冬　「是」字原闕，今依例補。

〔六〕十二月辛酉朔　「辛酉」疑誤。按次年正月辛未朔，是年十二月當爲辛丑朔。

〔七〕駐蹕潢河　「潢」，原作「漢」，據大典卷五二四八引遼史穆宗紀改。

〔八〕庚申　道光殿本考證謂是月乙亥朔，不應有庚申日。

〔九〕庚申　本書卷四四朔考，是月己巳朔，不應有庚申日。

〔一〇〕「六月庚申漢以宋兵圍石州來告」至「漢使來告」　長編卷一建隆元年，是年三月己巳，宋昭義軍節度使李筠以潞、澤二州附漢，六月宋復二州，不言陷石州事。

〔一一〕三月辛亥　「三月」二字原闕，按本書卷四四朔考，二月乙丑朔，推至辛亥計四十七日，已入三月，今補。

〔一二〕統軍使崔廷勳以兵擾之　「廷勳」，原作「延勳」，據本書太宗紀天顯十二年正月丙辰、大同元年二月辛未及舊五代史卷九八崔廷勳傳改。

〔一三〕斡朗改國所進花鹿生麛　此句疑有闕文。按本書卷七〇屬國表作「斡朗改國進花鹿生麛，視之」。

遼史卷七

本紀第七

穆宗下

十四年春正月戊寅朔，奉安神纛。戊戌，漢以宋將來襲，馳告。

二月壬子，詔西南面招討使撻烈進兵援漢。癸亥，如潢河。戊辰，支解鹿人没答、海里等七人于野，封土識其地。己巳，如老林東濼。壬申，漢以敗宋兵石州來告。

夏四月丁巳，漢以擊退宋軍，遣使來謝。是月，黄龍府甘露降。

五月，射舐鹻鹿于白鷹山，至于浹旬。

六月丙午朔，獵于玉山，竟月忘返。

秋七月壬辰，以酒脯祀黑山。

八月乙巳，如磑子嶺，呼鹿射之，獲鹿四，賜虞人女瓌等物有差。丁未，還宮。戊申，以生日值天赦，不受賀，曲赦京師囚。乙卯，録囚。

九月，黄室韋叛。

冬十月丙午，近侍烏古者進石錯，賜白金二百五十兩。丙辰，以掌鹿矧思代斡里爲閘撒狘，賜金帶、金盞，銀二百兩，所隸死罪以下得專之。

十一月壬午，日南至，宴飲達旦。自是晝寢夜飲。殺近侍小六於禁中。

十二月丙午，以黑兔祭神。烏古叛，掠民財畜。詳穩僧隱與戰，敗績，僧隱及乙實等死之。

十五年春正月己卯，以樞密使雅里斯爲行軍都統，虎軍詳穩楚思爲行軍都監，益以突吕不部軍三百，合諸部兵討之。烏古夷离菫子勃勒底獨不叛，詔褒之。是月，老人星見。

二月壬寅朔，日有食之。上東幸。甲寅，以獲鴨，除鷹坊刺面、腰斬之刑，復其徭役。是月，烏古殺其長窣離底，餘衆降，復叛。

三月癸酉，近侍東兒進匕筯不時，手刃刺之。丁丑，大黄室韋酋長寅尼吉叛。癸未，五坊人四十户叛入烏古。癸巳，虞人沙剌迭偵鵝失期，加炮烙、鐵梳之刑而死。

夏四月乙巳，小黄室韋叛，雅里斯、楚思等擊之，爲室韋所敗，遣使詰之。乙卯，以禿里代雅里斯爲都統，以女古爲監軍，率輕騎進討，仍令撻馬尋吉里持詔招諭。

五月壬申，尋吉里奏，諭之不從。雅里斯以撻凛、蘇二羣牧兵追至柴河，與戰不利。甲申，庫古只奏室韋長寅尼吉亡入敵烈。

六月辛亥，俞魯古獻良馬，賜銀二千兩。以近侍忽刺比馬至先以聞，賜銀千兩。是月，敵烈來降。

秋七月甲戌，雅里斯奏烏古至河德濼，遣夷离菫畫里、夷离畢常思擊之。丁丑，烏古掠上京北榆林峪居民，遣林牙蕭幹討之。庚辰，雅里斯等與烏古戰，不利。

十月丁未，常思與烏古戰，敗之。

十二月甲辰，以近侍喜哥私歸，殺其妻。丁未，殺近侍隨魯。駐蹕黑山平淀。

十六年春正月丁卯朔，被酒，不受賀。甲申，微行市中，賜酒家銀絹。乙酉，殺近侍白海及家僕衫福、押刺葛、樞密使門吏老古、撻馬失魯。

三月己巳，東幸。庚午獲鴨，甲申獲鵝，皆飲達旦。

五月甲申，以歲旱，泛舟于池禱雨，不雨，捨舟立水中而禱，俄頃乃雨。

六月丙申，以白海死非其罪，賜其家銀絹。

秋七月壬午，諭有司：凡行幸之所，必高立標識，令民勿犯，違以死論。

八月丁酉，漢遣使貢金器、鎧甲。

閏月乙丑，觀野鹿入馴鹿羣，立馬飲至晡。

九月庚子，以重九宴飲，夜以繼日，至壬子乃罷。己未，殺狼人褭里。

十月庚辰，漢主有母喪，遣使賻弔。

十二月甲子，幸酒人拔剌哥家，復幸殿前都點檢耶律夷臈葛第，宴飲連日。賜金盂、細錦及孕馬百疋，左右授官者甚衆。戊辰，漢遣使來貢。

是冬，駐蹕黑山平淀。

十七年春正月庚寅朔，林牙蕭斡〔一〕、郎君耶律賢適討烏古還，帝執其手，賜巵酒，授賢適右皮室詳穩。雅里斯、楚思、霞里三人賜醨酒以辱之。乙卯，夷离畢骨欲獻烏古俘。

二月甲子，高勳奏宋將城益津關，請以偏師擾之，上從之。

夏四月戊辰，殺鷹人敵魯。丙子，射柳祈雨，復以水沃羣臣。

五月辛卯，殺鹿人札葛。壬辰，北府宰相蕭海璻薨，輟朝，罷重五宴。

六月己未，支解雉人壽哥、念古，殺鹿人四十四人。是夏，駐蹕褭潭。

秋八月辛酉，生日，以政事令阿不底病亟，不受賀。

九月，自丙戌朔獵于黑山、赤山，至于月終。

冬十月乙丑，殺酒人粹你。

十一月辛卯，殺近侍廷壽。壬辰，殺豕人阿不札、曷魯、朮里者、涅里括。庚子，司天臺奏月當食不虧，上以爲祥，歡飲達旦。壬寅，殺鹿人唐果、直哥、撒刺。

十二月辛未，手殺饔人海里，復臠之。

是冬，駐蹕黑河平淀。

十八年春正月乙酉朔，宴于宮中，不受賀。己亥，觀燈于市。以銀百兩市酒，命羣臣亦市酒，縱飲三夕。

二月乙卯，幸五坊使霞實里家，宴飲達旦。

三月甲申朔，如潢河。乙酉，獲駕鵝，祭天地。造大酒器，刻爲鹿文，名曰「鹿甒」，貯酒以祭天。庚戌，殺鶻人胡特魯、近侍化葛及監囚海里，仍剉海里之尸。

夏四月癸丑，殺彘人抄里只。己巳，詔左右從班有材器幹局者，不次擢用；老耄者，增俸以休于家。

五月丁亥，重五，以被酒不受賀。壬辰，獲鵝于述古水，野飲終夜。丁酉，與政事令蕭排押、南京留守高勳、太師昭古、劉承訓等酣飲，連日夜。己亥，殺鹿人頗德、臈哥、陶瑰、札不哥、蘇古涅、雛保、彌古特、敵荅等。

六月丙辰，殺彘人屯奴。己未，爲殿前都點檢夷臈葛置神帳，曲赦京畿囚。甲戌，撻烈於鶻窠中得牝犬來進。

是夏，清暑褭潭。

秋七月辛丑，漢主承鈞殂，子繼元立〔二〕，來告，遣使弔祭。

九月戊子，殺詳穩八剌、拽剌痕篤等四人。己丑，登小山祭天地。戊戌，知宋欲襲河東，諭西南面都統、南院大王撻烈豫爲之備。己亥，獵熊，以喚鹿人鋪姑并掖庭户賜夷臘葛。甲辰，以夷臘葛兼政事令，仍以黑山東抹真之地數十里賜之，以女瓌爲近侍，女直詳穩戛陌爲本部夷离堇。

是秋，獵于西京諸山〔三〕。

冬十月辛亥朔，宋圍太原，詔撻烈爲兵馬總管，發諸道兵救之。

十一月癸卯，冬至，被酒，不受賀。

十二月丁丑，殺酒人搭烈葛。

是冬，駐蹕黑山東川。

十九年春正月己卯朔，宴宮中，不受賀。己丑，立春，被酒，命殿前都點檢夷臈葛代行擊土牛禮。甲午，與羣臣爲葉格戲。戊戌，醉中驟加左右官。乙巳，詔太尉化哥曰：「朕醉中處事有乖，無得曲從。酒解，可覆奏。」自立春飲至月終，不聽政。

二月甲寅〔四〕，漢劉繼元嗣立，遣使乞封册。辛酉，遣韓知範册爲皇帝〔五〕。癸亥，殺前導末及益剌，剉其屍，棄之。甲子，漢遣使進白鹿。己巳，如懷州，獵獲熊，歡飲方醉，馳還行宮。是夜，近侍小哥、盥人花哥、庖人辛古等六人反〔六〕，帝遇弑，年三十九。廟號穆宗。後附葬懷陵。重熙二十一年，謚曰孝安敬正皇帝。

贊曰：穆宗在位十八年，知女巫妖妄見誅，諭臣下濫刑切諫，非不明也。而荒耽于酒，畋獵無厭。偵鵝失期，加炮烙鐵梳之刑；獲鴨甚歡，除鷹坊刺面之令。賞罰無章，朝政不視〔七〕，而嗜殺不已。變起肘腋，宜哉！

校勘記

〔一〕林牙蕭斡　「蕭斡」，原作「蕭斡」，據大典卷五二四八引遼史穆宗紀改。按蕭斡卷八四有傳。

〔二〕子繼元立　「繼元」，疑當作「繼恩」。按新五代史卷七〇東漢世家、長編卷九開寶元年，是年七月承鈞卒，子繼恩立，九月繼恩卒，弟繼元立。

〔三〕西京諸山　本書卷一九興宗紀二重熙十三年十一月始改雲州爲西京，此「西京」應是追稱或「京西」之倒誤。

〔四〕二月甲寅　「二月」，原作「三月」。按本書卷四四朔考，三月戊寅朔，無甲寅、己巳；二月戊申朔，七日甲寅，二十二日己巳。下卷景宗紀上亦謂穆宗遇弑在二月。今據改。

〔五〕遣韓知範册爲皇帝　「韓知範」，新五代史卷七〇東漢世家及長編卷一〇開寶二年正月乙亥並作「韓知璠」。

〔六〕庖人辛古等六人反　「辛古」，本書卷七八蕭思温傳作「斯奴古」。

〔七〕朝政不視　「視」，大典卷五二四八引遼史穆宗紀作「親」。

遼史卷八

本紀第八

景宗上

景宗孝成康靖皇帝，諱賢，字賢寧，小字明扆〔一〕。世宗皇帝第二子，母曰懷節皇后蕭氏。察割之亂，帝甫四歲。穆宗即位，養永興宮。既長，穆宗酗酒怠政。帝一日與韓匡嗣語及時事，耶律賢適止之。帝悟，不復言。

應曆十九年二月戊辰，入見，穆宗曰：「吾兒已成人，可付以政。」己巳，穆宗遇弒，帝率飛龍使女里、侍中蕭思温、南院樞密使高勳率甲騎千人馳赴。黎明，至行在，哭之慟。羣臣勸進，遂即皇帝位於柩前。百官上尊號曰天贊皇帝，大赦，改元保寧。以殿前都點檢耶律夷臘、右皮室詳穩蕭烏里只宿衛不嚴，斬之。

三月丙戌，入上京，以蕭思温爲北院樞密使。太平王罨撒葛亡入沙沱。己丑，夷离畢粘木衮以陰附罨撒葛伏誅。癸巳，罨撒葛入朝。甲午，以北院樞密使蕭思温兼北府宰相。己亥，南院樞密使高勳封秦王。

夏四月戊申朔，進封太平王罨撒葛爲齊王，改封趙王喜隱爲宋王，封隆先爲平王，稍爲吴王，道隱爲蜀王，必攝爲越王，敵烈爲冀王，宛爲衛王。

五月戊寅，立貴妃蕭氏爲皇后。丙申朔〔三〕，射柳祈雨。有司請以帝生日爲天清節，從之。壬寅，漢遣李匡弼、劉繼文、李元素等來賀。

冬十月，東幸褭潭。

十一月甲辰朔，行柴册禮，祠木葉山，駐蹕鶴谷。乙巳，蕭思温封魏王，北院大王屋質加于越。

二年春正月丁未，如潢河。

夏四月，幸東京，致奠于讓國皇帝及世宗廟。

五月癸丑，西幸。乙卯，次盤道嶺，盗殺北院樞密使蕭思温。

六月，還上京。

秋七月，以右皮室詳穩賢適爲北院樞密使。

九月辛丑，得國舅蕭海只及海里殺蕭思温狀，皆伏誅，流其弟神覩于黄龍府。

十二月庚午，漢遣使來貢。

三年春正月甲寅，右夷离畢奚底遣人獻敵烈俘，詔賜有功將士。庚申，置登聞鼓院。辛酉，南京統軍使魏國公韓匡美封鄴王。

二月癸酉，東幸。壬午，遣鐸遏使阿薩蘭回鶻。己丑，以青牛白馬祭天地。

三月丁未，以飛龍使女里爲契丹行宫都部署。

夏四月丁卯，世宗妃啜里及蒲哥厭魅，賜死。己卯，祠木葉山，行再生禮。丙戌，至自東幸。戊子，蕭神覩伏誅。

六月丙子，漢遣使問起居。自是繼月而至。丁丑，回鶻遣使來貢。

秋七月辛丑，以北院樞密使賢適爲西北路招討使。

八月甲戌，如秋山。辛卯，祭皇兄吼墓，追册爲皇太子，謚莊聖。

九月乙巳，賜傅父侍中達里迭、太保楚補、太保婆兒、保母回室、押雅等户口、牛羊有差。又以潛邸給使者爲撻馬部，置官掌之〔三〕。壬子，幸歸化州。甲寅，如南京。

冬十月己巳，以黑白羊祀神。癸未，漢遣使來貢。丙戌，鼻骨德、吐谷渾來貢。

十一月庚子，臚朐河于越延尼里等率户四百五十來附，乞隸宮籍。詔留其户，分隸敦睦、積慶、永興三宮〔四〕，優賜遣之。

十二月癸酉，以青牛白馬祭天地。己丑，皇子隆緒生。

是冬，駐蹕金川。

四年春二月癸亥，漢以皇子生，遣使來賀。

閏月戊申，齊王罨撒葛薨。

三月庚申朔，追册爲皇太叔。

夏四月庚寅朔，追封蕭思温爲楚國王。

是夏，駐蹕冰井。

秋七月，如雲州。丁丑，鼻骨德來貢。

冬十月丁亥朔，如南京。

十二月甲午，詔内外官上封事。

五年春正月甲子，惕隱休哥伐党項，破之，以俘獲之數來上。漢遣使來貢。庚午，御五鳳樓觀燈。

二月丁亥，近侍實魯里誤觸神纛，法論死，杖釋之。壬辰，越王必攝獻党項俘獲之數。戊申，以青牛白馬祭天地。辛亥，幸新城。

三月乙卯朔，復幸新城。追封皇后祖胡母里爲韓王，贈伯胡魯古兼政事令，尼古只兼侍中。

夏四月丙申，白氣晝見。

五月癸亥，于越屋質薨，輟朝三日。辛未，女直侵邊，殺都監達里迭、拽剌斡里魯，驅掠邊民牛馬。己卯，阿薩蘭回鶻來貢。

六月庚寅，女直宰相及夷离堇來朝。丙申，漢遣人以宋事來告。

秋七月庚辰，以保大軍節度使耶律斜里底爲中臺省左相。是月，駐蹕燕子城。

九月壬子，鼻骨德部長曷魯撻覽來貢。

冬十月丁酉，如南京。

十一月辛亥朔，始獲應曆逆黨近侍小哥、花哥、辛古等，誅之。

十二月戊戌，漢將改元，遣使稟命。是月，如歸化州。

六年春正月癸未〔五〕，幸南京。

三月，宋遣使請和，以涿州刺史耶律曷朮加侍中與宋議和〔六〕。

夏四月，宋王喜隱坐謀反廢。

秋七月丁未朔，閤門使酌古加檢校太尉兼御史大夫，男海里以告喜隱事，遥授隴州防禦使。庚申，獵于平地松林。

冬十月乙亥朔，還上京。

十二月戊子〔七〕，以沙門昭敏爲三京諸道僧尼都總管，加兼侍中。

七年春正月甲戌朔，宋遣使來賀。壬寅，望祠木葉山。

二月癸亥，漢雁門節度使劉繼文來朝，貢方物。丙寅，以青牛白馬祭天地。

三月壬午，耶律速撒等獻党項俘，分賜羣臣。

夏四月，遣郎君矧思使宋〔八〕。己酉，祠木葉山。辛亥，射柳祈雨。如頻蹕淀清暑。

五月丙戌，祭神姑。

秋七月，黄龍府衞將燕頗殺都監張琚以叛，遣敞史耶律曷里必討之〔九〕。九月，敗燕頗於治河，遣其弟安摶追之。燕頗走保兀惹城，安摶乃還，以餘黨千餘户城通州。

是秋，至自頻蹕淀。

冬十月，鈎魚土河。

八年春正月癸酉，宋遣使來聘。

二月壬寅，諭史舘學士，書皇后言亦稱「朕」暨「予」，著爲定式。

三月辛未，遣五使廉問四方鰥寡孤獨及貧乏失職者，振之。

夏六月，以西南面招討使耶律斜軫爲北院大王〔一〇〕。

秋七月丙寅朔，寧王只没妻安只伏誅，只没、高勳等除名。辛未，宋遣使來賀天清節。

八月癸卯，漢遣使言天清節設無遮會，飯僧祝釐。丁未，如秋山。己酉，漢以宋事來告。是月，女直侵貴德州東境。

九月己巳，謁懷陵。辛未，東京統軍使察鄰、詳穩涸奏女直襲歸州五寨，剽掠而去。

乙亥，鼻骨德來貢。壬午，漢爲宋人所侵，遣使求援，命南府宰相耶律沙、冀王敵烈赴之。戊子，漢以宋師壓境，遣駙馬都尉盧俊來告。

冬十月辛丑，漢以遼師退宋軍來謝。

十一月丙子，宋主匡胤殂，其弟炅自立，遣使來告。辛卯，遣郎君王六、撻馬涅木古等使宋弔慰。

十二月壬寅，遣蕭只古、馬哲賀宋即位。丁未，漢以宋軍復至、掠其軍儲來告，且乞賜糧爲助。戊午，詔南京復禮部貢院。是月，轄戛斯國遣使來貢。

校勘記

〔一〕小字明扆　「明扆」，長編卷一〇開寶二年十二月、宋會要蕃夷一之九、宋史卷二六四宋琪傳及契丹國志卷六景宗孝成皇帝均作「明記」。

〔二〕丙申朔　「朔」字疑衍。按本書卷四四朔考，是月丁丑朔。上文戊寅已是初二日，丙申爲二十日。

〔三〕置官掌之　「掌」，原作「堂」，據大典卷五二四八引遼史景宗紀改。按南監本、北監本、殿本均作「主」。

〔四〕分隸敦睦積慶永興三宮　疑文有訛誤。按敦睦宫爲孝文皇太弟隆慶宫衛，不應見於景宗朝。

〔五〕六年春正月癸未　本書卷四四朔考，是月庚戌朔，不應有癸未日。

〔六〕以涿州刺史耶律曷朮加侍中與宋議和　「曷朮」，原作「昌朮」。按本書卷八六本傳及卷四八百官志四、卷六六皇族表皆作「合住」。羅校謂「朮」、「住」音近，「昌」當爲「曷」之誤。今據改。

〔七〕十二月戊子　本書卷四四朔考，是月甲辰朔，月内無戊子。

〔八〕遣郎君矧思使宋　「矧思」，長編卷一六開寶八年三月己亥、宋會要蕃夷一之一、宋史卷三太祖紀三並作「慎思」，且繫此事於三月。

〔九〕遣敞史耶律曷里必討之　「曷里必」，本書卷七七本傳作「何魯不」，並謂討燕頗時爲北院大王。

〔一〇〕以西南面招討使耶律斜軫爲北院大王　本書卷八三本傳謂「命節制西南諸軍，仍援河東」。改南院大王」。

遼史卷九

本紀第九

景宗下

九年春正月丙寅，女直遣使來貢。

二月庚子，宋遣使致其先帝遺物。甲寅，以青牛白馬祭天地。

三月癸亥，耶律沙、敵烈獻援漢之役所獲宋俘。戊辰，詔以粟二十萬斛助漢。

五月庚午，漢遣使來謝，且以宋事來告。己丑，女直二十一人來請宰相、夷离堇之職，以次授之。

六月丙辰，以宋王喜隱爲西南面招討使。

秋七月庚申朔，回鶻遣使來貢。甲子，宋遣使來聘。壬申，漢以宋侵來告。丙子，遣使助漢戰馬。

八月，漢遣使進葡萄酒。

冬十月甲子，耶律沙以党項降酋可醜、買友來見，賜詔撫諭。丁卯，以可醜爲司徒，買友爲太保，各賜物遣之。壬申，女直遣使來貢。乙酉，漢復遣使以宋事來告。

十一月丁亥朔，司天奏日當食不虧。戊戌，吐谷渾叛入太原者四百餘户，索而還之。癸卯，祠木葉山。乙巳，遣太保迭烈割等使宋。乙卯，漢復遣使以宋事來告。

十二月戊辰，獵于近郊，以所獲祭天。

十年春正月癸丑，如長濼。

二月庚午，阿薩蘭回鶻來貢。

三月庚寅，祭顯陵。

夏四月丁卯，西幸。己巳，女直遣使來貢。

五月癸卯，賜女里死，遣人誅高勳等。

六月己未，駐蹕沿柳湖。

秋七月庚戌，享太祖廟。

九月癸未，平王隆先子陳哥謀害其父，車裂以徇。

是冬，駐蹕金川。

乾亨元年春正月乙酉，遣撻馬長壽使宋，問興師伐劉繼元之故。丙申，長壽還，言「河東逆命，所當問罪。若北朝不援，和約如舊，不然則戰」。

二月丁卯，漢以宋兵壓境，遣使乞援。詔南府宰相耶律沙爲都統，冀王敵烈爲監軍赴之，又命南院大王斜軫以所部從，樞密副使抹只督之。

三月辛巳，速撒遣人以别部化哥等降，納之。丙戌，漢遣使謝撫諭軍民，詔北院大王奚底、乙室王撒合等以兵戍燕。己丑，漢復告宋兵入境，詔左千牛衞大將軍韓侼、大同軍節度使耶律善補以本路兵南援。辛卯，女直遣使來貢。丁酉，耶律沙等與宋戰於白馬嶺，不利。冀王敵烈及突吕不部節度使都敏、黄皮室詳穩唐筈皆死之，士卒死傷甚衆。

夏四月辛亥，漢以行軍事宜來奏，盧俊自代州馳狀告急。辛酉，敵烈來貢。

五月己卯，宋兵至河東，漢與戰，不利，劉繼文、盧俊來奔。

六月，劉繼元降宋，漢亡。甲子，封劉繼文爲彭城郡王，盧俊同政事門下平章事。宋主來侵。丁卯，北院大王奚底〔一〕、統軍使蕭討古、乙室王撒合擊之。戰于沙河，失利。己巳，宋主圍南京。丁丑，詔諭耶律沙及奚底、討古等軍中事宜。

秋七月癸未，沙等及宋兵戰于高梁河，少却；休哥、斜軫横擊，大敗之。宋主僅以身免，至涿州，竊乘驢車遁去。甲申，擊宋餘軍，所殺甚衆，獲兵仗、器甲、符印、糧饋、貨幣不可勝計。辛丑，耶律沙遣人上俘獲，以權知南京留守事韓德讓、權南京馬步軍都指揮使耶律學古、知三司事劉弘皆能安人心，捍城池，並賜詔褒獎。

八月壬子，阻卜惕隱曷魯、夷离堇阿里覩等來朝。乙丑，耶律沙等獻俘。丙寅，以白馬之役責沙、抹只，復以走宋主功釋之；奚底遇敵而退，以劍背擊之；撒合雖却，部伍不亂，宥之；冀王敵烈麾下先遁者斬之，都監以下杖之。壬申，宴沙、抹只等將校，賜物有差。

九月己卯，燕王韓匡嗣爲都統，南府宰相耶律沙爲監軍，惕隱休哥、南院大王斜軫、權奚王抹只等各率所部兵南伐；仍命大同軍節度使善補領山西兵分道以進。

冬十月乙丑，韓匡嗣與宋兵戰於滿城，敗績。辛未，太保矧思與宋兵戰於火山，敗之。乙亥，詔數韓匡嗣五罪，赦之。

十一月戊寅，宴賞休哥及有功將校。乙未，南院樞密使兼政事令郭襲上書諫畋獵，嘉納之。辛丑，冬至，赦，改元乾亨。

十二月乙卯，燕王韓匡嗣遥授晉昌軍節度使，降封秦王。壬戌，蜀王道隱南京留守，徙封荆王。

是冬，駐蹕南京。

二年春正月丙子朔，封皇子隆緒爲梁王，隆慶爲恒王。丁亥，以惕隱休哥爲北院大王，前樞密使賢適封西平郡王。

二月戊辰，如清河。

三月丁亥，西南面招討副使耶律王六、太尉化哥遣人獻党項俘。

閏月庚午，有鵶飛止御帳，獲以祭天。

夏四月庚辰，祈雨。戊子，清暑燕子城。

五月，雷火乾陵松。

六月己亥，喜隱復謀反，囚于祖州。

秋七月戊午，王六等獻党項俘。

八月戊戌，東幸。

冬十月辛未朔，命巫者祠天地及兵神。辛巳，將南伐，祭旗鼓。癸未，次南京。丁亥，獲敵人，射鬼箭。庚寅，次固安，以青牛白馬祭天地。己亥，圍瓦橋關。

十一月庚子朔，宋兵夜襲營，突呂不部節度使蕭幹及四捷軍詳穩耶律痕德戰却之。壬寅，休哥敗宋兵於瓦橋東，守將張師引兵出戰，休哥奮擊，敗之。戊申，宋兵陣於水南，休哥涉水擊破之，追至莫州，殺傷甚衆。己酉，宋兵復來，擊之殆盡。丙辰，班師。乙丑，還次南京。

十二月庚午朔，休哥拜于越。大饗軍士。

三年春二月丙子，東幸。己丑，復幸南京。

三月乙卯，皇子韓八卒〔二〕。辛酉，葬潢、土二河之間，置永州。以秦王韓匡嗣爲西南面招討使。

五月丙午，上京漢軍亂，劫立喜隱不克，僞立其子留禮壽，上京留守除室擒之。

秋七月甲子，留禮壽伏誅。

冬十月，如蒲瑰坡。

十一月辛亥，加除室同政事門下平章事。是月，以南院樞密使郭襲爲武定軍節度使。

十二月，以遼興軍節度使韓德讓爲南院樞密使。

四年春正月己亥，如華林、天柱。

三月乙未，清明。與諸王大臣較射，宴飲。

夏四月，自將南伐。至滿城，戰不利，守太尉奚瓦里中流矢死。統軍使善補爲伏兵所圍，樞密使斜軫救免，詔以失備杖之。

五月，班師。清暑燕子城。

秋七月壬辰，遣使賜喜隱死。

八月，如西京〔三〕。

九月庚子，幸雲州。甲辰，獵于祥古山，帝不豫。壬子，次焦山，崩於行在。年三十五，在位十三年。遺詔梁王隆緒嗣位，軍國大事聽皇后命。統和元年正月壬戌，上尊謚孝成皇帝，廟號景宗。重熙二十一年，加謚孝成康靖皇帝。

贊曰：遼興六十餘年，神册、會同之間，日不暇給；天禄、應曆之君，不令其終；保寧而來，人人望治。以景宗之資，任人不疑，信賞必罰，若可與有爲也。而竭國之力以助河東，破軍殺將，無救滅亡。雖一取償於宋，得不償失。知匡嗣之罪，數而不罰；善郭襲之諫，納而不用；沙門昭敏以左道亂德，寵以侍中。不亦惑乎！

校勘記

〔一〕北院大王奚底　本書卷八二耶律隆運傳作五院糺詳穩奚底。

〔二〕皇子韓八卒　「韓八」，本書卷一〇聖宗紀一統和元年五月辛未及卷六四皇子表並作「藥師奴」。

〔三〕如西京　遼史補注卷九景宗紀下注曰：「興宗重熙十三年始改雲州爲西京，下文九月幸雲州，雲州即西京，此作史者以後名稱前事。」

遼史卷十

本紀第十

聖宗一

聖宗文武大孝宣皇帝，諱隆緒，小字文殊奴。景宗皇帝長子，母曰睿智皇后蕭氏。帝幼喜書翰，十歲能詩。既長，精射法，曉音律，好繪畫。

乾亨二年，封梁王。

四年九月壬子，景宗崩。癸丑，即皇帝位於柩前，時年十二。皇后奉遺詔攝政，詔諭諸道。

冬十月己未朔，帝始臨朝。辛酉，羣臣上尊號曰昭聖皇帝，尊皇后爲皇太后，大赦。

以南院大王勃古哲總領山西諸州事，北院大王、于越休哥爲南面行軍都統，奚王和朔奴副之，同政事門下平章事蕭道寧領本部軍駐南京。乙丑，如顯州。

十一月甲午，置乾州。

十二月戊午朔，耶律速撒討阻卜。辛酉，南京留守、荆王道隱奏宋遣使獻犀帶請和，詔以無書却之。甲子，撻剌干乃万十醉言宫掖事〔一〕，法當死，杖而釋之。辛未，西南面招討使、秦王韓匡嗣薨〔二〕。癸酉，奉大行皇帝梓宫于菆塗殿。庚辰，省置中臺省官。

統和元年春正月戊午朔，以大行在殯，不受朝。乙丑，奉遺詔，召先帝庶兄質睦于菆塗殿前，復封寧王。加宰相室昉、宣徽使普領等恩。丙寅，荆王道隱有疾，詔遣使存問。是日，皇太后幸其邸視疾。戊辰，以烏隈烏骨里部節度使耶律章瓦同政事門下平章事。甲戌，荆王道隱薨，輟朝三日，追封晉王，遣使撫慰其家。丙子，以于越休哥爲南京留守，仍賜南面行營總管印綬，總邊事。渤海撻馬解里以受先帝厚恩，乞殉葬，詔不許，賜物以旌之。戊寅，遣使賜于越休哥及奚王籌寧、統軍使頗德等湯藥。命褪篤持送休哥下車牓，以諭燕民。辛巳，速撒獻阻卜俘。壬午，涿州刺史安吉奏宋築城河北〔三〕，詔留守于越休哥撓之，勿令就功。趙妃及公主胡骨典、奚王籌寧、宰相安寧、北大王普奴寧、惕隱屈烈、吳王稍、寧王只没與横帳、國舅、契丹、漢官等並進助山陵費。癸未，齊國公主率内外命婦進物如之。甲申，西南面招討使韓德威奏党項十五部侵邊，以兵擊破之。乙酉，以速撒破阻卜，下詔褒美，仍諭與大漢討党項諸部〔四〕。丁亥，樞密使兼政事令室昉以年老請解兼職，詔不允。

二月戊子朔，禁所在官吏軍民不得無故聚衆私語及冒禁夜行，違者坐之。己丑，南京奏，聞宋多聚糧邊境及宋主將如臺山〔五〕，詔休哥嚴爲之備。甲午，葬景宗皇帝於乾陵，以近幸朗、掌飲伶人撻魯爲殉。上與皇太后因爲書附上大行。丙申，皇太后詣陵置奠，命繪近臣於御容殿，賜山陵工人物有差。庚子，以先帝遺物賜皇族及近臣。辛丑，南京統軍使耶律善補奏宋邊七十餘村來附，詔撫存之。乙巳，以御容殿爲玉殿，酒谷爲聖谷。速撒奏討党項捷，遣使慰勞。戊申，以惕隱化哥爲北院大王，解領爲南府宰相。辛亥，幸聖山，遂謁三陵。甲寅，以皇女長壽公主下嫁國舅宰相蕭婆項之子吳留〔六〕。

三月戊午，天德軍節度使頹剌父子戰殁，以其弟涅離襲爵。己未，次獨山。遣使賞西南面有功將士。辛酉，以大父帳太尉耶律曷魯寧爲惕隱。甲子，駐蹕遼河之平淀。辛巳，以國舅、同平章事蕭道寧爲遼興軍節度使，仍賜號忠亮佐理功臣。壬午，以青牛白馬祭天地。

夏四月丙戌朔，幸東京。以樞密副使耶律末只兼侍中，爲東京留守。庚寅，謁太祖廟。癸巳，詔賜物命婦寡居者。丙申，南幸。辛丑，謁三陵，以東京所進物分賜陵寢官吏。復詔賜西南路招討使大漢劍，不用命者得專殺。壬寅，致享于凝神殿。癸卯，謁乾陵。乙巳，遣人以酒脯祭平章耶律河陽墓。庚戌，幸夫人烏骨里第，謁太祖御容，禮畢，幸公主胡古典第飲，賜與甚厚。壬子，大臣以太后預政，宜有尊號，請下有司詳定册禮。詔樞密院諭沿邊節將，至行禮日，止遣子弟奉表稱賀，恐失邊備。樞密請詔北府司徒頗德譯南京所進律文，從之。遂如徽州。以耶律慶朗爲信州節度使。

五月丙辰朔，國舅、政事門下平章事蕭道寧以皇太后慶壽，請歸父母家行禮，而齊國公主及命婦、羣臣各進物。設宴，賜國舅帳耆年物有差。壬戌，西南路招討請益兵討西突厥諸部，詔北王府耶律蒲奴寧以敵畢、迭烈二部兵赴之。癸亥，以于越休哥在南院過用吏人，詔南大王毋相循襲。庚午，耶律善補招亡入宋者，得千餘户歸國，詔令撫慰。辛未，次永州，祭王子藥師奴墓。乙亥，詔近臣議皇太后上尊號册禮，樞密使韓德度以後漢太后臨朝故事草定上之。丙子，以青牛白馬祭天地。戊寅，幸木葉山。西南路招討使大漢奏，近遣拽剌跋剌哥諭党項諸部，來者甚衆，下詔褒美。

六月乙酉朔，詔有司，册皇太后日，給三品以上法服，三品以下用大射柳之服。西南路招討使奏党項酋長執夷离堇子隈引等乞内附，詔撫納之，仍察其誠僞，謹邊備。丙戌，還上京。己丑，有司奏，同政事門下平章事、駙馬都尉盧俊與公主不協，詔離之，遂出俊爲興國軍節度使。辛卯，有事于太廟。甲午，上率羣臣上皇太后尊號曰承天皇太后，羣臣上皇帝尊號曰天輔皇帝，大赦，改元統和。丁未，覃恩中外，文武官各進爵一級。以樞密副使耶律斜軫守司徒。

秋七月甲寅朔，皇太后聽政。乙卯，上親録囚。壬子司徒婁國坐稱疾不赴山陵，笞二十。辛酉，行再生禮。癸酉，臨潢尹裹衮進飲饌。上與諸王分朋擊鞠。丙子，韓德威遣詳穩轄馬上破党項俘獲數，并送夷离堇之子來獻。辛巳，賞西南面有功將士。

八月戊子，上西巡。己丑，謁祖陵。辛卯，皇太后祭楚國王蕭思温墓。癸巳，上與皇太后謁懷陵，遂幸懷州。甲午，上與斜軫於太后前易弓矢鞍馬，約以爲友。己亥，獵赤山，遣使薦熊肪、鹿脯于乾陵之凝神殿。以政事令孫禎無子〔七〕，詔國舅小翁帳郎君桃隈爲之後。乙巳，詔于越休哥提點元城。壬子，韓德威表請伐党項之復叛者，詔許之，仍發别部兵數千以助之。

九月癸丑朔，以東京、平州旱、蝗，詔振之。乙卯，謁永興、長寧、敦睦三宫。丙辰，南京留守奏，秋霖害稼，請權停關征，以通山西糴易，從之。庚申，謁宣簡皇帝廟。辛酉，幸祖州，謁祖陵。壬戌，還上京。辛未，有司請以帝生日爲千齡節，從之。皇太后言故于越屋只有傳導功，宜録其子孫；遂命其子泮浹爲林牙。丙子，如老翁川。

冬十月癸未朔，司天奏老人星見。戊子，以公主淑哥下嫁國舅詳穩照姑。癸巳，速撒奏敵烈部及叛蕃來降，悉復故地。乙未，以燕京留守、于越休哥言，每歲諸節度使貢獻，如契丹官例，止進鞍馬，從之。丁酉，以吴王稍爲上京留守，行臨潢尹事。上將征高麗，親閲東京留守耶律末只所總兵馬。丙午，命宣徽使兼侍中蒲領、林牙肯德等將兵東討，賜旗鼓及銀符。

十一月壬子朔，觀漁撻馬濼。癸丑，應州奏，獲宋諜者，言宋除道五臺山，將入靈丘界。詔諜者及居停人並磔于市。庚辰，上與皇太后祭乾陵，下詔諭三京左右相、左右平章事、副留守判官、諸道節度使判官、諸軍事判官、録事參軍等，當執公方，毋得阿順。諸縣令佐如遇州官及朝使非理徵求，毋或畏徇。恒加采聽，以爲殿最。民間有父母在，别籍異居者，聽鄰里覺察，坐之。有孝于父母，三世同居者，旌其門閭。

十二月壬午朔，謁凝神殿，遣使分祭諸陵，賜守殿官屬酒。是日，幸顯州。丁亥，以顯州歲貢綾錦分賜左右。甲午，東幸。己亥，皇太后觀漁于玉盆灣。辛丑，觀漁于濬淵。甲辰，敕諸刑辟已結正決遣而有冤者，聽詣臺訴。是夕，然萬魚燈于雙溪。戊申，千齡節，祭日月，禮畢，百僚稱賀。

二年春正月甲子，如長濼。

二月癸巳，國舅帳彰德軍節度使蕭闥覽來朝。甲午，賜將軍耶律敵不春衣、束帶。丙申，東路行軍、宣徽使蕭蒲寧奏討女直捷〔八〕，遣使執手獎諭。庚子，朝皇太后，太后因從觀獵于饒樂川。乙巳，五國烏隈于厥節度使耶律隗洼以所轄諸部難治〔九〕，乞賜詔給劍，便宜行事，從之。丙午，上與諸王大臣較射。丁未，韓德威以征党項回，遂襲河東，獻所俘，賜詔褒美。

三月乙卯，劃離部請今後詳穩止從本部選授爲宜，上曰：「諸部官惟在得人，豈得定以所部爲限。」不允。贈故同平章事趙延煦兼侍中。

夏四月丁亥，宣徽使、同平章事耶律普寧，都監蕭勤德獻征女直捷，授普寧兼政事令，勤德神武衛大將軍，各賜金器諸物。庚寅，皇太后臨決滯獄。辛卯，祭風伯。壬辰，以宣徽南院使劉承規爲承德軍節度使，崇德宫都部署、保義軍節度使張德筠爲宣徽北院使。

五月乙卯，祠木葉山。丁丑，駐蹕沿柳湖。

六月己卯朔，皇太后決獄，至月終。

秋七月癸丑，皇太后行再生禮。

八月辛卯，東京留守兼侍中耶律末只奏，女直朮不直、賽里等八族乞舉衆内附，詔納之。

九月戊申朔，駐蹕土河。辛未，以景宗忌日，詔諸道京鎮遣官行香飯僧。

冬十月丁丑朔，以歸化州刺史耶律普寧爲彰德軍節度使，右武衛大將軍韓倬爲彰國軍節度使兼侍衛親軍兵馬都指揮使。

冬十一月壬子，以樞密直學士、給事中鄭嘏爲儒州刺史〔一〇〕。是月，速撒等討阻卜，殺其酋長撻剌干。

十二月辛丑，以翰林學士承旨馬得臣爲宣政殿學士，耶律頗德南京統軍使，耶律瑤昇大内惕隱，大仁靖東京中臺省右平章事。

三年春正月丙午朔，如長濼。丁巳，以翰林學士邢抱朴爲尚書禮部侍郎、知制誥，左拾遺、知制誥劉景，吏部郎中、知制誥牛藏用並政事舍人。

二月丙子朔，以牛藏用知樞密直學士。

三月乙巳朔，樞密奏契丹諸役户多困乏，請以富户代之。上因閱諸部籍，涅剌、烏隈二部户少而役重，并量免之。

夏四月乙亥朔，祠木葉山。壬午，以鳳州刺史趙匡苻爲保靜軍節度使〔一二〕。癸未，以左監門衛大將軍王庭勗爲奉先軍節度使，彰武軍節度使韓德凝爲崇義軍節度使。

五月壬子，還上京。癸酉，以國舅蕭道寧同平章事、知瀋州軍州事。

六月甲戌，如柏坡。皇太后親決滯獄。乙亥，以歸義軍節度使王希巖爲興國軍節度使〔一三〕。

秋七月甲辰朔，詔諸道繕甲兵，以備東征高麗。甲寅，東幸。甲子，遣郎君班襃賜秦王韓匡嗣葬物。丙寅，駐蹕土河。以暴漲，命造船橋，明日乘步輦出聽政。老人星見。丁卯，遣使閱東京諸軍兵器及東征道路。以平章事蕭道寧爲昭德軍節度使，武定軍節度使、守司空兼政事令郭襲爲天平軍節度使，大同軍節度使、守太子太師兼政事令劉延構爲義成軍節度使，贈尚父、秦王韓匡嗣尚書令。

八月癸酉朔，以遼澤沮洳，罷征高麗。命樞密使耶律斜軫爲都統，駙馬都尉蕭懇德爲監軍，以兵討女直。丁丑，次臯城。庚辰，至顯州，謁凝神殿。辛巳，幸乾州，觀新宫。癸未，謁乾陵。甲申，命南、北面臣僚分巡山陵林木，及令乾、顯二州上所部里社之數。丙戌，北皮室詳穩進勇敢士七人。戊子，故南院大工諧領已里婉妻蕭氏奏夫死不能葬，詔有司助之。庚寅，東征都統所奏路尚陷濘，未可進討，詔俟澤涸深入。癸巳，皇太后謁顯陵。庚子，謁乾陵。辛丑，西幸。

閏九月癸酉〔一三〕，命邢抱朴勾檢顯陵。丙子，行次海上。庚辰，重九，駱駝山登高，賜羣臣菊花酒。辛巳，詔諭東征將帥，乘水涸進討。丙申，女直宰相朮不里來貢。戊戌，駐蹕東古山。己亥，速撒奏朮不姑諸部至近淀，夷离堇易魯姑請行俘掠〔一四〕，上曰：「諸部於國無惡，何故俘掠，徒生事耳。」不允。

冬十一月甲戌，詔吳王稍領秦王韓匡嗣葬祭事。丁丑，詔以東北路兵馬監軍妻婆底里存撫邊民。戊寅，賜公主胡骨典葬夫金帛、工匠。辛卯，以韓德讓兼政事令。癸巳，禁行在市易布帛不中尺度者。丙申，東征女直，都統蕭闥覽、菩薩奴以行軍所經地里物產來上。

校勘記

〔一〕撻剌干乃万十　「乃万十」，北監本、殿本作「乃萬十」，大典卷五二四九引遼史聖宗紀及本書卷六一刑法志上均作「乃方十」。

〔二〕西南面招討使秦王韓匡嗣薨　「西」字原闕，據本書卷九景宗紀下乾亨三年三月及卷七四本傳補。

〔三〕涿州刺史安吉奏宋築城河北　「涿州」，原作「涿荆」，據大典卷五二四九引遼史聖宗紀改。

〔四〕仍諭與大漢討党項諸部　據上下文及本書卷七〇屬國表統和元年正月「韓德威討党項諸部」，知大漢即韓德威。又卷八二韓德威傳謂其時德威權西南招討使，後真授。

〔五〕宋主將如臺山　「臺山」，下文本年十一月癸丑作「五臺山」。

〔六〕以皇女長壽公主下嫁國舅宰相蕭婆項之子吳留　「蕭婆項」，疑當作「蕭婆頂」。按大典卷五二四九引遼史聖宗紀作「蕭婆頂」。此人即蕭幹，本書卷八四蕭幹傳謂幹字婆典，「婆頂」蓋即「婆典」之異譯。

〔七〕以政事令孫禎無子　「孫禎」，南監本、北監本、殿本作「孫楨」。

〔八〕東路行軍宣徽使蕭蒲寧奏討女直捷　「蕭蒲寧」，下文四月丁亥作「耶律普寧」，又本書卷七九耶律阿没里傳謂「耶律阿没里，字蒲鄰」。按蒲寧、普寧均爲蒲鄰異譯，即耶律阿没里，則此「蕭蒲寧」疑當作「耶律蒲寧」。另據本傳，「行軍」下應有「都統」二字。

〔九〕五國烏隈于厥節度使耶律隗洼以所轄諸部難治　「烏隈于厥」，本書卷六九部族表作「隈烏古部」。按烏古即于厥，兩者所異者惟「烏隈」與「隈」耳。檢本書卷一二聖宗紀三統和六年閏五月甲寅有「烏隈于厥部」，本卷上文統和元年正月戊辰又有「烏隈烏骨里部」，即烏隈于厥部之異譯。而道宗紀咸雍九年七月戊申、大安三年四月丙申、壽隆二年正月辛酉及卷三三營衛志下、卷一〇三蕭韓家奴傳又屢見「隈烏古部」或「隗烏古部」。二名並見，疑「隈」爲「烏隈」之省譯詞首音節。

〔一〇〕以樞密直學士給事中鄭嘏爲儒州刺史　「鄭嘏」，本書卷四七百官志三凡兩見，皆作「郭嘏」。

〔一一〕以鳳州刺史趙匡苻爲保靜軍節度使　「趙匡苻」，南監本、北監本、殿本作「趙匡符」。

〔一二〕以歸義軍節度使王希巖爲興國軍節度使　「王希巖」，南監本、北監本、殿本作「王希嚴」。

〔一三〕閏九月癸酉　據輯要、陳表，是年遼閏八月，宋閏九月。陳校謂大典卷一一〇四三引此段作「九月丙子，行次海上。庚辰重九，次駱駝山登高，賜羣臣菊花酒」，無「閏」字，因謂是年遼閏八月，此處「閏」字下當有脱文。按汪曰楨輯要以遼大同元年至統和十二年行後晉調元曆，因其曆術無考，遂借用唐宣明曆加以推算，其推算結果多與史實不符，而陳表則一仍輯要之舊。又大典卷五二四九全録本卷，亦作「閏九月癸酉」。大典卷一一〇四三係節引，當奪「閏」字，不足爲據。

〔一四〕夷离菫易魯姑請行俘掠　「易魯姑」，疑當作「曷魯姑」。

遼史卷十一

本紀第十一

聖宗二

四年春正月甲戌，觀漁土河。林牙耶律謀魯姑、彰德軍節度使蕭闥覽上東征俘獲，賜詔獎諭。丙子，樞密使耶律斜軫、林牙勤德等上討女直所獲生口十餘萬、馬二十餘萬及諸物。己卯，朝皇太后。決滯訟。壬午，樞密使斜軫、林牙勤德、謀魯姑、節度使闥覽、統軍使室羅、侍中抹只、奚王府監軍迪烈與安吉等克女直還軍，遣近侍泥里吉詔旌其功，仍執手撫諭，賜酒果勞之。甲午，幸長濼。

二月壬寅，以四番都統軍李繼忠爲檢校司徒〔一〕、上柱國。癸卯，西夏李繼遷叛宋來降，以爲定難軍節度使、銀夏綏宥等州觀察處置等使、特進、檢校太師、都督夏州諸軍事。

西番酋帥瓦泥乞移爲保大軍節度使、鄜坊等州觀察處置等使。甲寅，耶律斜軫、蕭闥覽、謀魯姑等族帥來朝，行飲至之禮，賞賚有差。丙寅，行次㚖里井。

三月甲戌，于越休哥奏宋遣曹彬、崔彦進、米信由雄州道，田重進飛狐道，潘美、楊繼業雁門道來侵，岐溝、涿州、固安、新城皆陷。詔宣徽使蒲領馳赴燕南，與休哥議軍事；分遣使者徵諸部兵益休哥以擊之；復遣東京留守耶律抹只以大軍繼進，賜劍專殺。乙亥，以親征告陵廟、山川。丙子，統軍使耶律頗德敗宋軍于固安，休哥絶其糧餉，擒將吏，獲馬牛、器仗甚衆。庚辰，寰州刺史趙彦章以城叛〔二〕，附于宋。辛巳，宋兵入涿州。順義軍節度副使趙希贊以朔州叛〔三〕，附于宋。時上與皇太后駐兵駝羅口，詔趣東征兵馬以爲應援。壬午，詔林牙勤德以兵守平州之海岸以備宋。仍報平州節度使迪里姑，若勤德未至，遣人趣行；馬乏則括民馬，鎧甲闕則取於顯州之甲坊。癸未，遼軍與宋田重進戰于飛狐，不利，冀州防禦使大鵬翼、康州刺史馬贇、馬軍指揮使何萬通陷焉。丁亥，以北院樞密使耶律斜軫爲山西兵馬都統，以北院宣徽使蒲領爲南征都統〔四〕，以副于越休哥。彰國軍節度使艾正〔五〕、觀察判官宋雄以應州叛，附于宋。庚寅，遣飛龍使亞剌、文班吏亞達哥閲馬以給先發諸軍，詔駙馬都尉蕭繼遠領之。辛卯，武定軍馬步軍都指揮使、鄧州防禦使吕行德、副都指揮使張繼從、馬軍都指揮使劉知進等以飛狐叛，附于宋。癸巳，賜林牙謀魯姑旗鼓四、劍一，率禁軍之驍鋭者南助休哥。丙申，步軍都指揮使穆超以靈丘叛，附于宋。詔遣使賜樞密使斜軫密旨及彰國軍節度使杓窊印以趣征討。

夏四月己亥朔，次南京北郊。庚子，惕隱瑶昇、西南面招討使韓德威以捷報。辛丑，宋潘美陷雲州。壬寅，遣抹只、謀魯姑、勤德等領偏師以助休哥，仍賜旗鼓、杓窊印撫諭將校。癸卯，休哥復以捷報，上以酒脯祭天地，率羣臣賀于皇太后。詔勤德還軍。丙午，頗德上所獲鎧仗數。戊申，監軍、宣徽使蒲領奏敵軍引退，而奚王籌寧、北大王蒲奴寧、統軍使頗德等以兵追躡，皆勝之。遣敞史勤德持詔褒美，及詔侍中抹只統諸軍赴行在所。頻不部節度使和盧覩、黄皮室詳穩解里等各上所獲兵甲。又詔兩部突騎赴蔚州，以助闥覽。横帳郎君老君奴率諸郎君巡徼居庸之北。將軍化哥統平州兵馬，横帳郎君奴哥爲黄皮室都監〔六〕，郎君謁里爲北府都監，各以步兵赴蔚州以助斜軫。庚戌，以斜軫爲諸路兵馬都統，闥覽兵馬副部署，迪子都監〔七〕，以代善補、韓德威。癸丑，以艾正、趙希贊及應州、朔州節度副使〔八〕，奚軍小校隘離轄、渤海小校貫海等叛入于宋，籍其家屬，分賜有功將校。宋將曹彬、米信北渡拒馬河，與于越休哥對壘挑戰，南北列營長六七里。時上次涿州東五十里。甲寅，詔于越休哥、奚王籌寧、宣徽使蒲領、南北二王等嚴備水道，無使敵兵得潛至涿州。乙卯，休哥等敗宋軍，獻所獲器甲、貨財，賜詔褒美。蔚州左右都押衙李存璋、許彦欽等殺節度使蕭啜里，執監城使、銅州節度使耿紹忠〔九〕，以城叛，附于宋。丙辰，復涿州，告天地。戊午，上次沙姑河之北淀，召林牙勤德議軍事。諸將校各以所俘獲來上。奚王籌寧、南北二王率所部將校來朝。以近侍粘米里所進自落鴇祭天地。己未，休哥、蒲領來朝，詔三司給軍前夏衣布。庚申，上朝皇太后。辛酉，大軍次固安。壬戌，圍固安城，統軍使頗德先登，城遂破，大縱俘獲。居民先被俘者，命以官物贖之。甲子，賞攻城將士有差。

五月庚午，遼師與曹彬、米信戰于岐溝關，大敗之，追至拒馬河，溺死者不可勝紀；餘衆奔高陽，又爲遼師衝擊，死者數萬，棄戈甲若丘陵。輓漕數萬人匿岐溝空城中，圍之。壬申，以皇太后生辰，縱還。癸酉，班師，還次新城。休哥、蒲領奏宋兵奔逃者皆殺之。甲戌，以軍捷，遣使分諭諸路京鎮。丁丑，詔諸將校，論功行賞，無有不實。己卯，次固安南，以青牛白馬祭天地。庚辰，以所俘宋人射鬼箭。詔遣詳穩排亞率弘義宮兵及南北皮室〔一〇〕、郎君、拽剌四軍赴應、朔二州界，與惕隱瑶昇、招討韓德威等同禦宋兵在山西之未退者。辛巳，以瑶昇軍赴山西。壬午，還次南京。癸未，休哥、籌寧、蒲奴寧進俘獲。斜軫遣判官蒲姑奏復蔚州，斬首二萬餘級，乘勝攻下靈丘、飛狐，賜蒲姑酒及銀器。丙戌，御元和殿，大宴從軍將校，封休哥爲宋國王，加蒲領、籌寧、蒲奴寧及諸有功將校爵賞有差。

丁亥，發南京，詔休哥備器甲，儲粟，待秋大舉南征。戊子，斜軫奏宋軍復圍蔚州，擊破之。詔以兵授瑶昇、韓德威等。壬辰，以宋兵至平州，瑶昇、韓德威不盡追殺，降詔詰責。仍諭，據城未降者，必盡掩殺，無使遁逃。癸巳，以軍前降卒分賜扈從。乙未，賞頗德諸將校士卒。

六月戊戌朔，詔韓德威赴闕，加統軍使頗德檢校太師。甲辰，詔南京留守休哥遺礮手西助斜軫。乙巳，以夷离畢姪里古部送輜重行宫，暑行日五十里，人馬疲乏，遣使讓之。丁未，度居庸關。壬子，南京留守奏百姓歲輸三司鹽鐵錢，折絹不如直，詔增之。甲寅，斜軫奏復寰州。乙卯，皇太妃、諸王、公主迎上嶺表，設御幄道傍，置景宗御容，率從臣進酒，陳俘獲于前，遂大宴。戊午，幸涼陘。以所俘分賜皇族及乳母。己未，聞所遣宣諭回鶻、覈列哿國度里、亞里等爲朮不姑邀留，詔速撒賜朮不姑貨幣，諭以朝廷來遠之意，使者由是乃得行。癸亥，以節度使韓毗哥、翰林學士邢抱朴等充雲州宣諭招撫使。丙寅，以太尉王八所俘生口分賜趙妃及于越迪輦乙里婉。

秋七月丙子，樞密使斜軫遣侍御涅里底、幹勤哥奏復朔州〔一二〕，擒宋將楊繼業，及上所獲將校印綬、誥敕，賜涅里底等酒及銀器。辛巳，以捷告天地。以宋歸命者二百四十人分賜從臣。又以殺敵多，詔上京開龍寺建佛事一月，飯僧萬人〔一三〕。辛卯，斜軫奏：大軍至蔚州，營于州左。得諜報，敵兵且至，乃設伏以待。敵至，縱兵逆擊，追奔逐北，至飛狐口。遂乘勝鼓行而西，入寰州，殺守城吏卒千餘人。宋將楊繼業初以驍勇自負，號「楊無敵」，北據雲、朔數州。至是，引兵南出朔州三十里，至狼牙村，惡其名，不進；左右固請，乃行。遇斜軫，伏四起，中流矢，墮馬被擒。瘡發不食，三日死。遂函其首以獻。詔詳穩轄麥室傳其首于越休哥，以示諸軍，仍以朔州之捷宣諭南京、平州將吏。自是宋守雲、應諸州者，聞繼業死，皆棄城遁。

八月丁酉，置先離闥覽官六員，領于骨里、女直、迪烈于等諸部人之隸宮籍者。以北大王蒲奴寧爲山後五州都管。乙巳，韓德讓奏宋兵所掠州郡，其逃民禾稼，宜募人收穫，以其半給收者，從之。乙卯，斜軫還自軍，獻俘。己未，用室昉、韓德讓言，復山西今年租賦。詔第山西諸將校功過而賞罰之。乙室帳宰相安寧以功過相當，追告身一通。諦居部節度使佛奴笞五十。惕隱瑶昇、拽剌欻烈、朔州節度使慎思、應州節度使骨只、雲州節度使化哥、軍校李元迪、蔚州節度使佛留、都監崔其、劉繼琛，皆以聞敵逃遁奪官；欻烈仍配隸本貫〔一三〕。領國舅軍王六笞五十。壬戌，以斜軫所部將校前破女直，後有宋捷，第功加賞。癸亥，加斜軫守太保。

九月丙寅朔，皇太妃以上納后，進衣物、駝馬，以助會親頒賜。甲戌，次黑河，以重九登高于高水南阜，祭天。賜從臣命婦菊花酒。丁丑，次河陽北。戊寅，内外命婦進會親禮物。辛巳，納皇后蕭氏。丙戌，次儒州，以大軍將南征，詔遣皮室詳穩乞的、郎君拽剌先赴本軍繕甲兵〔一四〕。己丑，召北大王蒲奴寧赴行在所。甲午，皇太后行再生禮。

冬十月丙申朔，党項、阻卜遣使來貢。丁酉，皇太后復行再生禮，爲帝祭神祈福。己亥，以乙室王帳郎君吴留爲御史大夫。政事令室昉奏山西四州自宋兵後〔一五〕，人民轉徙，盜賊充斥，乞下有司禁止。命新州節度使蒲打里選人分道巡檢。北大王帳郎君曷葛只里言本府王蒲奴寧十七罪，詔横帳太保覈國底鞫之。蒲奴寧伏其罪十一，笞二十釋之。曷葛只里亦伏誣告六事，命詳酌罪之。知事勤德連坐，杖一百，免官。甲辰，出居庸關。乙巳，詔諸京鎮相次軍行，諸細務權停理問。庚戌，分遣拽剌沿邊偵候。辛亥，命皇族廬帳駐東京延芳淀〔一六〕。壬子，詔以勑牓付于越休哥，以南征諭拒馬河南六州。乙卯，幸南京。戊午，以南院大王留寧言，復南院部民今年租賦。壬戌，以銀鼠、青鼠及諸物賜京官、僧道、耆老。甲子，上與大臣分朋擊鞠。

十一月丙寅朔，党項來貢。庚午，以政事令韓德讓守司徒。壬申，以古北、松亭、榆關征税不法，致阻商旅，遣使鞫之。女直請以兵從征，許之。癸酉，御正殿，大勞南征將校。丙子，南伐，次狹底堝，皇太后親閲輜重兵甲。丁丑，以休哥爲先鋒都統。戊寅，日南至，上率從臣祭酒景宗御容〔一七〕。辛巳，詔以北大王蒲奴寧居奉聖州，山西五州公事，並聽與節度使蒲打里共裁決之。癸未，祭日月，爲駙馬都尉勤德祈福。乙酉，置諸部監，勒所部各守營伍，毋相錯雜。丙戌，遣謀魯姑、蕭繼遠沿邊巡徼。以所獲宋卒射鬼箭。丁亥，以青牛白馬祭天地。辛卯，次白佛塔川，獲自落訓狐，以爲吉徵，祭天地。詔駙馬都尉蕭繼遠、林牙謀魯姑、太尉王八等固守封疆〔一八〕，毋漏間諜。軍中無故不得馳馬，仍縱諸軍殘南境桑果〔一九〕。壬辰，至唐興縣。時宋軍屯滹沱橋北，選將亂射之，橋不能守，進焚其橋。癸巳，涉沙河，休哥來議事。北皮室詳穩排亞獻所獲宋諜二人，上賜衣物，令還招諭泰州。諸特部節度使盧補古、都監耶律盻與宋戰于泰州，不利。甲午，祭麃鹿神。以盧補古臨陣遁逃，奪告身一通，其判官、都監各杖之。郎君拽剌雙骨里遇宋先鋒於望都，擒其士卒九人，獲甲馬十一，賜酒及銀器。乙未，以盧補古等罪詔諭諸軍。以御盞郎君化哥權諸特部節度使，橫帳郎君佛留爲都監，代盧補古。權領國舅軍桃畏請置二校領散卒，詔以郎君世音、頗德等充。命彰德軍節度使蕭闥覽、將軍迪子略地東路。詔休哥、排亞等議軍事。

十二月己亥，休哥敗宋軍於望都，遣人獻俘。壬寅，營于滹沱北，詔休哥以騎兵絶宋兵，毋令入邢州〔二〇〕。命太師王六謹偵候。癸卯，小校曷主遇宋輜重，引兵殺獲甚衆，并焚其芻粟。甲辰，詔南大王與休哥合勢進討，宰相安寧領迪离部及三尅軍殿。上率大軍與宋將劉廷讓、李敬源戰于莫州，敗之。乙巳，擒宋將賀令圖、楊重進等，國舅詳穩撻烈哥、宮使蕭打里死之。丙午，詔休哥以下入內殿，賜酒勞之。丁未，築京觀。復以南京禁軍擊楊團城〔三〕，守將以城降，詔禁侵掠。己酉，營神榆村，詔上楊團城粟麥、兵甲之數。辛亥，以黑白二牲祭天地。癸丑，拔馮母鎮，大縱俘掠。丙辰，邢州降。丁巳，拔深州，以不即降，誅守將以下，縱兵大掠。李繼遷引五百騎欵塞，願婚大國，永作藩輔。詔以王子帳節度使耶律襄之女汀封義成公主下嫁，賜馬三千疋。

校勘記

〔一〕以四番都統軍李繼忠爲檢校司徒　「李繼忠」，本書卷四六百官志二作「李繼沖」。

〔二〕寰州刺史趙彥章以城叛　「趙彥章」，李皇皇宋十朝綱要卷二同。長編卷二七雍熙三年三月庚辰、宋會要兵八之三及宋史卷五太宗紀二、卷二七五薛超傳並作「趙彥辛」。

〔三〕順義軍節度副使趙希贊以朔州叛　「順義」，原作「義順」，據本書卷四一地理志五及張正嵩墓誌乙正。

〔四〕以北院宣徽使蒲領爲南征都統　「蒲領」，即耶律阿没里，參見本書卷一〇聖宗紀一校勘記〔八〕。「都統」，本傳作「都監」，下文本年四月亦稱「監軍」。

〔五〕彰國軍節度使艾正　「節度使」，長編卷二七雍熙三年三月丁亥同。宋會要兵八之三及宋史卷五太宗紀二、卷二六四宋雄傳、卷二七五薛超傳均作「節度副使」。按下文本年八月謂應州節度使骨只「以聞敵逃遁奪官」，則艾正當爲節度副使。

〔六〕橫帳郎君奴哥爲黃皮室都監　「奴哥」，本書卷八五本傳作「奴瓜」。

〔七〕迪子都監　「迪子」，本書卷八五本傳作「耶律題子」，謂統和四年「授西南面招討都監」。

〔八〕以艾正趙希贊及應州朔州節度副使　疑文有訛誤。按上文本年三月辛巳及丁亥條，艾正即應州節度副使，趙希贊即朔州節度副使。

〔九〕銅州節度使耿紹忠　「銅州」，疑當作「同州」。按長編卷二七雍熙三年四月乙卯、宋史卷五太宗紀二均作「同州」。又聖宗淑儀贈寂善大師墓誌謂耿紹忠爲鎮安軍節度使，本書卷三八地理志二云：「同州，鎮安軍，下，節度。」

〔一〇〕詔遣詳穩排亞率弘義宮兵及南北皮室　「弘義宮」，本書卷八八蕭排押傳作「永興宮」。

〔一一〕斡勤哥奏復朔州　「斡勤哥」，大典卷五二四九引遼史聖宗紀作「斡勒哥」。

〔一二〕飯僧萬人　「飯僧」，原作「僧飯」，據大典卷五二四九引遼史聖宗紀改。

〔一三〕欲烈仍配隸本貫　「欲烈」，原作「配烈」，據上文及大典卷五二四九引遼史聖宗紀改。

〔一四〕詔遣皮室詳穩乞的郎君拽剌先赴本軍繕甲兵　「乞的」，本書卷一二聖宗紀三統和六年十二月甲寅作「乞得」。又郎君拽剌爲官名，下疑闕一人名，或即下文本年十一月之郎君拽剌雙骨里。

〔一五〕山西四州　「州」，原作「川」。按下文本年十一月辛巳有「山西五州」，今據改。

〔一六〕命皇族廬帳駐東京延芳淀　按延芳淀在南京城東，與東京相去甚遠。此處「東京」，疑當作「京東」或「南京」。

〔一七〕上率從臣祭酒景宗御容　「祭」，大典卷五二四九引遼史聖宗紀作「進」。

〔一八〕太尉王八等固守封疆　「王八」，原作「林八」，據上文六月丙寅條及大典卷五二四九引遼史聖宗紀改。

〔一九〕仍縱諸軍殘南境桑果　「仍」，北監本、殿本作「及」，當是。

〔二〇〕毋令入邢州　「邢州」，疑當作「祁州」。按長編卷二八雍熙四年正月，是年契丹長驅入深、祁。且下文本月丁巳條謂「拔深州」。此處云「營于滹沱北，詔休哥以騎兵絶宋兵，毋令入邢州」，邢州與滹沱河相去甚遠，而祁州恰在滹沱河北岸。又下文本月丙辰「邢州降」，亦當爲祁州之誤。

〔二一〕復以南京禁軍擊楊團城　「以」，原作「入」，據大典卷五二四九引遼史聖宗紀改。

遼史卷十二

本紀第十二

聖宗三

五年春正月乙丑，破束城縣，縱兵大掠。丁卯，次文安，遣人諭降，不聽，遂擊破之。盡殺其丁壯，俘其老幼。戊寅，上還南京。己卯，御元和殿，大賚將士。壬辰，如華林、天柱。

二月甲午朔，至自天柱。

三月癸亥朔，幸長春宫，賞花釣魚，以牡丹徧賜近臣，歡宴累日。丁丑，以諦居部下拽剌解里偵候有功，命入御盞郎君班祗候。

夏四月癸巳朔，幸南京。丁酉，上率百僚册上皇太后尊號曰睿德神略應運啓化承天皇太后，禮畢，羣臣上皇帝尊號曰至德廣孝昭聖天輔皇帝〔一〕。戊戌，詔有司條上勳舊，等第加恩。癸丑，清暑冰井。

六月壬辰，召大臣決庶政。丙申，以耶律蘇爲遥郡刺史。

秋七月戊辰，涅剌部節度使撒葛里有惠政，民請留，從之。是月，獵平地松林。

九月丙戌，幸南京。是冬止焉。

六年春正月庚申，如華林、天柱。

二月丁未，奚王籌寧殺無罪人李浩，所司議貴，請貸其罪，令出錢贍浩家，從之。甲寅，大同軍節度使、同平章政事劉京致仕。

三月己未〔二〕，休哥奏宋事宜，上親覽之。丙寅，以司天趙宗德、齊泰、王守平、邵祺、閻梅從征四載，言天象數有徵，賜物有差。癸未，李繼遷遣使來貢。

夏四月乙未，幸南京。丁酉，胡里室橫突韓德讓墮馬，皇太后怒，殺之。戊戌，幸宋國王休哥第。

五月癸亥，南府宰相耶律沙薨。

閏月丙戌朔，奉聖州言太祖所建金鈴閣壞，乞加修繕。詔以南征，恐重勞百姓，待軍還治之。壬寅，阿薩蘭回鶻來貢。甲寅，烏隈于厥部以歲貢貂鼠、青鼠皮非土產，皆於他處貿易以獻，乞改貢。詔自今止進牛馬。

六月癸亥，党項太保阿剌恍來朝，貢方物。乙丑，諭諸道兵馬備南征攻城器具。乙酉，夷离堇阿魯勃送沙州節度使曹恭順還〔三〕，授于越。

秋七月丙戌，觀市。己亥，遣南面招討使韓德威討河、湟諸蕃違命者〔四〕。賜休哥、排亞部諸軍戰馬。己酉，駐蹕于洛河。壬子，加韓德威開府儀同三司兼政事令門下平章事〔五〕，東京留守兼侍中、漆水郡王耶律抹只爲大同軍節度使。癸丑，排亞請增置涿州驛傳。

八月丙辰〔六〕，以青牛白馬祭天地。戊午，休哥與排亞、梟里曷捉生，將至易州，遇宋兵，殺其指揮使而還。庚申，幸黎園溫湯。癸亥，以將伐宋，遣使祭木葉山。丁丑，瀕海女直遣使速魯里來朝。西北路管押詳穩速撒哥以伐折立、助里二部，上所俘獲。東路林牙蕭勤德及統軍石老以擊敗女直兵，獻俘。大同軍節度使耶律抹只奏今歲霜旱乏食，乞增價折粟，以利貧民。詔從之。濱海女直遣厮魯里來修土貢〔七〕。

九月丙申〔八〕，化哥與朮不姑春古里來貢。休哥遣詳穩意德里獻所獲宋諜者。丁酉，皇太后幸韓德讓帳，厚加賞賚，命從臣分朋雙陸以盡歡。戊戌，幸南京。己亥，有事于太宗皇帝廟。以唐元德爲奉陵軍節度使。癸卯，祭旗鼓南伐。庚戌，次涿州，射帛書諭城中降，不聽。

冬十月乙卯〔九〕，縱兵四面攻之，城破乃降，因撫諭其衆。駙馬蕭勤德、太師闥覽皆中流矢〔一〇〕。勤德載帝車中以歸。聞宋軍退，遣斜軫、排亞等追擊，大敗之。戊午，攻沙堆驛，破之。己巳，以黑白羊祭天地。庚午，以宋降軍分置七指揮，號歸聖軍。壬申，行軍參謀、宣政殿學士馬得臣言諭降宋軍，恐終不爲用，請並放還。詔不允。丙子，籌寧奏破狼山捷。辛巳，復奏敗宋兵于益津關。癸未，進軍長城口，宋定州守將李興以兵來拒，休哥擊敗之，追奔五六里。

十一月甲申，上以將攻長城口，詔諸軍備攻具。庚寅，駐長城口，督大軍四面進攻。宋士潰圍，委城遁〔一一〕，斜軫招之，不降。上與韓德讓邀擊之，殺獲殆盡，獲者分隸燕軍。辛卯，攻滿城，圍之。甲午，拔其城，軍士開北門遁，上使諭其將領，乃率衆降。戊戌，攻下祁州，縱兵大掠。己亥，拔新樂。庚子，破小狼山砦。丁未，宋軍千人出益津關，國舅郎君桃委、詳穩十哥擊走之，殺副將一人。己酉，休哥獻黄皮室詳穩徇地莫州所獲馬二十匹、士卒二十人。命賜降者衣帶，使隸燕京。辛亥，西路又送降卒二百餘人，給寒者裘衣。以馬得臣權宣徽院事。

十二月甲寅朔，賜皮室詳穩乞得、禿骨里戰馬。橫帳郎君達打里劫掠，命杖之。丙辰，畋于沙河。休哥獻奚詳穩耶魯所獲宋諜。丁巳，遣北宰相蕭繼遠等往覘安平。侍衛馬軍司奏攻祁州、新樂，都頭劉贊等三十人有功，乞加恩賞。是月，大軍駐宋境。

是歲，詔開貢舉，放高舉一人及第〔一二〕。

七年春正月癸未朔，班師。戊子，宋雞壁砦守將郭榮率衆來降，詔屯南京。庚寅，次長城口。三卒出營劫掠，笞以徇衆，以所獲物分賜左右。壬辰，李繼遷與兄繼捧有怨，乞與通好，上知其非誠，不許。癸巳，諭諸軍趣易州。己亥，禁部從伐民桑梓。癸卯，攻易州，宋兵出遂城來援，遣鐵林軍擊之，擒其指揮使五人。甲辰，大軍齊進，破易州，降刺史劉墀，守陴士卒南遁，上帥師邀之，無敢出者。即以馬質爲刺史，趙質爲兵馬都監。遷易州軍民于燕京。以東京騎將夏貞顯之子仙壽先登，授高州刺史。乙巳，幸易州，御五花樓，撫諭士庶。丙午，以青牛白馬祭天地。詔諭三京諸道。戊申，次淶水〔一三〕，謁景宗皇帝廟。詔遣涿州刺史耶律守雄護送易州降人八百，還隸本貫。己酉，次岐溝，射鬼箭。辛亥，還次南京，六軍解嚴。

二月壬子朔，上御元和殿受百官賀。詔雞壁砦民二百户徙居檀、順、薊三州。甲寅，回鶻、于闐、師子等國來貢。乙卯，大饗軍士，爵賞有差。樞密使韓德讓封楚國王，駙馬都尉蕭寧遠同政事門下平章事。是日，幸長春宮。甲子，詔南征所俘有親屬分隸諸帳者，給官錢贖之，使相從。乙丑，賞南征女直軍，使東還。丙寅，禁舉人匿名飛書，謗訕朝廷。癸酉，吐蕃、党項來貢。甲戌，雲州租賦請止輸本道，從之。丙子，以女直活骨德爲本部相。分遣巫覡祭名山大川。丁丑，皇子佛寶奴生。戊寅，阿薩蘭、于闐、轄烈並遣使來貢。

三月壬午朔，遣使祭木葉山。禁芻牧傷禾稼。宋進士十七人挈家來歸，命有司考其中第者，補國學官，餘授縣主簿、尉。李繼遷遣使來貢。丁亥，詔知易州趙質收戰亡士卒骸骨〔一四〕，築京觀。戊子，賜于越宋國王紅珠筋線，命入內神帳行再生禮，皇太后賜物甚厚。以雞壁砦民成廷朗等八户隸飛狐。己丑，詔免雲州逋賦。乙室王貫寧擊鞠，爲所部郎君高四縱馬突死，詔訊高四罪。丙申，詔開奇峰路通易州市。戊戌，以王子帳耶律襄之女封義成公主，下嫁李繼遷〔一五〕。

是春，駐蹕延芳淀。

夏四月甲寅，還京。乙卯，國舅太師蕭闥覽爲子排亞請尚皇女延壽公主〔一六〕，許之。丙辰，謁太宗皇帝廟。以御史大夫烏骨領乙室大王。己未，幸延壽寺飯僧。甲子，諫議大夫馬得臣以上好擊毬，上疏切諫：「臣伏見陛下聽朝之暇，以擊毬爲樂。臣思此事有三不宜：上下分朋，君臣爭勝，君得臣奪，君輸臣喜，一不宜也；往來交錯，前後遮約，爭心競起，禮容全廢，若貪月杖，誤拂天衣，臣既失儀，君又難責，二不宜也；輕萬乘之貴，逐廣場之娱，地雖平，至爲堅确，馬雖良，亦有驚蹶，或因奔擊，失其控御，聖體寧無虧損？太后豈不驚懼？三不宜也。臣望陛下念繼承之重，止危險之戲。」疏奏，大嘉納之。丁卯，吐渾還金、回鶻安進、吐蕃獨朵等自宋來歸，皆賜衣帶。皇太后謁奇首可汗廟。丙子，以舍利軍耶律杳爲常衮。己卯，駐蹕儒州龍泉。庚辰，遣宣徽使蒲領等率兵分道備宋。以遥輦副使控骨离爲舍利拽剌詳穩。

五月辛巳〔一七〕，祭風伯于儒州白馬村。休哥引軍至滿城，招降卒七百餘人，遣使來獻，詔隸東京。辛卯，獵桑乾河。壬辰，燕京奏宋兵至邊，時暑未敢與戰，且駐易州，俟彼動則進擊，退則班師。從之。

六月庚戌朔，以太師柘母迎合，撾之二十。辛酉，詔燕樂、密雲二縣荒地許民耕種〔一八〕，免賦役十年。甲戌，宣政殿學士馬得臣卒，詔贈太子少保〔一九〕，賜錢十萬、粟百石。乙亥，詔出諸畜賜邊部貧民。是月，休哥、排亞破宋兵于泰州〔二〇〕。

秋七月乙酉，御含涼殿視朝。丙戌，以中丞耶律覈麥哥權夷离畢，横帳郎君耶律延壽爲御史大夫。癸巳，遣兵南征。甲午，以迪离畢、涅剌、烏濊三部各四人益東北路夫人婆里德〔二〕，仍給印綬。丁酉，勞南征將士。是日，帝與皇太后謁景宗皇帝廟。

八月庚午，放進士高正等二人及第。

冬十月，禁罝網捕兔〔三〕。

十一月甲申，于闐張文寶進內丹書。

十二月甲寅，鉤魚于沈子濼。癸亥，獵于好草嶺。

校勘記

〔一〕「上率百僚册上皇太后尊號」至「至德廣孝昭聖天輔皇帝」　據聖宗紀，統和二十四年十月庚午所上皇太后及聖宗尊號與統和五年所上尊號同，本書卷七一后妃傳則僅有統和二十四年上尊號事。按統和二十三年重修雲居寺碑記末云：「時睿德神略應運啓化皇太后，至德廣孝昭聖皇帝之二十三年，統和乙巳歲八月丁丑朔十一日丁亥記。」知統和五年確有上尊號事，然前後所上尊號不應相同，疑兩處所記當有一誤。

〔二〕三月己未　「三月」二字，原誤置於下文「癸未」上。按本書卷四四朔考，二月戊子朔，無己未、丙寅；三月戊午朔，己未爲初二日。今據以乙正。

〔三〕送沙州節度使曹恭順還　「曹恭順」，重熙六年韓橁墓誌同，本書聖宗紀開泰三年、八年、九年皆作「曹順」，長編卷八二大中祥符七年四月甲子、通考卷三五三四裔考一二則作「曹賢順」。按其本名「賢順」，後避景宗賢名改稱「順」或「恭順」。又據長編卷八二大中祥符七年四月甲子，開泰三年曹賢順始爲沙州節度使，此處繫年恐誤。

〔四〕遣南面招討使韓德威討河湟諸蕃違命者　「南面招討使」，本書卷八二本傳及韓匡嗣墓誌、秦國太夫人墓誌均作「西南面招討使」。

〔五〕加韓德威開府儀同三司兼政事令門下平章事　「政事令門下平章事」，秦國太夫人墓誌、韓德威墓誌、耶律元佐墓誌皆作「同政事門下平章事」，本書卷八二本傳作「政事門下平章事」。羅校謂傳作「政事門下平章事」，近是。

〔六〕八月丙辰　「八月」二字，原誤置於下文「戊午」上。按本書卷四四朔考，是月乙卯朔，丙辰爲初二日。今據以乙正。

〔七〕濱海女直遣厮魯里來修土貢　馮校謂此與上文「瀕海女直遣使速魯里來朝」爲一事重出。

〔八〕九月丙申　「九月」二字，原誤置於下文「戊戌」上。按本書卷四四朔考，九月乙酉朔，丙申爲十二日。今據以乙正。

〔九〕冬十月乙卯　「冬十月」三字，原誤置於下文「戊午」上。按本書卷四四朔考，十月甲寅朔，乙卯爲初二日。今據以乙正。

〔一〇〕駙馬蕭勤德太師闥覽皆中流矢　本書卷八八蕭恒德傳、卷八五蕭撻凜傳均謂以攻沙堆被傷，據此則被傷在攻沙堆之前。

〔二〕士潰圍委城遁　羅校謂「士」上當奪「軍」字。

〔三〕放高舉一人及第　「放高舉」三字原闕，據大典卷五二四九引遼史聖宗紀補。

〔三〕次淶水　「淶水」，原作「漆水」，據本書卷四〇地理志四改。

〔四〕詔知易州趙質收戰亡士卒骸骨　馮校云上文正月甲辰馬質爲易州刺史，趙質爲兵馬都監，此趙質應爲馬質。

〔五〕以王子帳耶律襄之女封義成公主下嫁李繼遷　本書卷一一五西夏外記亦繫此事於是年。然卷一一聖宗紀二繫於統和四年，宋史卷四八五夏國傳上同。

〔六〕國舅太師蕭闥覽爲子排亞請尚皇女延壽公主　「延壽公主」，疑當作「長壽公主」。按本書卷六五公主表，「排亞」作「排押」，尚長壽公主，延壽公主嫁蕭恒德。又咸雍五年秦晉國妃墓誌謂魏國公主長壽奴嫁北宰相曷寧，長壽奴即長壽公主，本書卷八八蕭排押傳謂其字韓隱，「曷寧」即「韓隱」之異譯。

〔七〕五月辛巳　據本書卷四四朔考，陳大任、宋曆均作五月庚辰朔。按辛巳後四月庚辰一日，或耶律儼作五月辛巳朔。

〔八〕詔燕樂密雲二縣荒地許民耕種　本書卷四〇地理志四，隋開皇十八年以燕樂、密雲二縣置檀州，遼轄密雲、行唐二縣，無燕樂縣。然卷五九食貨志上又謂統和十五年「詔山前後未納稅户，並於密雲、燕樂兩縣，占田置業入税」，或原有燕樂縣，後廢。

〔一九〕詔贈太子少保　「太子少保」，本書卷八〇馬得臣傳作「太子太保」。

〔二〇〕休哥排亞破宋兵于泰州　「泰州」，原作「秦州」，據大典卷五二四九引遼史聖宗紀及南監本、北監本、殿本改。

〔二一〕以迪离畢涅剌烏濊三部各四人益東北路夫人婆里德　「婆里德」，本書卷一〇聖宗紀一統和三年十一月、卷四六百官志二並作「婆底里」。

〔二二〕禁罝網捕兔　「罝」，原作「置」，據大典卷五二四九引遼史聖宗紀改。

遼史卷十三

本紀第十三

聖宗四

八年春正月辛巳，如臺湖。庚寅，詔決滯獄。庚子，如沈子濼。

二月丁未朔，于闐、回鶻各遣使來貢。壬申，女直遣使來貢。

三月丁丑，李繼遷遣使來貢。庚辰，太白、熒惑鬭，凡十有五次〔一〕。乙酉，城杏堝，以宋俘實之。辛丑，置宜州。

夏四月丙午朔，嚴州刺史李壽英有惠政，民請留，從之。庚戌，女直遣使來貢。庚午，以歲旱，諸部艱食，振之。

五月戊子，以宋降卒分隸諸軍。庚寅，女直宰相阿海來貢，封順化王。丙申，清暑胡土白山。詔括民田。

六月丙午，以北面林牙磨魯古爲北院大王。阿薩蘭回鶻于越、達剌干各遣使來貢。甲寅，月掩天駟第一星。丙辰，女直遣使來貢。

秋七月庚辰，改南京熊軍爲神軍。詔東京路諸宮分提轄司，分置定霸、保和、宣化三縣〔二〕，白川州置洪理，儀坤州置廣義〔三〕，遼西州置長慶，乾州置安德各一縣。省遂、嬀、松〔四〕、饒、寧、海、瑞、玉、鐵里〔五〕、奉德等十州，及玉田、遼豐、松山、弘遠、懷清、雲龍、平澤、平山等八縣，以其民分隸他郡。

八月乙卯，以黑白羊祭天地。

九月乙亥，北女直四部請内附。壬辰，李繼遷獻宋俘。

冬十月丙午，以大敗宋軍，復遣使來告。己酉，阻卜等遣使來貢。是月，駐蹕大王川〔六〕。

十一月庚寅，以吐谷渾民饑，振之。丁酉，太白晝見。

十二月癸卯，李繼遷下宋麟、鄜等州，遣使來告。女直遣使來貢。庚戌，遣使封李繼遷爲夏國王。癸丑，回鶻來貢。

是歲，放鄭雲從等二人及第。

九年春正月甲戌，女直遣使來貢。丙子，詔禁私度僧尼。庚辰，如臺湖。乙酉，樞密使、監修國史室昉等進實録，賜物有差。戊子，選宋降卒五百置爲宣力軍。辛卯，詔免三京諸道租賦，仍罷括田。

二月丙午，夏國遣使告伐宋捷。丁未，以涿州刺史耶律王六爲惕隱。甲子，建威寇、振化、來遠三城，屯戍卒。

閏月辛未朔，日有食之。壬申，遣翰林承旨邢抱朴、三司使李嗣、給事中劉京、政事舍人張幹、南京副留守吴浩分決諸道滯獄。

三月庚子朔，振室韋、烏古諸部。戊申，復遣庫部員外郎馬守琪〔七〕、倉部員外郎祁正、虞部員外郎崔祐、薊北縣令崔簡等分決諸道滯獄。甲子，幸南京。

夏四月甲戌，回鶻來貢。乙亥，夏國王李繼遷遣杜白來謝封册。丙戌，清暑炭山。

五月己未，以秦王韓匡嗣私城爲全州。

六月丁亥，突厥來貢。是月，南京霖雨傷稼。

秋七月癸卯，通括户口。乙巳，詔諸道舉才行、察貪酷、撫高年、禁奢僭，有殁於王事者官其子孫。己未，夏國以復綏、銀二州，遣使來告。

八月癸酉，銅州嘉禾生，東京甘露降。戊寅，女直進喚鹿人。壬午，東京進三足烏。

九月庚子，鼻骨德來貢。己酉，駐蹕廟城。南京地震。

冬十月丁卯，阿薩蘭回鶻來貢。壬申，夏國王李繼遷遣使來上宋所授敕命。丁丑，定難軍節度使李繼捧來附，授推忠効順啓聖定難功臣、開府儀同三司、檢校太師兼侍中，封西平王。

十一月己亥，以青牛白馬祭天地。

十二月，夏國王李繼遷潛附于宋，遣招討使韓德威持詔諭之。

是歲，放進士石用中一人及第。

十年春正月丁酉，禁喪葬禮殺馬，及藏甲冑、金銀、器玩。丙午，如臺湖。

二月乙丑朔，日有食之。韓德威奏李繼遷稱故不出，至靈州俘掠以還。壬申，兀惹來貢。壬午，免雲州租賦。庚寅，夏國以韓德威俘掠，遣使來奏，賜詔安慰。辛卯，給復雲州流民。

三月甲辰，鐵驪來貢。丙辰，如炭山。

夏四月乙丑，以臺湖爲望幸里。庚寅，命羣臣較射。

五月癸巳〔八〕，朔州流民給復三年。

七月辛酉，鐵驪來貢。

八月癸亥，觀稼，仍遣使分閱苗稼。

九月癸卯，幸五臺山金河寺飯僧〔九〕。

冬十月壬申，夏國王遣使來貢。戊寅，鐵驪來貢。

十一月壬辰，回鶻來貢。

十二月庚辰，獵儒州東川。拜天。是月，以東京留守蕭恒德等伐高麗。

十一年春正月壬寅〔一〇〕，回鶻來貢。丙午，出內帑錢賜南京統軍司軍。高麗王治遣朴良柔奉表請罪，詔取女直鴨渌江東數百里地賜之。

二月癸亥，霸州民妻王氏以妖惑衆，伏誅。

夏四月，幸炭山清暑。

六月，大雨。

秋七月己丑，桑乾、羊河溢居庸關西，害禾稼殆盡，奉聖、南京居民廬舍多墊溺者。

八月，如秋山。

冬十月甲申朔〔一一〕，駐蹕蒲瑰坂。

是年〔一二〕，放進士王熙載等二人及第。

十二年春正月癸丑朔，瀰陰鎮水，漂溺三十餘村，詔疏舊渠〔一三〕。甲寅，以同政事門下平章事耶律碩老爲惕隱。詔復行在五十里内租。乙卯，幸延芳淀。戊午，蠲宜州賦調。庚申，郎君耶律鼻舍等謀叛，伏誅。壬戌，以南院大王耶律景爲上京留守，封漆水郡王。霸州民李在宥年百三十有三，賜束帛、錦袍、銀帶，月給羊酒，仍復其家。

二月甲申，免南京被水户租賦。己丑，高麗來貢。甲午，免諸部歲輸羊及關征。庚子，回鶻來貢。

三月丁巳，高麗遣使請所俘人畜，詔贖還。戊午，幸南京。丙寅，遣使撫諭高麗。己巳，涿州木連理。壬申，如長春宫觀牡丹。是月，復置南京統軍都監。

夏四月辛卯，幸南京。壬辰，樞密直學士劉怹爲南院樞密副使。戊戌，以景宗石像成，幸延壽寺飯僧。

五月甲寅，詔北皮室軍老不任事者免役。戊午，如炭山清暑。庚辰，武定軍節度使韓德沖秩滿，其民請留，從之。

六月辛巳朔，詔州縣長吏有才能無過者，減一資考任之。癸未，可汗州刺史賈俊進新曆。庚子，録囚〔一四〕。甲辰，詔龍、鳳兩軍老疾者代之。是月，太白、歲星相犯。

秋七月辛亥朔，日有食之。甲寅，遣使視諸道禾稼。辛酉，南院樞密使室昉爲中京留守〔一五〕，加尚父。丙寅，女直遣使來貢。戊辰，觀穫。庚午，詔契丹人犯十惡者依漢律。己卯，以翰林承旨邢抱朴參知政事。

八月庚辰朔，詔皇太妃領西北路烏古等部兵及永興宫分軍〔一六〕，撫定西邊，以蕭撻凜督其軍事。乙酉，宋遣使求和，不許。戊子，以國舅帳尅蕭徒骨爲夷离畢。乙未，下詔戒諭中外官吏。丁酉，録囚，雜犯死罪以下釋之。

九月壬子，室韋、党項、吐谷渾等來貢。辛酉，宋復遣使求和，不許。壬戌，行拜奥禮。癸酉，阻卜等來貢。

冬十月乙酉，獵可汗州之西山。乙巳，詔定均稅法。丁未，大理寺置少卿及正。

十一月戊申朔，行再生禮。鐵驪來貢。詔諸部所俘宋人有官吏儒生抱器能者，諸道軍有勇健者，具以名聞。庚戌，詔郡邑貢明經、茂材異等。甲寅，詔南京決滯獄。己未，官宋俘衛德升等六人。

十二月戊寅朔，日有食之。詔并奚王府奥理、墮隗〔一七〕、梅只三部爲一，其二尅各分爲部，以足六部之數。甲申，賜南京統軍司貧户耕牛。戊子，高麗進妓樂，却之。庚寅，禁游食民。癸巳，女直以宋人浮海賂本國及兀惹叛來告。丁未，幸南京。

是年，放進士呂德懋等二人及第。

十三年春正月壬子，幸延芳淀。甲寅，置廣靈縣。丁巳，增泰州、遂城等縣賦。庚申，詔諸道勸農。癸亥，長寧軍節度使蕭解里秩滿，民請留，從之。庚午，如長春宫。

二月丁丑，女直遣使來貢。甲辰，高麗遣李周楨來貢。

三月癸丑，夏國遣使來貢。戊辰，武清縣百餘人入宋境剽掠，命誅之，還其所獲人畜財物。

夏四月己卯，參知政事邢抱朴以母憂去官起復。丙戌，詔諸道民户應曆以來脅從爲部曲者，仍籍州縣。甲午，如炭山清暑。

五月壬子，高麗進鷹。乙亥，北、南、乙室三府請括富民馬以備軍需，不許，給以官馬。

六月丙子朔，啓聖軍節度使劉繼琛秩滿，民請留〔一八〕，從之。丁丑，詔減前歲括田租賦。甲申，以宣徽使阿没里私城爲豐州。丙戌，詔許昌平、懷柔等縣諸人請業荒地。

秋七月乙巳朔，女直遣使來貢。丁巳，兀惹烏昭度〔一九〕、渤海燕頗等侵鐵驪，遣奚王和朔奴等討之。壬戌，詔蔚、朔等州龍衛、威勝軍更戍。

八月丙子，夏國遣使進馬。壬辰，詔修山澤祠宇、先哲廟貌，以時祀之。

九月戊午，以南京太學生員浸多，特賜水磑莊一區。丁卯，奉安景宗及皇太后石像于延芳淀。

冬十月乙亥，置義倉。辛巳，回鶻來貢。甲申，高麗遣李知白來貢。戊子，兀惹歸欵，詔諭之。庚子，鼻骨德來貢。

十一月乙巳，阿薩蘭回鶻遣使來貢。辛酉，遣使册王治爲高麗國王。戊辰，高麗遣童子十人來學本國語。

十二月己卯，鐵驪遣使來貢鷹、馬。辛巳，夏國以敗宋人遣使來告。

是年，放進士王用極等二人。

十四年春正月己酉，漁于潞河。丁巳，蠲三京及諸州稅賦。丙寅，夏國遣使來貢。庚午，以宣徽使阿没里家奴閻貴爲豐州刺史。

二月庚寅，回鶻遣使來貢。

三月壬寅，高麗王治表乞爲婚，許以東京留守、駙馬蕭恒德女嫁之。庚戌，高麗復遣童子十人來學本國語。甲寅，韓德威奏討党項捷。甲子，詔安集朔州流民。

夏四月甲戌，東邊諸糺各置都監。庚寅，如炭山清暑。己亥，鑿大安山，取劉守光所藏錢〔二〇〕。是月，奚王和朔奴、東京留守蕭恒德等五人以討兀惹不克，削官。改諸部令穩爲節度使。

五月癸卯，詔參知政事邢抱朴決南京滯獄。庚戌，朔州威勝軍一百七人叛入宋。

六月辛未，如炭山清暑。鐵驪來貢。乙酉，回鶻來貢。己丑，高麗遣使來問起居。後至無時。

秋七月戊午，回鶻等來貢。

閏月丁丑，五院部進穴地所得金馬。

冬十月丙辰，命劉遂教南京神武軍士劍法，賜袍帶錦幣。戊午，烏昭度乞內附。

十一月甲戌，詔諸軍官毋非時畋獵妨農。乙酉，奉安景宗及太后石像于乾州。是月，回鶻阿薩蘭遣使爲子求婚，不許。

十二月甲寅，以南京道新定稅法太重，減之。甲子，撻凜誘叛酋阿魯敦等六十人斬之，封蘭陵郡王。幸南京。

是年，放進士張儉等三人。

十五年春正月庚午，幸延芳淀。丙子，以河西党項叛，詔韓德威討之〔三〕。庚辰，詔諸道勸民種樹。癸未，兀惹長武周來降。戊子，女直遣使來貢。己丑，詔南京決滯囚。乙未，免流民税。

二月丙申朔，如長春宫。戊戌，勸品部富民出錢以贍貧民。庚子，徙梁門、遂城、泰州、北平民於内地。丙午，夏國遣使來貢。甲寅，問安皇太后。丙辰，韓德威奏破党項捷。丁巳，詔品部曠地令民耕種。

三月乙丑朔，党項來貢。戊辰，募民耕灤州荒地，免其租賦十年。己巳，夏國破宋兵，遣使來告。己卯，封夏國王李繼遷爲西平王。壬午，通括宫分人户，免南京逋税及義倉粟。甲申，河西党項乞内附。庚寅，兀惹烏昭度以地遠，乞歲時免進鷹、馬、貂皮，詔以生辰、正旦貢如舊，餘免。癸巳，宋主炅殂，子恒嗣位。甲午，皇太妃獻西邊捷。

夏四月乙未朔，罷奚五部歲貢麕。戊戌，録囚。壬寅，發義倉粟振南京諸縣民。丙午，廣德軍節度使韓德凝有善政，秩滿，其民請留，從之。己酉，幸南京。丁巳，致奠于太宗皇帝廟。己未，如炭山清暑。

五月甲子朔，日有食之。己巳，詔平州決滯獄。是月，敵烈八部殺詳穩以叛，蕭撻凛追擊，獲部族之半。

六月丙申，鐵驪來貢。壬子，夏國遣使來謝封册。

秋七月戊辰，党項來貢。辛未，禁吐谷渾別部鬻馬於宋。丙子，高麗遣韓彦敬奉幣弔越國公主之喪。辛卯，詔南京疾決獄訟。

八月丁酉，獵于平地松林，皇太后誡曰：「前聖有言：欲不可縱。吾兒爲天下主，馳騁田獵，萬一有銜橛之變，適遺予憂。其深戒之！」

九月丙寅，罷東邊戍卒。庚午，幸饒州，致奠太祖廟。戊子，蕭撻凛奏討阻卜捷。

冬十月壬辰朔，駐蹕駝山，罷奚王諸部貢物。乙未，賜宿衛時服。丁酉，禁諸山寺毋濫度僧尼。戊戌，弛東京道魚濼之禁。戊申，以上京獄訟繁冗，詰其主者。辛酉，録囚。

十一月壬戌朔，録囚。丙戌，幸顯州。戊子，謁顯陵。庚寅，謁乾陵。是月，高麗王治薨，姪誦遣王同穎來告。

十二月乙巳，鈎魚土河。己酉，駐蹕駝山。壬子，夏國遣使來貢。甲寅，遣使祭高麗王治，詔其姪權知國事。丙辰，録囚。

是年，放進士陳鼎等二人。

校勘記

〔一〕太白熒惑鬬凡十有五次　此處謂太白與熒惑鬬「凡十有五次」，語義不通，疑當作「凡十有五日」。據五星軌迹推算，是年三月太白犯熒惑，持續十餘日。

〔二〕分置定霸保和宣化三縣　「分置」，原作「置分」，據大典卷五二四九引遼史聖宗紀乙正。

〔三〕儀坤州置廣義　「廣義」，疑當作「來遠」。按本書卷三七地理志一云：「廣義縣（中略）應天皇后以四征所俘居之，因建州縣。統和八年，以諸宫提轄司户置來遠縣，十三年併入。」

〔四〕松　松州當即本書卷三九地理志三中京道條之松山州。

〔五〕鐵里　本書卷三八地理志二作「鐵利」。

〔六〕大王川　原作「大王州」，據本書卷六八遊幸表及大典卷五二四九引遼史聖宗紀改。

〔七〕馬守琪　本書卷四八百官志四南面分司官作「馬守瑛」。

〔八〕五月癸巳　本書卷四四朔考，五月甲午朔，月内無癸巳。

〔九〕幸五臺山金河寺飯僧　「金河寺」，原作「今河寺」，據大典卷五二四九引遼史聖宗紀及南監本、殿本改。

〔一〇〕十一年春正月壬寅　「正月」，原作「三月」，據本書卷七〇屬國表及大典卷五二四九引遼史聖宗紀改。

〔一一〕冬十月甲申朔　按聖宗貴妃蕭氏墓誌謂統和十一年閏十月十六日庚子，知遼曆閏十月乙酉朔，則上一日甲申當爲十月末日，非十月朔。

〔三〕是年　原作「是時」，據大典卷五二四九引遼史聖宗紀改。

〔三〕詔疏舊渠　「疏」，原作「數」，據大典卷五二四九引遼史聖宗紀及南監本、北監本、殿本改。

〔四〕録囚　「録」，原作一字空格，據大典卷五二四九引遼史聖宗紀及南監本、北監本、殿本補。

〔五〕南院樞密使室昉爲中京留守　「中京」，疑當作「南京」，參見本書卷七九校勘記〔三〕。

〔六〕詔皇太妃領西北路烏古等部兵及永興宫分軍　長編卷五五咸平六年七月己酉謂景宗后姊爲齊王罨撒葛妃，王死，稱齊妃，領兵屯西鄙驢駒兒河，西捍達靼。索隱卷二因謂「皇太妃」當作「王太妃」。按本書卷六九部族表、卷八五蕭撻凜傳、卷一〇三蕭韓家奴傳所記此事皆作「皇太妃」，又統和十八年高嵩墓誌及大安三年蕭興言墓誌亦同。

〔七〕墮隗　本書卷二太祖紀下天贊二年三月戊寅、卷三三營衛志下、卷四六百官志二、卷六九部族表、卷一一六國語解並作「墮瑰」。

〔八〕民請留　「留」，原作「流」，據大典卷五二四九引遼史聖宗紀及南監本、北監本、殿本改。

〔九〕兀惹烏昭度　「烏昭度」，下文統和十四年十月戊午、十五年三月庚寅及本書卷九四耶律斡臘傳同。卷一四聖宗紀五統和十七年六月、二十二年九月丙午及卷七〇屬國表並作「烏昭慶」。

〔一〇〕取劉守光所藏錢　册府卷九二三總録部妖妄二、新唐書卷二一二劉仁恭傳、通鑑卷二六六後梁紀一太祖開平元年三月甲辰皆謂此事係劉仁恭所爲。

〔三二〕詔韓德威討之　此處紀事繫年有誤。按韓德威墓誌謂其「以丙申歲孟冬既望之翌日，薨於天德部内之公署」，知德威已卒於統和十四年丙申冬。下文十五年二月丙辰「韓德威奏破党項捷」誤同。

遼史卷十四

本紀第十四

聖宗五

十六年春正月乙丑，如長濼。

二月庚子，夏國遣使來貢。丙午，以監門衞上將軍耶律喜羅爲中臺省左相。

三月甲子，女直遣使來貢。乙亥，鼻骨德酋長來貢。

夏四月癸卯，振崇德宮所隸州縣民之被水者。丁未，罷民輸官俸，給自内帑。己酉，祈雨。乙卯，如木葉山。

五月甲子，祭白馬神。丁卯，祠木葉山，告來歲南伐。庚辰，鐵驪來貢。乙酉，還上京。婦人年踰九十者賜物。

六月戊子朔，致奠於祖、懷二陵。是月，清暑炭山。

秋七月丁巳朔，録囚，聽政。

八月丁亥朔，東幸。

九月丁巳朔，駐蹕得勝口。

冬十一月，遣使册高麗國王誦。

十二月丙戌，宋國王休哥薨，輟朝五日。進封皇弟恒王隆慶爲梁國王、南京留守，鄭王隆祐爲吴國王〔一〕。

是年，放進士楊又玄等二人〔二〕。

十七年春正月乙卯朔，如長春宫。

夏四月，如炭山清暑。

六月，兀惹烏昭慶來〔三〕。

秋七月，以伐宋詔諭諸道。

九月庚辰朔，幸南京。己亥，南伐。癸卯，射鬼箭。北院樞密使魏王耶律斜軫薨，以韓德讓兼知北院樞密使事。

冬十月癸酉，攻遂城，不克。遣蕭繼遠攻狼山鎮石砦，破之。次瀛州，與宋軍戰，擒其將康昭裔、宋順〔四〕，獲兵仗、器甲無算。進攻樂壽縣，拔之。次遂城，敵衆臨水以拒，縱騎兵突之，殺戮殆盡。

是年，放進士初錫等四人及第〔五〕。

十八年春正月，還次南京，賞有功將士，罰不用命者。詔諸軍各還本道。

二月，幸延芳淀。

夏四月己未，駐蹕于清泉淀。

五月丁酉，清暑炭山。

六月，阻卜叛酋鶻碾之弟鐵剌不率部衆來附，鶻碾無所歸，遂降，詔誅之。

秋七月，駐蹕于湯泉。

九月乙亥朔，駐蹕黑河。

冬十一月甲戌朔，授西平王李繼遷子德昭朔方軍節度使〔六〕。

十二月，回鶻來貢。

是年，放進士南承保等三人及第。

醫。

十九年春正月辛巳，以祗候郎君班詳穩觀音爲奚六部大王。甲申，回鶻進梵僧名醫。

三月乙亥，夏國遣李文貴來貢。乙酉，西南面招討司奏党項捷。壬辰，皇后蕭氏以罪降爲貴妃。賜大丞相韓德讓名德昌。

夏四月乙巳，幸吴國王隆祐第視疾。丙午，問安皇太后。

五月癸酉，清暑炭山。丙戌，册蕭氏爲齊天皇后。庚寅，以千拽剌詳穩耶律王奴爲乙室大王。辛卯，以青牛白馬祭天地。

六月乙巳，以所俘宋將康昭裔爲昭順軍節度使。戊午，夏國奏下宋恒、環、慶等三州，賜詔褒之。

秋七月丙戌，以東京統軍使耶律奴瓜爲南府宰相。

八月庚戌，達盧骨部來貢。

九月己巳朔，問安皇太后。戊子，駐蹕昌平。庚寅，西南面招討司奏討吐谷渾捷。辛卯，幸南京。

冬十月己亥，南伐。壬寅，次鹽溝。徙封吴國王隆祐爲楚國王，留守京師。丁未，梁國王隆慶統先鋒軍以進。辛亥，射鬼箭。壬子，以青牛白馬祭天地。甲寅，遼軍與宋兵戰于遂城，敗之。庚申，以黑白羊祭天地。丙寅，次滿城，以泥淖班師。

十一月庚午，射鬼箭。丙子，宋兵出淤口、益津關來侵，偵候謀洼、虞人招古擊敗之。己卯，觀漁儒門濼。

閏月己酉，鼻骨德來貢。己未，減關市稅。

十二月庚辰，免南京、平州租稅。

二十年春正月庚子，如延芳淀。癸丑，東方五色虹見。詔安撫西南面向化諸部。甲寅，夏國遣使貢馬、駝。辛酉，女直宰相夷离底來貢。

二月丁丑，女直遣其子來朝〔七〕。高麗遣使賀伐宋捷。

三月甲寅，遣北府宰相蕭繼遠等南伐。壬戌，駐蹕鴛鴦濼。

夏四月丙寅朔，文班太保達里底敗宋兵于梁門。甲戌，南京統軍使蕭撻凜破宋軍於泰州。乙酉，南征將校獻俘，賜爵賞有差。戊子，鐵驪遣使來貢。

五月乙卯，幸炭山清暑。

六月，夏國遣劉仁勗來告下靈州。

秋七月甲午朔，日有食之。丁酉，以邢抱朴爲南院樞密使。辛丑，高麗遣使來貢本國地里圖。

九月癸巳朔，謁顯陵，告南伐捷。

冬十月癸亥朔，至自顯陵。

十二月，奚王府五帳六節度獻七金山土河川地，賜金幣。

是歲，南京、平州麥秀兩岐。放進士邢祥等六人及第。

二十一年春正月，如鴛鴦濼。

三月壬辰，詔修日曆官毋書細事。甲午，朝皇太后。戊午，鐵驪來貢。

夏四月乙丑，女直遣使來貢。戊辰，兀惹、渤海、奥里米、越里篤、越里吉等五部遣使來貢〔八〕。是月，耶律奴瓜、蕭撻凛獲宋將王繼忠于望都。

五月庚寅朔，清暑炭山。丁巳，西平王李繼遷薨，其子德昭遣使來告。

六月己卯，贈繼遷尚書令，遣西上閤門使丁振弔慰。辛巳，党項來貢。乙酉，阻卜鐵剌里率諸部來降。是月，修可敦城。

秋七月庚戌，阻卜、烏古來貢。甲寅，以奚王府監軍耶律室魯爲南院大王〔九〕。

八月乙酉，阻卜鐵剌里來朝。丙戌，朝皇太后。

九月己亥，夏國李德昭遣使來謝弔贈。癸丑，幸女河湯泉，改其名曰松林。

冬十月丁巳，駐蹕七渡河。戊辰，以楚國王隆祐爲西南面招討使。

十一月壬辰，故于越耶律休哥之子道士奴、高九等謀叛，伏誅。丙申，通括南院部民。

十二月癸未，罷三京諸道貢。

二十二年春正月丁亥，如鴛鴦濼。

二月乙卯朔，女直遣使來貢。丙寅，南院樞密使邢抱朴薨，輟朝三日。

三月己丑，罷番部賀千齡節及冬至、重五貢。乙未，西夏李德昭遣使上繼遷遺物。

夏四月丁卯，朝皇太后。

五月，清暑炭山。

六月戊午〔一〇〕，以可敦城爲鎮州，軍曰建安。

秋七月甲申，遣使封夏國李德昭爲西平王。丁亥，兀惹、蒲奴里、剖阿里、越里篤、奥里米等部來貢。

八月丙辰，党項來貢。庚申，阻卜酋鐵剌里來朝。戊辰，鐵剌里求婚，不許〔一二〕。丙子，駐蹕犬牙山。

九月己丑，以南伐諭高麗。丙午，幸南京。女直遣使獻所獲烏昭慶妻子。丁未，致祭于太宗皇帝廟。以北院大王磨魯古、太尉老君奴監北、南王府兵。庚戌，命楚國王隆祐留守京師。

閏月己未，南伐。癸亥，次固安。以所獲諜者射鬼箭。甲子，以青牛白馬祭天地。丙寅，遼師與宋兵戰于唐興，大破之。丁卯，蕭撻凜與宋軍戰于遂城，敗之。庚午，軍于望都。

冬十月乙酉，以黑白羊祭天地。丙戌，攻瀛州，不克。甲午，下祁州〔一三〕，賚降兵。以酒脯祭天地。己酉，西平王李德昭遣使謝封册。

十一月癸亥，馬軍都指揮使耶律課里遇宋兵于洺州，擊退之。甲子，東京留守蕭排押獲宋魏府官吏田逢吉、郭守榮、常顯、劉綽等以獻。丁卯，南院大王善補奏宋遣人遺王繼忠弓矢，密請求和。詔繼忠與使會，許和。庚午，攻破德清軍。壬申，次澶淵。蕭撻凜中伏弩死。乙亥，攻破通利軍。丁丑，宋遣崇儀副使曹利用請和，即遣飛龍使韓杞持書報聘。

十二月庚辰朔，日有食之，既。癸未，宋復遣曹利用來，以無還地之意，遣監門衛大將軍姚東之持書往報〔一三〕。戊子，宋遣李繼昌請和，以太后爲叔母，願歲輸銀十萬兩，絹二十萬匹。許之，即遣閤門使丁振持書報聘。己丑，詔諸軍解嚴。是月，班師。皇太后賜大丞相齊王韓德昌姓耶律，徙王晉。

是年，放進士李可封等三人。

二十三年春正月戊午，還次南京。庚申，大饗將卒，爵賞有差。

二月丙戌，復置榷場於振武軍。

三月丁巳〔一四〕，夏國遣使告下宋青城。辛酉，朝皇太后。以惕隱化哥爲南院大王，行軍都監老君奴爲惕隱。乙丑，振党項部。丁卯，回鶻來貢。丁丑，改易州飛狐招安使爲安撫使。

夏四月丙戌，女直及阿薩蘭回鶻各遣使來貢。乙未，鐵驪來貢。己亥，党項來侵。

五月戊申朔，宋遣孫僅等來賀皇太后生辰。乙卯，以金帛賜陣亡將士家。丙寅，高麗以與宋和，遣使來賀。

六月壬辰，清暑炭山。甲午，阻卜酋鐵剌里遣使賀與宋和。己亥，達旦國九部遣使來聘。

秋七月癸丑，問安皇太后。戊午，党項來貢。辛酉，以青牛白馬祭天地。壬戌，烏古來貢。丁卯，女直遣使來貢。阿薩蘭回鶻遣使來請先留使者，皆遣之〔一五〕。

九月甲戌，遣太尉阿里、太傅楊六賀宋主生辰。

冬十月丙子朔，鼻骨德來貢。戊子，朝皇太后。甲午，駐蹕七渡河。癸卯，宋歲幣始至，後爲常。

十一月戊申，上遣太保合住、頒給使韓𣘦〔一六〕，太后遣太師盆奴、政事舍人高正使宋賀正旦。辛亥，觀漁桑乾河。丁巳，詔大丞相耶律德昌出宫籍，屬于橫帳。

十二月丙申，宋遣周漸等來賀千齡節。丁酉，復遣張若谷等來賀正旦。

二十四年春正月，如鴛鴦濼。

夏五月壬寅朔，幸炭山清暑。幽皇太妃胡輦于懷州，囚夫人夷懶于南京，餘黨皆生瘞之。

秋七月辛丑朔，南幸。

八月丙戌，改南京宫宣教門爲元和，外三門爲南端，左掖門爲萬春，右掖門爲千秋〔一七〕。

是月，沙州燉煌王曹壽遣使進大食國馬及美玉〔一八〕，以對衣、銀器等物賜之。

九月，幸南京。

冬十月庚午朔，帝率羣臣上皇太后尊號曰睿德神略應運啓化承天皇太后，羣臣上皇帝尊號曰至德廣孝昭聖天輔皇帝。大赦。

是年，放進士楊佶等二十三人及第。

二十五年春正月，建中京。

二月，如鴛鴦濼。

夏四月，清暑炭山。

六月，賜皇太妃胡輦死于幽所。

秋七月壬申，西平王李德昭母薨，遣使弔祭。甲戌，遣使起復。

九月，西北路招討使蕭圖玉討阻卜，破之。

冬十月丙申，駐蹕中京。

十二月己酉，振饒州饑民。

二十六年春二月，如長濼。

夏四月辛卯朔，祠木葉山。

五月庚申朔，還上京。丙寅，高麗進龍鬚草席〔一九〕。己巳，遣使賀中京成。庚午，致祭祖、懷二陵。辛未，駐蹕懷州。

秋七月，增太祖、太宗、讓國皇帝、世宗謚，仍謚皇太弟李胡曰欽順皇帝〔二〇〕。

冬十月戊子朔，幸中京。

十二月，蕭圖玉奏討甘州回鶻，降其王耶剌里，撫慰而還。

是年，放進士史克忠等一十三人。

二十七年春正月，鈎魚土河。獵于瑞鹿原。

夏四月丙戌朔，駐蹕中京，營建宮室。庚戌，廢霸州處置司。

秋七月甲寅朔，霖雨，潢、土、斡剌、陰涼四河皆溢，漂没民舍。

八月甲申，北幸。

冬十一月壬子朔，行柴册禮。

十二月乙酉，南幸。皇太后不豫。戊子，肆赦。辛卯，皇太后崩于行宮。壬辰，遣使報哀于宋、夏、高麗。戊申，如中京。己酉，詔免賀千齡節。

是歲，御前引試劉二宜等三人。

校勘記

〔一〕鄭王隆祐爲吴國王　「隆祐」，本書紀、表所見皆同。然秦晉國大長公主墓誌及宋代文獻均作「隆裕」。參見卷六四皇子表校勘記〔二八〕。

〔二〕放進士楊又玄等二人　「楊又玄」，諸本皆作「楊又立」。本書卷一六聖宗紀七開泰七年十一月作「楊人玄」，明鈔本、南監本、北監本、殿本皆作「楊又玄」，又太平二年十月、五年三月、七年十一月諸本均作「楊又玄」。核其事迹，應是一人。今據改。

〔三〕兀惹烏昭慶來　本書卷七〇屬國表作「兀惹烏昭慶來降，釋之」。

〔四〕擒其將康昭裔宋順　據馮從順墓誌，統和十七年宋將馮從順、康保裔兵敗瀛州，陳述全遼文卷六謂「宋順」蓋即「馮從順」，「康昭裔」即「康保裔」。宋代文獻所記此事亦均作「康保裔」。

〔五〕放進士初錫等四人及第　「四」，大典卷五二四九引遼史聖宗紀作「二」。

〔六〕授西平王李繼遷子德昭朔方軍節度使　「德昭」，宋史卷四八五夏國傳上作「德明」。此處係避遼穆宗諱改。又本書卷一一五西夏外記「德昭」、「德明」並見，作「德明」者應屬漏改或後人回改。

〔七〕女直遣其子來朝　本書卷七〇屬國表作「女直國大王阿改遣其子出燭你、耶剌改、塞剌來朝」。

〔八〕越里吉等五部遣使來貢　「越里吉」，原作「越里古」。本書卷三三營衞志下部族下、卷七〇屬國表均作「越里吉」。又卷一八興宗紀一重熙六年八月作「越棘」，即「越里吉」之異譯。知「古」爲「吉」之訛，今據改。

〔九〕以奚王府監軍耶律室魯爲南院大王　本書卷一五聖宗紀六統和二十九年三月己亥、卷六〇食貨志下、卷八一耶律室魯傳及卷九四耶律世良傳皆謂室魯爲北院大王。按聖宗紀統和八年六月丙午「以北面林牙磨魯古爲北院大王」，二十二年九月丁未又有北院大王磨魯古、十一月丁卯有南院大王善補，卷八二磨魯古傳亦謂統和間累遷北院大王，然卷九九耶律撒剌傳又稱磨魯古爲南院大王。紀、傳所載抵牾如此。

〔一〇〕六月戊午　「戊午」，原作「戊子」，南監本、北監本、殿本皆同，惟大典卷五二四九引遼史聖宗紀作「戊午」。按是年六月甲寅朔，無戊子，戊午爲初五日。今據改。

〔一一〕鐵刺里求婚不許　本書卷七〇屬國表作「鐵刺里求婚，許之」。

〔一二〕下祁州　「祁州」，原作「祈州」，據本書卷八五蕭撻凜傳改。

〔一三〕遣監門衞大將軍姚東之持書往報　「姚東之」，通考卷三四六裔考一三契丹中及宋史卷七真宗紀二景德元年十二月、卷二八一畢士安傳同，長編卷五八景德元年十二月甲申、太平治蹟統類卷四真宗澶淵通好景德元年十二月庚辰、東都事略卷一二三附録一遼、文瑩玉壺清話卷四、陳師道後山談叢卷一均作「姚東之」。

〔一四〕三月丁巳　「三月」二字原闕。按本書卷四四朔考，是年二月己卯朔，自己卯至丁巳共計三十九日，已入三月。又下文所記振党項部、回鶻來貢二事，卷七〇屬國表均繫於是年三月。今據補。

〔一五〕阿薩蘭回鶻遣使來請先留使者皆遣之　本書卷七〇屬國表作「阿薩蘭回鶻遣使來，因請先留使者，皆遣之」，文義較長。

〔一六〕頒給使韓橁　「韓橁」，原作「韓簡」，據韓橁墓誌及長編卷六一景德二年十二月庚子改。

〔一七〕改南京宮宣教門爲元和外三門爲南端左掖門爲萬春右掖門爲千秋　此處疑有脱誤。按本書卷四〇地理志四南京道謂南京皇城「内門曰宣教，改元和；外三門曰南端、左掖、右掖。左掖改萬春，右掖改千秋」。

〔一八〕沙州燉煌王曹壽遣使進大食國馬及美玉　「曹壽」，長編卷五六景德元年三月癸酉、通考卷三三五四裔考一二沙州、宋史卷四九〇沙州傳並作「曹宗壽」。此蓋避興宗宗真名，省「宗」字。

〔一九〕高麗進龍鬚草席　本書卷七〇屬國表作「高麗進文化、武功兩殿龍鬚草地席」。

〔二〇〕仍謚皇太弟李胡曰欽順皇帝　「欽順」，本書卷七二章肅皇帝李胡傳、卷六四皇子表同。卷二〇興宗紀三重熙二十一年九月甲子、長編卷七〇大中祥符元年及重熙六年韓橁墓誌均作「恭順」。此係陳大任避金章宗父允恭諱改。

遼史卷十五

本紀第十五

聖宗六

二十八年春正月辛亥朔，不受賀。甲寅，如乾陵。癸酉，奉安大行皇太后梓宫于乾州菆塗殿。

二月丙戌，宋遣王隨、王儒等來弔祭〔一〕。己亥，高麗遣魏守愚等來祭。是月，遣左龍虎衛上將軍蕭合卓饋大行皇太后遺物于宋，仍遣臨海軍節度使蕭虚列、左領軍衛上將軍張崇濟謝宋弔祭〔二〕。

三月癸卯，上大行皇太后謚爲聖神宣獻皇后。是月，宋、高麗遣使來會葬。

夏四月甲子，葬太后於乾陵。賜大丞相耶律德昌名曰隆運。庚午，賜宅及陪葬地。

五月己卯朔，如中京。辛卯，清暑七金山。乙巳，西北路招討使蕭圖玉奏伐甘州回鶻，破肅州，盡俘其民。詔修土隗口故城以實之。丙午，高麗西京留守康肇弒其主誦，擅立誦從兄詢〔三〕。詔諸道繕甲兵，以備東征。

秋八月戊申，振平州饑民。辛亥，幸中京。丙寅，謁顯、乾二陵。丁卯，自將伐高麗，遣使報宋。以皇弟楚國王隆祐留守京師，北府宰相、駙馬都尉蕭排押爲都統，北面林牙僧奴爲都監。

九月乙酉，遣使册西平王李德昭爲夏國王。辛卯，遣樞密直學士高正、引進使韓杞宣問高麗王詢。

冬十月丙午朔，女直進良馬萬匹，乞從征高麗，許之。王詢遣使奉表乞罷師，不許。

十一月乙酉，大軍渡鴨渌江，康肇拒戰，敗之，退保銅州〔四〕。丙戌，肇復出，右皮室詳穩耶律敵魯擒肇及副將李立〔五〕，追殺數十里，獲所棄糧餉、鎧仗。戊子，銅、霍、貴、寧等州皆降〔六〕。排押至奴古達嶺，遇敵兵，戰敗之。辛卯，王詢遣使上表請朝，許之。禁軍士俘掠。以政事舍人馬保佑爲開京留守，安州團練使王八爲副留守。遣太子太師乙凜將騎兵一千，送保佑等赴京。壬辰，守將卓思正殺遼使者韓喜孫等十人〔七〕，領兵出拒，保佑等還。遣乙凜領兵擊之，思正遂奔西京。圍之五日，不克，駐蹕城西。高麗禮部郎中渤海陀失來降。庚子，遣排押、盆奴等攻開京，遇高麗兵，敗之。王詢棄城遁去，遂焚開京，至清江，還。

二十九年春正月乙亥朔，班師，所降諸城復叛。至貴州南峻嶺谷，大雨連日，馬駝皆疲，甲仗多遺棄，霽乃得渡。己丑，次鴨渌江。庚寅，皇后及皇弟楚國王隆祐迎于來遠城。壬辰，詔罷諸軍。己亥，次東京。

二月己酉，謁乾、顯二陵。戊午，所俘高麗人分置諸陵廟，餘賜内戚、大臣。

三月己卯，大丞相晉國王耶律隆運薨。庚辰，皇弟楚國王隆祐權知北院樞密使事，樞密直學士高正爲北院樞密副使。庚寅，南京、平州水，振之。己亥，以北院大王耶律室魯爲北院樞密使、封韓王，北院郎君耶律世良爲北院大王，前三司使劉慎行參知政事兼知南院樞密使事。

夏四月，清暑老古堝。

五月甲戌朔，詔已奏之事送所司附日曆。又詔帳族有罪，黥墨依諸部人例。乙未，以劉慎行爲南院樞密使，南府宰相邢抱質知南院樞密使事。

六月庚戌，升蔚州、利州爲觀察使。乙卯，韓王耶律室魯薨〔八〕。丙辰，以南院大王化哥爲北院樞密使。丁巳，詔西北路招討使、駙馬都尉蕭圖玉安撫西鄙。置阻卜諸部節度使。

是秋，獵于平地松林。

冬十月庚子，駐蹕廣平淀。甲寅，贈大丞相晉國王耶律隆運尚書令，謚文忠。

十一月庚午朔，幸顯州。

十二月庚子，復如廣平淀。癸丑，以知南院樞密使事邢抱質年老，詔乘小車入朝。是月，置歸、寧二州。

是年，御試，放高承顏等二人及第。

開泰元年春正月己巳朔，宋遣趙湘、符成翰來賀〔九〕。癸未，長白山三十部女直酋長來貢，乞授爵秩。甲申，駐蹕王子院。丙戌，望祠木葉山。丁亥，女直太保蒲撚等來朝。戊子，獵于買曷魯林〔一〇〕。庚寅，祠木葉山。辛卯，曷蘇館大王曷里喜來朝。

二月壬子，駐蹕瑞鹿原。

三月甲戌，以蔚州爲觀察，不隸武定軍。乙亥，如葦濼。丁丑，詔封皇女八人爲郡主。乙酉，詔卜日行拜山、大射柳之禮，命北宰相、駙馬、蘭陵郡王蕭寧，樞密使、司空邢抱質督有司具儀物。丁亥，皇弟楚國王隆祐徙封齊國王，留守東京。

夏四月庚子，高麗遣蔡忠順來，乞稱臣如舊，詔王詢親朝。壬寅，夏國遣使進良馬。己酉，祀風伯。辛酉，以前孟父房敞穩蕭佛奴爲左夷离畢。

五月戊辰朔，還上京。詔裴玄感、邢祥知禮部貢舉，放進士史簡等十九人及第。以駙馬蕭紹宗爲鄭州防禦使。乙亥，以邢抱質爲大同軍節度使。

六月，駐蹕上京。

七月丙子，以耶律遂貞爲遼興軍節度使，遂正北院宣徽使，張昭瑩南院宣徽使，耶律受益上京副留守，寇卿彰德軍節度使。命耶律釋身奴、李操充賀宋生辰國信使副，蕭涅衮、齊泰賀宋正旦使副〔一一〕。進士康文昭、張素臣、郎玄達坐論知貢舉裴玄感、邢祥私曲，祕書省正字李萬上書，辭涉怨訕，皆杖而徒之，萬役陷河冶。

八月丙申，鐵驪那沙等送兀惹百餘户至賓州，賜絲絹。是日，那沙乞賜佛像、儒書，詔賜護國仁王佛像一，易、詩、書、春秋、禮記各一部。己未，高麗王詢遣田拱之奉表稱病不能朝，詔復取六州地。是月，齊國王隆祐薨，輟朝五日。

冬十月辛亥，如中京。

閏月丁卯，贈隆祐守太師，謚仁孝。

十一月甲午朔〔一二〕，文武百官加上尊號曰弘文宣武尊道至德崇仁廣孝聰睿昭聖神贊天輔皇帝〔一三〕。大赦，改元開泰。改幽都府爲析津府，薊北縣爲析津縣，幽都縣爲宛平縣，覃恩中外。己亥，賜夏國使東頭供奉官曹文斌、呂文貴、竇珪祐、守榮、武元正等爵有差。癸卯，前遼州録事張庭美六世同居，儀坤州劉興胤四世同居，各給復三年。甲辰，西北招討使蕭圖玉奏七部太師阿里底因其部民之怨〔一四〕，殺本部節度使霸暗并屠其家以叛，阻卜執阿里底以獻，而沿邊諸部皆叛。

十二月丙寅，奉遷南京諸帝石像于中京觀德殿，景宗及宣獻皇后于上京五鸞殿。壬申，振奉聖州饑民。庚辰，賜皇弟秦晉國王隆慶鐵券。癸未，劉晨言殿中高可垣〔一五〕、中京留守推官李可舉治獄明允，詔超遷之。甲申，詔諸道水蓄饑民質男女者，起來年正月，日計傭錢十文，價折傭盡，遣還其家。歸州言其居民本新羅所遷，未習文字，請設學以教之，詔允所請。貴德、龍化、儀坤、雙、遼、同、祖七州，至是有詔始征商。己丑，詔諸鎮建宣敕樓。

二年春正月癸巳朔，以裴玄感爲翰林承旨，邢祥給事中，石用中翰林學士，呂德推樞密直學士，張儉政事舍人，邢抱質加開府儀同三司、守司空兼侍中，王繼忠中京留守、檢校太師，户部侍郎劉涇加工部尚書，駙馬蕭紹宗加檢校太師，耶律控温加政事令，封幽王〔一六〕。丁未，如瑞鹿原。北院樞密使耶律化哥封豳王。以馬氏爲麗儀〔一七〕，耿氏淑儀，尚寢白氏昭儀，尚服李氏順儀，尚功艾氏芳儀，尚儀孫氏和儀。己未，録囚。烏古、敵烈叛，右皮室詳穩延壽率兵討之。是月，達旦國兵圍鎮州，州軍堅守，尋引去。

二月丙子，詔以麥務川爲象雷縣，女河川爲神水縣，羅家軍爲閭山縣，山子川爲富庶縣，習家砦爲龍山縣，阿覽峪爲勸農縣，松山川爲松山縣，金甸子爲金原縣〔一八〕。壬午，遣北院樞密副使高正按察諸道獄。

三月壬辰朔，化哥以西北路略平，留兵戍鎮州，赴行在。

夏四月甲子，拜日。詔從上京請，以韓斌所括贍國、撻魯河、奉豪等州户二萬五千四百有奇〔一九〕，置長霸、興仁、保和等十縣〔二〇〕。丙子，如緬山。

五月辛卯朔，復命化哥等西討。

六月辛酉朔，遣中丞耶律資忠使高麗，取六州舊地〔二一〕。

秋七月壬辰，烏古、敵烈皆復故疆。乙未，西南招討使、政事令斜軫奏〔二二〕，党項諸部叛者皆遁黄河北模赧山，其不叛者曷黨、烏迷兩部因據其地，今復西遷，詰之則曰逐水草。不早圖之，後恐爲患。又聞前後叛者多投西夏，西夏不納。詔遣使再問西遷之意，若歸故地，則可就加撫諭。使不報，上怒，欲伐之。遂詔李德昭：「今党項叛，我欲西伐，爾當東擊，毋失掎角之勢。」仍命諸軍各市肥馬。丁酉，以惕隱耶律滌洌爲南府宰相，太尉五哥爲惕隱〔二三〕。癸卯，鈎魚曲溝。戊申，詔以敦睦宫子錢振貧民。己酉，化哥等破阻卜酋長烏八之衆。丁卯〔二四〕，封皇子宗訓大内惕隱。

八月壬戌，遣引進使李延弘賜夏國王李德昭及義成公主車馬。己丑，耶律資忠使高麗還。

冬十月己未朔，畋鹿井之北。命耶律阿營等使宋賀生辰〔二五〕。辛酉，駐蹕長濼。丙寅，詳穩張馬留獻女直人知高麗事者。上問之，曰：「臣三年前爲高麗所虜，爲郎官，故知之。自開京東馬行七日，有大砦，廣如開京，旁州所貢珍異，皆積于此。勝、羅等州之南，亦有二大砦，所積如之。若大軍行由前路，取曷蘇館女直北，直渡鴨淥江，並大河而上，至郭州與大路會，高麗可取而有也。」上納之。

十一月甲午，録囚。癸丑，樞密使豳王化哥以西征有罪，削其官封，出爲大同軍節度使。

十二月甲子，以北院大王耶律世良爲北院樞密使，封岐王。以宰臣劉晟監修國史，牛璘爲彰國軍節度使，蕭孝穆爲西北路招討使。

放進士鮮于茂昭等六人及第。

三年春正月己丑，録囚。阻卜酋長烏八來朝，封爲王。乙未，如渾河。丁酉，女直及鐵驪各遣使來貢。是夕，彗星見西方。丙午，畋潢河濱。壬子，帝及皇后獵瑞鹿原。

二月戊午，詔增樞密使以下月俸。甲子，遣上京副留守耶律資忠復使高麗取六州舊地。

三月庚子，遣耶律世良城招州。戊申，南京、奉聖、平、蔚、雲、應、朔等州置轉運使。

夏四月戊午，詔南京管内毋淹刑獄，以妨農務。癸亥，烏古叛。乙亥，沙州回鶻曹順遣使來貢。丙子，以西北路招討都監蕭孝穆爲北府宰相〔二六〕。

五月乙酉朔〔二七〕，清暑緬山。

六月乙亥，合拔里、乙室二國舅爲一帳，以乙室夷离畢蕭敵烈爲詳穩以總之。甲申，封皇姪胡都古爲廣平郡王。

是夏，詔國舅詳穩蕭敵烈、東京留守耶律團石等討高麗，造浮梁于鴨渌江，城保、宣義、定遠等州〔二八〕。

秋七月乙酉朔，如平地松林。壬辰，詔政事省、樞密院，酒間授官釋罪，毋即奉行，明日覆奏。

八月甲寅朔，幸沙嶺。

九月丁酉，八部敵烈殺其詳穩稍瓦，皆叛，詔南府宰相耶律吾剌葛招撫之。辛亥，釋敵烈數人，令招諭其衆。壬子，耶律世良遣使獻敵烈俘。

冬十月甲寅朔，幸中京。丙子，以旗鼓拽剌詳穩題里姑爲奚六部大王〔二九〕。

放進士張用行等三十一人及第出身。

四年春正月乙酉，如瑞鹿原。丙戌，詔耶律世良再伐迪烈得。戊子，命詳穩拔姑瀦水瑞鹿原〔三〇〕，以備春蒐。丁酉，獵馬蘭淀。壬寅，東征。東京留守善寧、平章涅里衮奏，已總大軍及女直諸部兵分道進討，遂遣使齎密詔軍前。

二月壬子朔，如薩堤濼。于闐國來貢。

夏四月癸丑，以林牙建福爲北院大王。甲寅，蕭敵烈等伐高麗還。丙辰，曷蘇館部請括女直王殊只你户舊無籍者，會其丁入賦役，從之。樞密使貫寧奏大破八部迪烈得，詔侍御撒剌獎諭，代行執手之禮。丙寅，耶律世良等上破阻卜俘獲數。戊辰，駐蹕沿柳湖。己巳，女直遣使來貢。壬申，耶律世良討烏古，破之。甲戌，遣使賞有功將校。世良討迪烈得至清泥堝〔三一〕。時于厥既平，朝廷議内徙其衆，于厥安土重遷，遂叛。世良懲創，既破迪烈得，輒殲其丁壯。勒兵渡曷剌河，進擊餘黨，斥候不謹，其將勃括聚兵稠林中，擊遼軍不備。遼軍小却，結陣河曲。勃括是夜來襲。翌日，遼後軍至。勃括誘于厥之衆皆遁，世良追之，軍至險阨，勃括方阻險少休，遼軍偵知其所，世良不亟掩之，勃括輕騎遁去。獲其輜重及所誘于厥之衆，併遷迪烈得所獲轄麥里部民，城臚朐河上以居之。是月，蕭楊哥尚南平郡主。

五月辛巳，命北府宰相劉晟爲都統〔三二〕，樞密使耶律世良爲副，殿前都點檢蕭屈烈爲都監以伐高麗〔三三〕。晟先携家置邊郡，致緩師期，追還之。以世良、屈烈總兵進討。以耶律德政爲遼興軍節度使，蕭年骨烈天城軍節度使。李仲舉卒，詔賻恤其家。

六月庚戌，上拜日如禮。以麻都骨世勳，易衣馬爲好。以上京留守耶律八哥爲北院樞密副使。

秋七月，上又拜日，遂幸秋山。

自八月射鹿至于九月，復自癸丑至于辛酉，連獮于有柏、碎石、太保、響應、松山諸山。丁卯，與夷离畢、兵部尚書蕭榮寧定爲交契，以重君臣之好。丙子，以旗鼓拽剌詳穩題里姑爲六部奚王。

冬十月，駐蹕撻刺割濼。

十一月庚申，詔汰東京僧，及命上京、中京洎諸宫選精兵五萬五千人以備東征。

十二月，南巡海徼。還，幸顯州。

五年春正月丁未，北幸。庚戌，耶律世良、蕭屈烈與高麗戰于郭州西，破之，斬首數萬級，盡獲其輜重。乙卯，師次南海軍，耶律世良薨于軍。癸酉，駐蹕雪林。

二月己卯，阻卜長來朝。辛巳，如薩堤濼。庚寅，以前東京統軍使耶律韓留爲右夷离畢。戊戌，皇子宗真生。

三月乙卯，鼻骨德長撒保特、賽刺等來貢。辛酉，諸道獄空，詔進階賜物。丙寅，以前北院大王耶律敬温爲阿扎割只。辛未，党項魁可來降。

夏四月乙亥，振招州民。戊寅，以左夷离畢蕭合卓爲北院樞密使，曷魯寧爲副使。庚辰，清暑孤樹淀。

五月甲子，尚書蕭姬隱坐出使後期，削其官。丁卯，以耿元吉爲户部使。

六月，以政事舍人吴克昌按察霸州刑獄。丁丑，回鶻獻孔雀。

秋七月甲辰，獵于赤山。

八月丙子，幸懷州，有事于諸陵。戊寅，還上京。

九月癸卯，皇弟南京留守秦晉國王隆慶來朝，上親出迎勞至實德山，因同獵于松山。乙丑，駐蹕杏堝。

冬十月甲午，封秦晉國王隆慶長子查割中山郡王，次子遂哥樂安郡王。

十一月辛丑，以參知政事馬保忠同知樞密院事、監修國史。丁巳，以北面林牙蕭隈洼爲國舅詳穩。

十二月乙酉，秦晉國王隆慶還，至北安薨，訃聞，上爲哀慟，輟朝七日。丁酉，宋遣張遜、王承德來賀千齡節〔三四〕。

是歲，放進士孫傑等四十八人及第。

六年春正月癸卯，如錐子河。

二月甲戌，以公主賽哥殺無罪婢，駙馬蕭圖玉不能齊家，降公主爲縣主，削圖玉同平章事。丁丑〔三五〕，詔國舅帳詳穩蕭隗洼將本部兵東征高麗，其國舅司事以都監攝之。庚辰，以南面林牙涅合爲南院大王。

三月乙巳，如顯州，葬秦晉國王隆慶。有事于顯、乾二陵。追册隆慶爲太弟。

夏四月辛卯，封隆慶少子謝家奴爲長沙郡王，以樞密使漆水郡王耶律制心權知諸行宮都部署事。壬辰，禁命婦再醮。丙申，如涼陘。

五月戊戌朔，樞密使蕭合卓爲都統，漢人行宮都部署王繼忠爲副，殿前都點檢蕭屈烈爲都監以伐高麗。翌日，賜合卓劍，俾得專殺。丙午，録囚。己酉，設四帳都詳穩。甲寅，以南京統軍使蕭惠爲右夷离畢。乙卯，祠木葉山、潢河。乙丑，駐蹕九層臺。

六月戊辰朔，德妃蕭氏賜死，葬兔兒山西。後數日，大風起塚上，晝暝〔三六〕，大雷電而雨不止者踰月。是月，南京諸縣蝗。

秋七月辛亥，如秋山。遣禮部尚書劉京〔三七〕、翰林學士吴叔達、知制誥仇正己、起居舍人程翥、吏部員外郎南承顔、禮部員外郎王景運分路按察刑獄。辛酉，以西南路招討請，置寧仁縣于勝州〔三八〕。

九月庚子，還上京，以皇子屬思生，大赦。丁未，以駙馬蕭璉、節度使化哥、知制誥仇正己、楊佶充賀宋生辰正旦使副〔三九〕。乙卯，蕭合卓等攻高麗興化軍不克，還師。

冬十月丁卯，南京路饑，輓雲、應、朔、弘等州粟振之。辛未，獵鏵子河。庚寅，駐蹕達離山。

十一月乙卯，建州節度使石匡弼卒。

十二月丁卯，上輕騎還上京。戊子，宋遣李行簡、張信來賀千齡節〔四〇〕。翌日，宋馮元、張綸來賀正旦。

校勘記

〔一〕宋遣王隨王儒等來弔祭　「王儒」，疑當作「王曙」。按長編卷七二大中祥符二年十二月甲辰，契丹國母蕭氏卒，命王隨、郭允恭爲祭奠使，王曙、王承瑾爲弔慰使。又晁公武郡齋讀書志卷七僞史類有戴斗奉使録二卷，謂王曙景德三年爲契丹主生辰使、大中祥符三年爲弔慰使時所作。

〔二〕遣左龍虎衞上將軍蕭合卓饋大行皇太后遺物于宋仍遣臨海軍節度使蕭虛列左領軍衞上將軍張崇濟謝宋弔祭　據長編卷七四大中祥符三年九月丙戌，契丹主遣臨海節度使蕭曷領、給事中室程奉其母遺物來上，又遣左威衞上將軍蕭善寧、左領衞大將軍張崇濟謝賻禮。按本書卷八一蕭合卓傳謂其字合魯隱，「曷領」蓋即「合魯隱」之異譯。又「蕭善寧」即「蕭虛列」。

〔三〕高麗西京留守康肇弒其主誦擅立誦從兄詢　「西京留守康肇」，高麗史卷三穆宗世家穆宗十二年正月作「西京都巡檢使康兆」，東國通鑑卷一五高麗紀穆宗宣讓王十二年正月庚午作「西北面巡檢使康兆」。又「誦從兄詢」，據高麗史及宣和奉使高麗圖經卷二世次，詢當爲誦之從弟。參見本書卷一一五二國外記校勘記〔八〕。

〔四〕退保銅州　「銅州」，本書卷一一五高麗外記同，高麗史卷四顯宗世家一顯宗元年十一月己亥、東國通鑑卷一五高麗紀顯宗元文王二元年十一月丁酉均作「通州」。又據長編卷七四大中祥符三年十一月壬辰、宋史卷四八七高麗傳，是時高麗於北邊築通州等六城。此處「銅州」當爲「通州」之誤。

〔五〕右皮室詳穩耶律敵魯擒肇及副將李立　「李立」，本書卷八八耶律的琭傳及耶律盆奴傳並作「李玄蘊」，高麗史卷九四智蔡文傳、東國通鑑卷一五高麗紀顯宗元文王二元年十一月丁酉作「李鉉雲」。

〔六〕銅霍貴寧等州皆降　高麗史卷五八地理志三安北大都護府下有「郭」、「龜」二州，羅校謂此處「霍」、「貴」蓋其音誤。

〔七〕守將卓思正殺遼使者韓喜孫等十人　「卓思正」，高麗史卷九四智蔡文傳、東國通鑑卷一五高麗紀顯宗元文王二元年十二月庚戌均作「卓思政」，且謂其擊斬韓杞等百餘人。羅校疑「韓喜孫」即「韓杞」。

〔八〕韓王耶律室魯薨　此事繫年疑誤。按本書卷八一耶律室魯傳，室魯生於保寧三年（九七一），後從聖宗獵松林，至沙嶺卒，年四十四。又下文開泰三年（一〇一四）七月乙酉，聖宗如平地松林，八月甲寅幸沙嶺。室魯時年四十四，則理應卒於開泰三年八月。

〔九〕宋遣趙湘符成翰來賀　「符成翰」，長編卷七六大中祥符四年九月己丑作「符承翰」。又長編卷八二大中祥符七年三月壬子及宋會要職官四之四〇亦有「符承翰」。

〔一〇〕獵于買曷魯林　「買曷魯林」，本書卷六八遊幸表作「賈曷魯林」。

〔一一〕命耶律釋身奴李操充賀宋生辰國信使副蕭涅衮齊泰賀宋正旦使副　據長編卷七九大中祥符五年十一月戊午、十二月戊子，契丹遣耶律寧、李道紀來賀承天節，蕭衮、齊泰來賀明年正旦。

〔一二〕十一月甲午朔　「十一月」，原作「十月」，據大典卷五二四九引遼史聖宗紀及上下文改。按本書卷四四朔考，是年十一月甲午朔。

〔一三〕文武百官加上尊號曰弘文宣武尊道至德崇仁廣孝聰睿昭聖神贊天輔皇帝　「尊道」，明鈔本作「尊德」。本書卷一六聖宗紀七太平元年十一月所上尊號作「遵道」，宋大詔令集卷二二八載宋乾興元年（遼太平二年）與契丹國書所記聖宗尊號作「宗道」，太平十一年聖宗皇帝哀册所記尊號亦作「宗道」。

〔一四〕西北招討使蕭圖玉奏七部太師阿里底因其部民之怨　「七部太師」，本書卷九三蕭圖玉傳作「石烈太師」。

〔一五〕劉晨言殿中高可垣　馮校謂「劉晨」當作「劉晟」，疑是。又「高可垣」，本書卷四七百官志三南面朝官作「高可恒」。

〔一六〕耶律控温加政事令封幽王　「幽王」，疑當作「豳王」。按據本書卷九四耶律化哥傳，化哥字弘隱，「控温」即「弘隱」之異譯。傳謂開泰元年伐阻卜有功，因封豳王。此與下文耶律化哥封幽王爲重出。

〔一七〕以馬氏爲麗儀　「馬氏」，本書卷六五公主表「聖宗十四女」欄下，稱「馬氏生一女」，當即此麗儀馬氏。然大典卷五二四九引遼史聖宗紀作「馮氏」。

〔一八〕金甸子爲金原縣　「金原縣」，本書卷三九地理志三中京道及金史卷二四地理志上北京路並作「金源縣」。

〔一九〕以韓斌所括贍國撻魯河奉豪等州户二萬五千四百有奇　地理志無「奉州」，羅校疑「奉」爲「泰」之誤。

〔二〇〕置長霸興仁保和等十縣　本書卷三七地理志一上京道謂長霸縣民遷自龍州長平縣，保和縣統和八年以諸宫提轄司人户置，與此不合。

〔二一〕遣中丞耶律資忠使高麗取六州舊地　「耶律資忠」，高麗史卷四顯宗世家一及崔士威廟誌所記此事均作「耶律行平」。

〔二二〕西南招討使政事令斜軫奏　「斜軫」，疑當作「蕭排押」。按本書卷一四聖宗紀五，耶律斜軫已卒於統和十七年九月。據卷八八蕭排押傳，排押於統和十五年加政事令，開泰二年以宰相知西南面招討使。又據二人本傳及卷八景宗紀上保寧八年六月，知斜軫、排押皆字韓隱，且均曾任西南面招討使，蓋易致混淆。

〔二三〕太尉五哥爲惕隱　下文謂「封皇子宗訓大内惕隱」。按本書卷六四皇子表，聖宗第四子吴哥，字洪隱，開泰二年爲惕隱。此「五哥」即「吴哥」，「惕隱」即「大内惕隱」，「宗訓」蓋爲吴哥漢名，則此二事當係重出。

〔二四〕丁卯　疑當作「乙卯」。按本書卷四四朔考，是月辛卯朔，月内無丁卯。

〔二五〕命耶律阿營等使宋賀生辰　「阿營」，大典卷五二四九引遼史聖宗紀作「阿管」。長編卷八一大中祥符六年十一月甲寅作「阿果」，蓋係四庫館臣改譯。按「管」、「果」音近，當以「阿管」爲是。

〔二六〕以西北路招討都監蕭孝穆爲北府宰相　「西北路招討都監」疑誤。按上文開泰二年十二月以蕭孝穆爲西北路招討使，本書卷八七蕭孝穆傳謂其統和二十八年累遷西北路招討都監，開泰中以功遷九水諸部安撫使，尋拜北府宰相。

〔二七〕五月乙酉朔　本書卷四四朔考，耶律儼、陳大任均作丙戌朔，宋曆作乙酉朔。

〔二八〕城保宣義定遠等州　本書卷三八地理志二，保州宣義軍，高麗置，開泰三年取其地；宣州定遠軍，開泰三年置，隸保州。則「宣義」即保州，「定遠」即宣州。中國歷史地圖集釋文彙編東北卷疑宣義州省稱宣州，即高麗史所稱之宣化鎮；定遠州省稱定州，即高麗史所稱之定遠鎮。

〔二九〕以旗鼓拽剌詳穩題里姑爲奚六部大王　此事又見於下文開泰四年九月，本書卷六九部族表亦繫於四年九月，疑此係一事重出。

〔二〇〕命詳穩拔姑瀦水瑞鹿原　「瀦」，原作「溺」，據大典卷五二二四九引遼史聖宗紀改。

〔二一〕世良討迪烈得至清泥堝　「清泥堝」，大典卷五二二四九引遼史聖宗紀作「溝泥堝」。

〔二二〕命北府宰相劉晟爲都統　「劉晟」，本書卷一一五高麗外記作「劉慎行」。又據卷八六劉六符傳及卷九四耶律世良傳，是年伐高麗，慎行坐失軍期，其事與紀合。因知「劉晟」、「劉慎行」係一人，蓋本名劉晟，字慎行。傅樂煥遼史複文舉例疑陳大任遼史避金太宗諱，改稱「慎行」。

〔二三〕殿前都點檢蕭屈烈爲都監以伐高麗　「蕭屈烈」，本書卷一一五高麗外記作「蕭虛烈」，卷一六聖宗紀七開泰七年十月丙辰作「蕭虛列」，卷七〇屬國表則作「蕭善寧」。前者爲契丹語小名，後者爲第二名。

〔二四〕宋遣張遜王承德來賀千齡節　長編卷八八大中祥符九年九月己酉謂宋遣薛映、劉承宗賀契丹國主生辰，張士遜、王承德賀正旦。張士遜，宋史卷三一一有傳。此處「張遜」當爲「張士遜」之誤，且誤正旦使爲生辰使。

〔二五〕丁丑　「丁」字原闕，據大典卷五二二四九引遼史聖宗紀及明鈔本、南監本、北監本、殿本補。

〔二六〕晝暝　原作「書暝」，據大典卷五二二四九引遼史聖宗紀及南監本、北監本、殿本改。按明鈔本作「晝夜」。

〔二七〕遣禮部尚書劉京　本書卷四八百官志四云：「開泰五年遣劉涇等分路按察刑獄。」卷四七百官志三又謂劉涇爲禮部尚書。據聖宗紀，統和九年閏二月壬申遣給事中劉京等分決諸道滯獄，開泰二年正月癸巳以户部侍郎劉涇加工部尚書，太平三年六月戊申以南院宣徽使劉涇參知政事，五年十二月庚午以參知政事劉京爲順義軍節度使。此「劉京」、「劉涇」當爲一人，蓋音近混用。

〔三八〕置寧仁縣于勝州　「寧仁縣」，本書卷四一地理志五西京道作「寧人縣」，隸雲内州，又「勝州」作「東勝州」。金史卷二四地理志上西京路謂雲内州舊有寧仁縣。

〔三九〕以駙馬蕭璉節度使化哥知制誥仇正己楊佶充賀宋生辰正旦使副　長編卷九〇天禧元年十一月壬戌、十二月己丑，契丹遣右監門衛上將軍耶律準、刑部郎中知制誥仇正己來賀宋主承天節，長寧節度使蕭質、禮部侍郎知制誥楊佶來賀明年正旦。蓋蕭質即蕭璉，耶律準即化哥。

〔四〇〕宋遣李行簡張信來賀千齡節　「張信」，疑當作「張佶」。按長編卷九〇天禧元年九月甲寅作「張佶」，宋史卷三〇八張佶傳亦云天禧初爲契丹國信副使。

遼史卷十六

本紀第十六

聖宗七

七年春正月甲辰，如達離山。

二月乙丑朔，拜日，如渾河。

三月辛丑，命東北越里篤、剖阿里、奥里米、蒲奴里、鐵驪等五部歲貢貂皮六萬五千，馬三百。丙午，烏古部節度使蕭普達討叛命敵烈，滅之。

夏四月，拜日。丙寅，振川、饒二州饑。辛未，振中京貧乏。癸酉，禁匿名書。壬辰，以三司使吕德懋爲樞密副使。

閏月壬子，以蕭進忠爲彰武軍節度使兼五州制置。戊午，吐蕃王并里尊奏，凡朝貢，乞假道夏國，從之。

五月丙寅，皇子宗真封梁王，宗元永清軍節度使〔一〕，宗簡右衞大將軍，宗愿左驍衞大將軍，宗偉右衞大將軍；皇姪宗範昭義軍節度使，宗熙鎮國軍節度使，宗亮絳州節度使，宗弼濮州觀察使，宗奕曹州防禦使，宗顯、宗肅皆防禦使〔二〕。以張儉守司徒兼政事令。

六月丙申〔三〕，品打魯瑰部節度使勃魯里至鼻洒河，遇微雨，忽天地晦冥，大風飄四十三人飛旋空中，良久乃墮數里外。勃魯里幸獲免。一酒壺在地乃不移。八月丙午〔四〕，行大射柳之禮。庚申，以耶律留寧、吴守達使宋賀生辰〔五〕，蕭高九、馬貽謀使宋賀正旦。加平章蕭弘義開府儀同三司、尚父兼政事令。

秋七月甲子，詔翰林待詔陳升寫南征得勝圖於上京五鑾殿。丁卯，蒲奴里部來貢。

九月庚申，蒲昵國使奏本國與烏里國封壤相接，數侵掠不寧，賜詔諭之。戊辰，詔內外官，因事受賕，事覺而稱子孫僕從者，禁之。庚午，録囚。括馬給東征軍。是月，駐蹕土河川。

冬十月，名中京新建二殿曰延慶，曰永安。壬寅，以順義軍節度使石用中爲漢人行宫都部署。丙辰，詔以東平郡王蕭排押爲都統，殿前都點檢蕭虛列爲副統，東京留守耶律八哥爲都監伐高麗。仍諭高麗守吏，能率衆自歸者，厚賞；堅壁相拒者，追悔無及。

十一月壬戌，以吕德懋知吏部尚書，楊又玄知詳覆院〔六〕，劉晟爲霸州節度使，北府宰相劉慎行爲彰武軍節度使〔七〕。庚辰，禁服用明金、縷金、貼金。戊子，幸中京。

十二月丁酉，宋遣吕夷簡、曹璋來賀千齡節〔八〕。是月，蕭排押等與高麗戰于茶、陀二河，遼軍失利，天雲、右皮室二軍没溺者衆，遥輦帳詳穩阿果達、客省使酌古、渤海詳穩高清明、天雲軍詳穩海里等皆死之。

放進士張克恭等三十七人及第。

八年春正月，宋遣陳堯佐、張羣來賀〔九〕。壬戌，鐵驪來貢。建景宗廟于中京。封沙州節度使曹順爲燉煌郡王。

二月丁未，以前南院樞密使韓制心爲中京留守〔一〇〕，漢人行宫都部署王繼忠南院樞密使。丙辰，祭風伯。

三月己未，以契丹弘義宫使赫石爲興聖宫都部署，前遥恩拈部節度使控骨里積慶宫都部署〔一一〕，左祗候郎君耶律罕四捷軍都監。乙亥，東平王蕭韓寧、東京留守耶律八哥、國舅平章事蕭排押、林牙要只等討高麗還〔一二〕，坐失律，數其罪而釋之。己卯，詔加征高麗有功渤海將校官。壬午，閱飛龍院馬。癸未，回跋部太師踏剌葛來貢。丙戌，置東京渤海承奉官都知押班。

夏四月戊子朔，如緬山。

五月壬申，以駙馬蕭克忠爲長寧軍節度使。乙亥，遷寧州渤海户于遼、土二河之間。己卯，曷蘇館惕隱阿不葛、宰相賽剌來貢。

六月戊子，録征高麗戰殁將校子弟。己丑，以左夷离畢蕭解里爲西南面招討使，御史大夫蕭要只爲夷离畢。己亥，惕隱耶律合葛爲南府宰相，南面林牙耶律韓留爲惕隱。癸卯，弛大攞山猿嶺採木之禁。乙巳，以南皮室軍校等討高麗有功，賜金帛有差。

秋七月己未，征高麗戰殁諸將，詔益封其妻。庚申，以東北路詳穩耶律獨迭爲北院大王。辛酉，肴里、涅哥二奚軍征高麗有功，皆賜金帛。癸亥，詔阻卜依舊歲貢馬千七百，駝四百四十，貂鼠皮萬，青鼠皮二萬五千。戊辰，觀稼。己巳，回跋部太保麻門來貢。庚午，觀市，曲赦市中繫囚。命解寧、馬翼充賀宋生辰使副。

八月庚寅，遣郎君曷不吕等率諸部兵會大軍討高麗。

九月己巳，以石用中參知政事。宋遣崔遵度、王應昌來賀千齡節。壬申，録囚。甲戌，復録囚。庚辰，曷蘇館惕隱阿不割來貢。壬午，駐蹕土河川。

冬十月乙酉，詔諸道，事無巨細，已斷者，每三月一次條奏。戊子，遣耶律繼崇、鄭玄瑕賀宋正旦〔一三〕。癸巳，詔橫帳三房不得與卑小帳族爲婚；凡嫁娶，必奏而後行。癸卯，以前北院大王建福爲阿扎割只。甲辰，改東路耗里太保城爲咸州，建節以領之。

十一月甲寅，置雲州宣德縣。

十二月辛卯，駐蹕中京。乙巳，以廣平郡王宗業爲中京留守、大定尹，韓制心爲惕隱。辛亥，高麗王詢遣使乞貢方物，詔納之。

九年春正月，宋遣劉平、張元普來賀。

二月，如鴛鴦濼。

五月庚午，耶律資忠使高麗還，王詢表請稱藩納貢，歸所留王人只剌里〔一四〕。只剌里在高麗六年，忠節不屈，以爲林牙。辛未，遣使釋王詢罪，並允其請。癸酉，以耶律宗教檢校太傅，宗誨啓聖軍節度使，劉晟太子太傅，仍賜保節功臣。

秋七月庚戌朔，日有食之，詔以近臣代拜救日。甲寅，遣使賜沙州回鶻燉煌郡王曹順衣物。以查剌、耿元吉、韓九、宋璋爲來年賀宋生辰正旦使副。

九月戊午，以駙馬蕭紹宗平章事。丁卯，文武百僚奉表上尊號，不許；表三上，迺從之。乙亥，沙州回鶻燉煌郡王曹順遣使來貢。括諸道漢民馬賜東征軍。以夷离畢延寧爲兵馬副都部署，總兵東征。是月，駐蹕金餅濼。宋遣宋綬、駱繼倫賀千齡節〔一五〕。

冬十月戊寅，以涅里爲奚王都監，突迭里爲北王府舍利軍詳穩。郎君老使沙州還，詔釋宿累。國家舊使遠國，多用犯徒罪而有才略者，使還，即除其罪。戊子，西南招討奏党項部有宋犀族輸貢不時，常有他意，宜以時遣使督之。詔曰：「邊鄙小族，歲有常貢。邊臣驕縱，徵斂無度，彼懷懼不能自達耳。第遣清愼官將，示以恩信，無或侵漁，自然效順。」復奏諦居、迭烈德部言節度使韓留有惠政，今當代，請留。上命進其治狀。辛丑，如中京。壬寅，大食國遣使進象及方物，爲子册割請婚。

十一月丁巳，以漆水郡王韓制心爲南京留守、析津尹、兵馬都總管。己未，以夷离畢蕭孝順爲南面諸行宮都部署，加左僕射。

十二月丁亥，禁僧然身煉指。戊子，詔中京建太祖廟，制度、祭器皆從古制。乙巳，詔來年冬行大册禮。

放進士張仲舉等四十五人。

太平元年春正月丁丑朔，宋使魯宗道、成吉來賀。如渾河。

二月乙卯，幸鈹河。壬戌，獵高柳林。

三月戊戌，皇子勃己只生。庚子，駙馬都尉蕭紹業建私城，賜名睦州，軍曰長慶。是月，大食國王復遣使請婚，封王子班郎君胡思里女可老爲公主，嫁之。

夏四月戊申，東京留守奏，女直三十部酋長請各以其子詣闕祗候。詔與其父俱來受約。乙卯，録囚。丁卯，置來州〔一六〕。是月，清暑緬山。

秋七月甲戌朔，賜從獵女直人秋衣。乙亥，遣骨里取石晉所上玉璽于中京。阻卜來貢。辛巳，如沙嶺。是月，獵潢河。

九月，幸中京。

冬十月丁未，敵烈酋長頗白來貢馬、駝。戊申，録囚。壬子，宋使李懿、王仲賓來賀千齡節〔一七〕，及蘇惟甫、周鼎賀來歲元正，即遣蕭善、程翥報聘。党項長曷魯來貢。己未，以薩敏解里爲都點檢，高六副點檢，耶律羅漢奴左皮室詳穩，嗓姑右皮室詳穩，聊了西北路金吾，耶律僧隱御史大夫，求哥駙馬都尉，蕭春、骨里並大將軍。庚申，幸通天觀，觀魚龍曼衍之戲。翌日，再幸。還，升玉輅，自内三門入萬壽殿，奠酒七廟御容，因宴宗室。

十一月癸未，上御昭慶殿，文武百僚奉册上尊號曰睿文英武遵道至德崇仁廣孝功成治定昭聖神贊天輔皇帝〔一八〕，大赦，改元太平，中外官進級有差。宋遣使來聘，夏、高麗遣使來貢。甲申，册皇子梁王宗真爲皇太子。

二年春正月，如納水鉤魚。

二月辛丑朔，駐蹕魚兒濼。

三月甲戌，如長春州。丁丑，宋使薛貽廓來告宋主恒殂，子禎嗣位。遣都點檢耶律僧隱等充宋祭奠使副，林牙蕭日新、觀察馮延休充宋后弔慰使副。戊寅，遣金吾耶律諧領、引進姚居信充宋主弔慰使副。戊子，爲宋主飯三京僧。是月，地震，雲、應二州屋摧地陷，嵬白山裂數百步，泉湧成流。

夏四月，如緬山清暑。

五月乙亥朔〔一九〕，參知政事石用中薨。庚辰，鐵驪遣使獻兀惹十六户。

六月己未〔二〇〕，宋遣使薛由等來饋其先帝遺物〔二一〕。

秋七月己卯，以耶律信寧爲奉陵軍節度使，高麗國參知政事王同穎静海軍節度使〔二二〕，耶律遂忠長寧軍節度使，耿延毅昭德軍節度使〔二三〕，高守貞河西軍節度使。

九月癸巳，遣尚書僧隱、韓格賀宋主即位。壬寅〔二四〕，遣堂後官張克恭充賀夏國王李德昭生日使，耶律掃古、韓王充賀宋太后生日使副〔二五〕，耶律仙寧、史克忠充賀宋正旦使副。是月，駐蹕胡魯古思淀。

冬十月癸卯朔〔二六〕，賜宰臣呂德懋、參知政事吳叔達、樞密副使楊又玄、右丞相馬保忠錢物有差。辛亥，至上京，曲赦畿内囚。

十一月丙戌，宋遣使來謝。

十二月辛丑，高麗王詢薨，其子欽遣使來報，即命使册欽爲高麗國王〔二七〕。甲寅，宋遣劉燁、郭志言來賀千齡節。

是年，放進士張漸等四十七人。

三年春正月丙寅朔，如納水鈎魚。以僧隱爲平章事。乙亥，以蕭臺德爲南王府都監，林牙耶律信寧西北路招討都監。辛巳，賜越國公主私城之名曰懿州，軍曰慶懿。

二月丙申，以丁振爲武信軍節度使，改封蘭陵郡王。戊申，以東平郡王蕭排押爲西南面都招討，進封豳王。

夏四月，以耶律守寧爲都點檢。

五月，清暑緬山。

六月戊申，以南院宣徽使劉涇參知政事，蕭孝惠爲副點檢，蕭孝恭東京統軍兼沿邊巡檢使。戊午，以蕭璉爲左夷离畢，蕭琳爲詳穩。

秋七月戊寅，以南府宰相耶律合葛爲上京留守，封漆水郡王。丙戌，以皇后生辰爲順天節。丁亥，賜緬山名曰永安。是月，獵赤山。

閏九月壬辰〔二八〕，以蕭伯達、韓紹雍充賀宋正旦使副〔二九〕，唐骨德、程昭文賀宋生辰使副〔三〇〕。

冬十月庚辰，宋遣薛奎、郭盛來賀順天節，王臻、慕容惟素賀千齡節。東征軍奏：「統帥諧領、常袞課奴率師自毛母國嶺入，林牙高九、裨將大臣逸等率師鼓山嶺入。閏月未至撻離河〔三一〕，不遇敵而還。以是月會於弘怕只嶺，駝、馬死者甚衆。」駐蹕遼河。

十一月辛卯朔，以皇姪宗範爲歸德軍節度使，北府宰相蕭孝穆南京留守、封燕王，南京留守韓制心南院大王、兵馬都總管，仇正燕京轉運使〔三二〕。

十二月壬戌，以宗範爲平章事、封三韓郡王，仇道衡中京副留守，馮延休順州刺史，郎玄化西山轉運使〔三三〕，趙其樞密直學士。丁卯，以蕭永爲太子太師。己卯，封皇子重元秦國王。

四年春正月庚寅朔，宋遣張傳、張士禹、程琳、丁保衡來賀〔三四〕。如鴨子河。

二月己未，獵撻魯河。詔改鴨子河曰混同江，撻魯河曰長春河。

三月戊子，千齡節〔三五〕，詔賜諸宮分耆老食。

夏四月癸酉，以右丞相馬保忠之子世弘使嶺表，至平地松林，爲盜所殺，特贈昭信軍節度使。

五月，清暑永安山。

六月己未〔三六〕，南院大王韓制心薨。戊辰，以鄭弘節爲兵部郎中，劉慎行順義軍節度使。辛未，以燕王蕭孝穆子順爲千牛衛將軍。甲戌，以中山郡王查哥爲保靜軍節度使，樂安郡王遂哥廣德軍節度使，蕭解里彰德軍節度使。庚辰，以遼興軍節度使周王胡都古爲臨海軍節度使，漆水郡王敵烈南院大王。

秋七月，如秋山。

八月丙辰，以韓紹芳爲樞密直學士，駙馬蕭匹敵都點檢。

九月，以駙馬蕭紹宗爲武定軍節度使〔三七〕，耶律宗福安國軍節度使。

冬十月，駐蹕遼河。宋遣蔡齊、李用和來賀千齡節。

十一月，追封南院大王韓制心爲陳王。

十二月，以蕭從政爲歸義軍節度使，康筠監門衛，充賀宋正旦使副〔三八〕。

是年，放進士李烱等四十七人。

校勘記

〔一〕宗元永清軍節度使　咸雍八年耶律仁先墓誌及長編卷一七七至和元年九月辛巳、契丹國志卷八興宗文成皇帝重熙十三年均有名「宗元」者，皆指聖宗子「重元」（參見本書卷一一二逆臣傳上校勘記〔六〕）。然本卷下文太平元年三月戊戌「皇子勃己只生」，「勃己只」即重元之契丹語名，知其太平元年始生，則此處「宗元」或有訛誤。

〔二〕宗顯宗肅皆防禦使　「宗肅」，原作「宗蕭」。按馮校、羅校均謂「宗蕭」當作「宗肅」。今據改。

〔三〕六月丙申　「六月」二字原闕。按本書卷四四朔考，五月壬戌朔，六月壬辰朔，丙申爲六月五日。今據補。

〔四〕八月丙午　「八月丙午」四字夾於上文六月與下文七月之間，按六月壬辰朔，丙午爲十五日，下文庚申爲二十九日。又八月庚寅朔，無庚申日。此處「八月」二字疑衍，或此句應在七月、九月之間。

〔五〕以耶律留寧吴守達使宋賀生辰　「吴守達」，疑當作「吴叔達」。按長編卷九二天禧二年十一月丙戌作「吴叔達」。又本書卷一五聖宗紀六開泰六年七月辛亥，太平二年十月、五年五月、六年三月戊寅及卷八〇張儉傳亦皆作「吴叔達」。

〔六〕楊又玄知詳覆院　「楊又玄」，原作「楊人玄」，據明鈔本、南監本、北監本、殿本及下文太平二年十月改。參見本書卷一四聖宗紀五校勘記〔一二〕。

〔七〕劉晟爲霸州節度使北府宰相劉慎行爲彰武軍節度使　劉慎行即劉晟，彰武軍即霸州，此係一事重出。參見本書卷一五聖宗紀六校勘記〔三二〕。

〔八〕宋遣呂夷簡曹璋來賀千齡節　「曹璋」，疑當作「曹琮」。按長編卷九二天禧二年九月甲申作「曹琮」，宋史卷二五八有傳。

〔九〕宋遣陳堯佐張羣來賀　「張羣」，長編卷九二天禧二年九月甲申作「張君平」。按張君平宋史卷三二六有傳，蓋「平」、「羊」形似致誤，又誤合寫爲「羣」。

〔一〇〕以前南院樞密使韓制心爲中京留守　「制心」，原作「製心」，下文開泰八年十二月乙巳、九年十一月丁巳，太平三年十一月辛卯、四年六月己未及十一月亦同。按韓制心乃韓德讓從子，賜姓耶律，韓椅墓誌稱其「諱遂貞，賜名直心」，「直心」即「制心」異譯；又本書卷八二本傳、卷一五聖宗紀六開泰六年四月辛卯亦作「制心」。今據改。下同改。

〔一一〕前遥恩拈部節度使控骨里積慶宫都部署　「遥恩拈部」，本書卷四六百官志二作「遥思拈部」，「思」、「恩」二字或有一誤。

〔一二〕東平王蕭韓寧東京留守耶律八哥國舅平章事蕭排押林牙要只等討高麗還　本書卷八八蕭排押傳，排押字韓隱，開泰五年進王東平。「韓寧」即「韓隱」之異譯，知蕭韓寧即蕭排押，此係重出。

〔一三〕遺耶律繼崇鄭玄瑕賀宋正旦　長編卷九四天禧三年十二月戊辰，「繼崇」作「繼宗」，「玄瑕」作「去瑕」。

〔一四〕耶律資忠使高麗還王詢表請稱藩納貢歸所留王人只剌里　本書卷八八耶律資忠傳，資忠小字札剌，「只剌里」即「札剌」異譯，此係重出。

〔一五〕宋遣宋綬駱繼倫賀千齡節　「駱繼倫」，長編卷九六天禧四年九月辛酉作「譚倫」。據宋史卷二七五譚延美傳，延美有子繼倫。此處「駱繼倫」或爲「譚繼倫」之誤。

〔一六〕置來州　「來州」，原作「萊州」，據本書卷三九地理志三，卷二九天祚皇帝紀三保大三年二月乙酉、四年七月，卷三一營衛志上，卷四八百官志四及卷一一〇耶律乙辛傳改。

〔一七〕宋使李懿王仲賓來賀千齡節　「李懿」疑當作「李諮」，「王仲賓」疑當作「王仲寶」。按長編卷九七天禧五年九月甲申作「李諮」、「王仲寶」。又李諮、王仲寶傳分見於宋史卷二九一、卷三二五。

〔一八〕睿文英武遵道至德崇仁廣孝功成治定昭聖神贊天輔皇帝　「遵道」，本書卷一五聖宗紀六開泰元年十一月甲午所上尊號作「尊道」；太平十一年聖宗皇帝哀册及宋大詔令集卷二二八乾興元年（遼太平二年）二月與契丹遺書、即位報契丹書、與契丹告哀書皆作「宗道」，且「治定」後均多出「啓元」二字。

〔一九〕五月乙亥朔　疑文有訛誤。按本書卷四四朔考，五月己巳朔，乙亥爲初七日。又下文十月癸卯朔亦誤。按朔考太平元年五月乙亥朔、十月癸卯朔，宋遼金元四史朔閏考卷一錢侗注謂聖宗紀太平二年五、六、九、十月皆誤用元年之朔日，因有此失。

〔一〇〕六月己未　「己未」，原作「乙未」。按本書卷四四朔考，六月己亥朔，月内有己未，無乙未。今據改。

〔一一〕宋遣使薛由等來饋其先帝遺物　「薛由」，疑當作「薛田」。按長編卷九八乾興元年二月丙寅作「薛田」，宋史卷三〇一有傳。

〔一二〕高麗國參知政事王同顯靜海軍節度使　羅校疑王同顯即紀統和十五年之高麗使者王同穎，蓋後留仕於遼。

〔一三〕耿延毅昭德軍節度使　疑文有訛誤。按耿延毅墓誌，延毅已卒於開泰八年。

〔一四〕壬寅　本書卷四四朔考，九月戊辰朔，月内無壬寅。此處蓋史官誤用太平元年九月甲戌朔，因有此失。

〔一五〕耶律掃古韓王充賀宋太后生日使副　長編卷一〇〇天聖元年正月庚午，「耶律掃古」作「蕭師古」，「韓王」作「韓玉」。

〔一六〕冬十月癸卯朔　本書卷四四朔考，是年十月丁酉朔，癸卯爲初七日。此處蓋史官誤用太平元年十月癸卯朔，因有此失。

〔一七〕高麗王詢薨其子欽遣使來報即命使册欽爲高麗國王　據高麗史卷五顯宗世家二，王詢卒於顯宗二十二年（遼太平十一年）五月辛未，此處所記有誤。又顯宗十四年（遼太平三年）四月庚子謂遼遣使册高麗太子王欽爲高麗國公，此處作「國王」疑誤。

〔二八〕閏九月壬辰　「九」字原脱，據本書卷四三閏考及卷四四朔考補。

〔二九〕以蕭伯達韓紹雍充賀宋正旦使副　長編卷一〇一天聖元年十二月甲申，契丹賀正旦使副爲彰武節度使蕭昭古、靈州觀察使劉彝範。

〔三〇〕唐骨德程昭文賀宋生辰使副　長編卷一〇〇天聖元年四月甲辰，契丹遣彰武節度使耶律唐古特、寧州防禦使成昭文來賀乾元節。按仁宗乾元節爲四月十四日，長編謂遼使是年四月來賀，本書則謂閏九月始遣生辰使，恐不確。又「程昭文」與「成昭文」兩歧，未知孰是。

〔三一〕閏月未至撻離河　「閏月未至」殊不可解。按「未」字或係「末」字之訛，即指閏九月末而言，或「未」字上闕一天干字。

〔三二〕南京留守韓制心南院大王兵馬都總管仇正燕京轉運使　韓橁墓誌稱制心爲「四十萬兵馬都總管兼侍中、南大王」，則此「兵馬都總管」當屬制心所任官。仇正，疑即本書卷一五聖宗紀六開泰六年七月及九月之仇正己。

〔三三〕郎玄化西山轉運使　「西山」疑爲「山西」之倒誤。參見本書卷四八百官志四校勘記〔一九〕。

〔三四〕宋遣張傳張士禹程琳丁保衡來賀　長編卷一〇一天聖元年（遼太平三年）九月戊子，宋以程琳、丁保衡爲賀遼正旦使副；卷一〇二天聖二年（遼太平四年）九月癸卯，宋以張傳、張士禹爲賀遼正旦使副。此處蓋誤合爲一事。

〔三五〕三月戊子千齡節　疑文有訛誤。按本書卷八景宗紀上，聖宗生於保寧三年十二月己丑。卷一〇聖宗紀一統和元年九月辛未，「有司請以帝生日爲千齡節，從之」。又聖宗紀各年十二月屢見宋使來賀千齡節事。

〔三六〕六月己未　「六月」二字原闕。按本書卷四四朔考，六月丁巳朔，己未爲初三日。又下文戊辰、辛未、甲戌、庚辰，均屬六月。今據補。

〔三七〕以駙馬蕭紹宗爲武定軍節度使　「武定軍」，原作「定武軍」，據明鈔本、南監本、北監本、殿本改。按重熙七年蕭紹宗墓誌亦作「武定軍」。

〔三八〕以蕭從政爲歸義軍節度使康筠監門衛充賀宋正旦使副　長編卷一〇二天聖二年十二月己卯，契丹賀正旦使副爲右監門衛上將軍蕭倖、高州觀察使李延。

遼史卷十七

本紀第十七

聖宗八

五年春正月乙酉，如混同江。

二月戊午，禁天下服用明金及金線綺；國親當服者，奏而後用。是月，如魚兒濼。

三月壬辰，以左丞相張儉爲武定軍節度使、同政事門下平章事，鄭弘節臨潢少尹，劉慎行遼興軍節度使，武定軍節度使蕭匹敵契丹行宮都部署，樞密副使楊又玄吏部尚書、參知政事兼樞密使。是月，如長春河魚兒濼，有聲如雷，其水一夕越沙岡四十里〔一〕，別爲一陂。

夏五月，清暑永安山。以蕭從順爲太子太師〔二〕，吴叔達翰林學士，道士馮若谷加太子中允，耶律晨武定軍節軍使，張儉彰信軍節度使〔三〕，吕士宗禮部員外郎，李可舉順義軍節度使。

秋七月，獵平地松林。

九月，駐蹕南京。己亥，以蕭迪烈、李紹琪充賀宋太后生辰使副，耶律守寧、劉四端充賀宋主生辰使副〔四〕。

冬十月辛未，宋太后遣馮元宗、史方來賀順天節〔五〕。

十一月庚子，幸内果園宴，京民聚觀。求進士得七十二人，命賦詩，第其工拙，以張昱等一十四人爲太子校書郎，韓欒等五十八人爲崇文館校書郎。辛丑，以左祗候郎君詳穩蕭羅羅爲右夷离畢。

十二月丁巳，以漢人行宫都部署蕭孝先爲上京留守，皇姪長沙郡王謝家奴匡義軍節度使，耶律仁舉興國軍節度使。甲子，蕭守寧爲點檢侍衛親軍馬步軍。乙丑，北院樞密使蕭合卓薨。戊辰〔六〕，以北府宰相蕭普古爲北院樞密使。己巳，遣蕭諧、李琪充賀宋正旦使副〔七〕。庚午，以參知政事劉京爲順義軍節度使。乙亥，宋使李維、張綸來賀千齡節。是歲，燕民以年穀豐熟，車駕臨幸，爭以土物來獻。上禮高年，惠鰥寡，賜酺飲。至夕，六街燈火如晝，士庶嬉遊，上亦微行觀之。丁丑，禁工匠不得銷毁金銀器。

六年春正月己卯朔，宋遣徐奭、裴繼起、張若谷、崔準來賀〔八〕。庚辰，如鴛鴦濼。

二月己酉，以迷離己同知樞密院，黄翩爲兵馬都部署，達骨只副之，赫石爲都監，引軍城混同江、疎木河之間。黄龍府請建堡障三、烽臺十，詔以農隙築之。東京留守八哥奏黄翩領兵入女直界徇地，俘獲人、馬、牛、豕，不可勝計，得降户二百七十，詔奬諭之。戊午，以耶律野爲副點檢，以國舅帳蕭柳氏、徒魯骨領西北路十二班軍、奚王府舍利軍。己巳，南京水，遣使振之。庚午，詔党項别部塌西設契丹節度使治之。

三月戊寅，以大同軍節度使張儉入爲南院樞密使、左丞相兼政事令，參知政事吴叔達責授將作少監，出爲東州刺史〔九〕。是月，阻卜來侵，西北路招討使蕭惠破之。

夏四月丁未朔，以武定軍節度使耶律洪古爲惕隱〔一〇〕。戊申，蒲盧毛朶部多兀惹户，詔索之。丙寅，如永安山。

五月辛卯，以東京統軍使蕭慥古爲契丹行宫都部署。癸卯，遣西北路招討使蕭惠將兵伐甘州回鶻。

六月辛丑，詔凡官畜並印其左以識之。

秋七月戊申，獵黑嶺。

八月，蕭惠攻甘州不克，師還。自是阻卜諸部皆叛，遼軍與戰，皆爲所敗，監軍涅里姑、國舅帳太保曷不呂死之。詔遣惕隱耶律洪古、林牙化哥等將兵討之。

九月，駐蹕遼河滸。

冬十月丙子，曷蘇館諸部長來朝。庚辰，遣使問夏國五月與宋交戰之故。辛巳，以前南院大王直魯衮爲烏古敵烈都詳穩。庚寅，以蕭孝順、蕭紹宗兼侍中，駙馬蕭紹業平章政事，前南院大王胡覩堇同知上京留守，安哥通化州節度使。乙丑〔一二〕，宋遣韓翼、田承説來賀順天節〔一三〕。

十一月戊辰，西北路招討司小校掃姑訴招討蕭惠三罪，詔都監奥骨禎按之。

十二月庚辰，曷蘇館部乞建旗鼓，許之。辛巳，詔北南諸部廉察州縣及石烈、彌里之官，不治者罷之。詔大小職官有貪暴殘民者，立罷之，終身不録；其不廉直，雖處重任，即代之；能清勤自持者，在卑位亦當薦拔；其内族受賂，事發，與常人所犯同科。戊戌，遣杜防、蕭藴充賀宋生辰使副〔一三〕。庚子，駐蹕遼河。

七年春正月壬寅朔，宋遣張保維、孫繼業、孔道輔、馬崇至來賀〔一四〕。如混同江。辛亥，以女直白縷爲惕隱，蒲馬爲巖母部太師。甲寅，蒲盧毛朵部遣使來貢。

夏四月乙未，獵黑嶺。

五月，清暑永安山。西南路招討司奏陰山中産金銀，請置冶，從之。復遣使循遼河源求産金銀之廿〔一五〕。

六月，禁諸屯田不得擅貨官粟。癸巳，詔蕭惠再討阻卜。

秋七月己亥朔，詔更定法令。庚子，詔諭駙馬蕭鉏不、公主粘米袞：「爾於后有父母之尊，后或臨幸，衹謁先祖，衹拜空帳，失致敬之禮，今後可設像拜謁。」乙巳，詔輦路所經，旁三十步内不得耕種者，不在訴訟之限〔一六〕。

九月，駐蹕遼河。

冬十月丁卯朔，詔諸帳院庶孽，並從其母論貴賤。

十一月，宋遣石中立、石貽孫來賀千齡節〔一七〕，王博文、王雙賀順天節〔一八〕。辛亥，以楊又玄、邢祥知貢舉。己未〔一九〕，匡義軍節度使中山郡王查葛、保寧軍節度使長沙郡王謝家奴〔二〇〕、廣德軍節度使樂安郡王遂哥奏，各將之官，乞選伴讀書史，從之。癸亥，以三韓王欽爲啓聖軍節度使，楊佶刑部侍郎。甲子，以左千牛衛上將軍耶律古昱爲北院大王。

十二月丁卯，遣耶律遂英、王永錫充賀宋太后生辰，蕭速撒、馬保永充賀正旦使副〔二一〕。癸酉，以金吾蕭高六爲奚舍利軍詳穩。

八年春正月己亥，如混同江。庚申，党項侵邊，破之。甲子，詔州縣長吏勸農。

二月戊子，燕京留守蕭孝穆乞于拒馬河接宋境上置戍長巡察〔二二〕，詔從之。

三月，駐蹕長春河。

夏五月，清暑永安山。

六月，以韓寧、劉湘充賀宋太后生辰使副〔二三〕，吴克荷充賀夏國王李德昭生辰使。癸巳，權北院大王耶律鄭留奏，今歲十一月皇太子納妃，諸族備會親之帳。詔以豪盛者三十户給其費。

秋七月丁酉，以遥輦帳郎君陳哥爲西北路巡檢，與蕭諧領同管二招討地。以南院大王耶律敵烈爲上京留守。戊戌，獵平地松林。

九月壬辰朔，以渤海宰相羅漢權東京統軍使。壬子，幸中京。北敵烈部節度使耶律延壽請視諸部，賜旗鼓，詔從之。癸丑，阻卜别部長胡懶來降。乙卯，阻卜長春古來降。

冬十月，宋遣唐肅、葛懷愍來賀順天節〔二四〕。樞密使、魏王耶律斜軫孫婦阿聒指斥乘輿，其孫骨欲爲之隱，事覺，乃并坐之，仍籍其家。詔燕城將士，若敵至，總管備城之東南，統軍守其西北，馬步軍備其野戰，統軍副使繕壁壘，課士卒，各練其事。

十一月丙申，皇太子納妃蕭氏。以耶律求翰爲北院大王。

十二月辛酉朔〔二五〕，以遥輦太尉謝佛留爲天雲軍詳穩。壬申，以前北院大王耶律留寧爲雙州節度使〔二六〕，康筠崇德宫都部署，謝十永興宫都部署，旅墳宜州節度使，□菴遼州節度使，耶律野同知中京留守，耶律曷魯突媿爲大將軍。丁丑，詔庶孽雖已爲良，不得預世選。丁亥，宋遣寇瑊、康德來賀千齡節〔二七〕，朱諫、曹英、張逸、劉永釗賀來歲兩宫正旦〔二八〕。詔兩國舅及南、北王府乃國之貴族，賤庶不得任本部官。

是歲，放進士張宥等五十七人。

九年春正月，至自中京。

二月戊辰，遣使賜高麗王欽物〔二九〕。如斡凛河。

夏五月，清暑永安山。

六月戊子，以長沙郡王謝家奴爲廣德軍節度使，樂安郡王遂哥匡義軍節度使，中山郡王查葛保定軍節度使，進封潞王，豫章王貼不長寧軍節度使。以耶律思忠、耶律荷、耶律曷、遥輦謝佛留、陳邈、韓紹一、韓知白、張震充賀宋兩宫生辰及來歲正旦使副〔三〇〕。

秋七月戊午朔，如黑嶺。

八月己丑，東京舍利軍詳穩大延琳囚留守、駙馬都尉蕭孝先及南陽公主，殺户部使韓紹勳、副使王嘉、四捷軍都指揮使蕭頗得，延琳遂僭位，號其國爲興遼，年爲天慶。初，東遼之地，自神册來附，未有榷酤鹽麴之法，關市之征亦甚寬弛。馮延休、韓紹勳相繼以燕地平山之法繩之，民不堪命。燕又仍歲大饑，户部副使王嘉復獻計造船，使其民諳海事者，漕粟以振燕民，水路艱險，多至覆没。雖言不信，鞭楚搒掠〔三〕，民怨思亂。故延琳乘之，首殺紹勳、嘉，以快其衆。延琳先事與副留守王道平謀，道平夜棄其家，踰城走，與延琳所遣召黄龍府黄翩者，俱至行在告變。上即徵諸道兵，以時進討。時國舅詳穩蕭匹敵治近延琳，先率本管及家兵據其要害，絶其西渡之計。渤海太保夏行美亦舊主兵，戍保州，延琳密馳書，使圖統帥耶律蒲古。行美乃以實告，蒲古得書，遂殺渤海兵八百人，而斷其東路。延琳知黄龍、保州皆不附，遂分兵西取瀋州，其節度使蕭王六初至，其副張傑聲言欲降，故不急攻。及知其詐，而已有備，攻之不克而還。時南、北女直皆從延琳，高麗亦稽其貢。及諸道兵次第皆至，延琳嬰城固守。

冬十月丙戌朔，以南京留守燕王蕭孝穆爲都統，國舅詳穩蕭匹敵爲副統，奚六部大王蕭蒲奴爲都監以討之。

十一月乙卯朔，如顯陵。丙寅，以瀋州節度副使張傑爲節度使，其皇城進士張人紀、趙睦等二十二人入朝〔三二〕，試以詩賦，皆賜第，超授保州戍將夏行美平章事。壬申，以駙馬劉四端權知宣徽南院事。

十二月丁未，宋遣仇永、韓永錫來賀千齡節〔三三〕。命耶律育、吴克荷、蕭可觀、趙利用充賀宋生辰使副〔三四〕，耶律元吉、崔閏、蕭昭古、竇振充來歲賀宋正旦使副〔三五〕。

十年春正月乙卯朔〔三六〕，宋遣王夷簡、竇處約、張易、張士宜來賀〔三七〕。

二月，幸龍化州。

三月甲寅朔，詳穩蕭匹敵至自遼東，言都統蕭孝穆去城四面各五里許，築城堡以圍之。駙馬延寧與其妹穴地遁去，惟公主崔八在後，爲守陴者覺而止。

夏四月，如乾陵。以耶律行平爲廣平軍節度使，夏行美爲忠順軍節度使〔三八〕，李延弘知易州，蕭從順加太子太師。

五月戊申〔三九〕，清暑柏坡。

秋七月壬午，詔來歲行貢舉法。

八月丙午，東京賊將楊詳世密送欵，夜開南門納遼軍。擒延琳，渤海平。

冬十月，駐蹕長寧淀。

十一月辛亥，南京留守燕王蕭孝穆以東征將士凱還，戎服見上，上大加宴勞。翌日，以孝穆爲東平王、東京留守，國舅詳穩、駙馬都尉蕭匹敵封蘭陵郡王，奚王蒲奴加侍中；以權燕京留守兼侍中蕭惠爲燕京統軍使，前統軍委窊大將軍、節度使，宰相兼樞密使馬保忠權知燕京留守，奚王府都監蕭阿古軫東京統軍使。詔渤海舊族有勳勞材力者敍用，餘分居來、隰、遷、潤等州〔四〇〕。

十二月乙巳，宋遣梅詢、王令傑來賀千齡節。漆水郡王耶律敵烈加尚父，烏古部節度使蕭普達爲乙室部大王，尚書左僕射蕭琳爲臨海軍節度使。

十一年春正月己酉朔，如混同江。

二月，如長春河。

三月，上不豫。

夏五月，大雨水，諸河橫流，皆失故道。

六月丁丑朔，駐蹕大福河之北。己卯，帝崩于行宮，年六十一，在位四十九年。景福元年閏十月壬申，上尊謚曰文武大孝宣皇帝，廟號聖宗。

贊曰：聖宗幼沖嗣位，政出慈闈。及宋人二道來攻，親御甲冑，一舉而復燕、雲，破信、彬，再舉而躪河、朔，不亦偉歟〔四二〕！既而侈心一啓，佳兵不祥，東有茶、陀之敗，西有甘州之喪，此狃於常勝之過也。然其踐阼四十九年，理冤滯，舉才行，察貪殘，抑奢僭，録死事之子孫，振諸部之貧乏，責迎合不忠之罪，却高麗女樂之歸。遼之諸帝，在位長久，令名無窮，其唯聖宗乎！

校勘記

〔一〕有聲如雷其水一夕越沙岡四十里　北監本、殿本作「其水一夕有聲如雷越沙岡四十里」。

〔二〕以蕭從順爲太子太師　下文太平十年四月又云蕭從順加太子太師，與此重複。檢本書卷四七百官志三，太平十一年有太子少師蕭從順。此或誤「少師」爲「太師」，百官志殆誤「五年」爲「十一年」。

〔三〕張儉彰信軍節度使　「彰信」，疑當作「彰國」。按張儉墓誌，儉是年六月「假節於彰國」。

〔四〕以蕭迪烈李紹琪充賀宋太后生辰使副耶律守寧劉四端充賀宋主生辰使副　長編卷一〇四天聖四年（遼太平六年）正月癸未，契丹遣蕭迪烈、康筠來賀太后長寧節；又耶律守寧、劉四端賀仁宗乾元節一事，長編卷一〇三繫於天聖三年（遼太平五年）四月壬戌。

〔五〕宋太后遣馮元宗史方來賀順天節　「馮元宗」，疑當作「馬宗元」。按長編卷一〇三天聖三年（遼太平五年）九月庚辰，宋遣工部郎中、龍圖閣待制馬宗元，内殿承制、閤門祗候史方賀契丹生辰。又宋會要食貨六一之五八天聖五年亦見「工部郎中、龍圖閣待制馬宗元」。

〔六〕戊辰　此上原有「十二月」三字。按「十二月」已見上文，此係衍文，今删。

〔七〕遣蕭諧李琪充賀宋正旦使副　長編卷一〇四天聖四年（遼太平六年）四月丁巳，契丹遣啓聖軍節度使蕭諧、利州觀察使李紹琪來賀乾元節。按太平五年十二月己酉朔，己巳爲二十一日，此時所遣不應爲賀正旦使。又「李琪」，長編作「李紹琪」。

〔八〕宋遣徐奭裴繼起張若谷崔準來賀　長編卷一〇四天聖四年（遼太平六年）八月乙未，遣徐奭、裴繼己爲賀契丹主正旦使副，張若谷、崔準爲賀契丹妻正旦使副。按此係賀太平七年正旦使，誤置於六年正月。又「裴繼起」，長編作「裴繼己」。

〔九〕出爲東州刺史　「東州」，本書卷八〇張儉傳作「康州」。

〔一〇〕以武定軍節度使耶律洪古爲惕隱　「洪古」，原作「漢古」，據下文八月及本書卷七〇屬國表惕隱耶律洪古改。按卷九五本傳作「弘古」。

〔一一〕乙丑　此處月份、干支或有一誤。按本書卷四四朔考，十月甲戌朔，月内無乙丑日。

〔一二〕宋遣韓翼田承説來賀順天節　長編卷一〇四天聖四年（遼太平六年）七月乙丑，遣韓億、田承説爲契丹妻生辰使副，又謂「億名犯北朝諱，權改曰意」。蓋韓翼原名億，避太祖耶律億諱而更名爲「意」或「翼」。

〔一三〕遣杜防蕭蘊充賀宋生辰使副　長編卷一〇五天聖五年（遼太平七年）四月辛巳，契丹蕭蘊、杜防來賀乾元節。按遼朝例以契丹人爲正使，漢人爲副使，此處使、副倒誤。

〔一四〕宋遣張保維孫繼業孔道輔馬崇至來賀　長編卷一〇五天聖五年（遼太平七年）九月庚子，遣張保雍、孫繼鄴爲賀契丹主正旦使副，孔道輔、馬崇爲賀契丹妻正旦使副。按此係賀太平八年正旦使，誤置於七年正月。又「張保維」、「孫繼業」、「馬崇至」，長編作「張保雍」、「孫繼鄴」、「馬崇」。按孫繼鄴宋史卷二九〇有傳，此處「孫繼業」當爲「孫繼鄴」之誤。

〔一五〕復遣使循遼河源求産金銀之卝　「循」，原作「遁」，據明鈔本、南監本、北監本、殿本改。

〔一六〕不在訴訟之限　「在」，原作「得」，據明鈔本、南監本、北監本、殿本改。

〔一七〕宋遣石中立石貽孫來賀千齡節　「石貽孫」，原作「石貽縣」，據明鈔本、南監本、北監本、殿本改。按長編卷一〇五天聖五年（遼太平七年）九月庚子亦作「石貽孫」。

〔一八〕王博文王雙賀順天節　「王雙」，長編卷一〇五天聖五年（遼太平七年）八月癸酉作「王準」。

〔一九〕己未　原作「乙未」。按本書卷四四朔考，十一月丁酉朔，月内無乙未日。此條在十五日辛亥、二十七日癸亥之間，是月二十三日爲己未，「己」、「乙」形似，此「乙未」當爲「己未」之誤。今據改。

〔二〇〕匡義軍節度使中山郡王查葛保寧軍節度使長沙郡王謝家奴　上文太平四年六月，查哥（即查葛)爲保静軍節度使，五年十二月，謝家奴爲匡義軍節度使，與此互歧。

〔二〕遣耶律遂英王永錫充賀宋太后生辰蕭速撒馬保永充賀正旦使副　長編卷一〇六天聖六年十二月乙酉，契丹遣保安軍節度使耶律遂英、衛尉少卿王承錫來賀太后正旦；丙戌，遣彰聖軍節度使蕭素、右千牛衛大將軍馬保永來賀正旦。據此，蓋係賀天聖七年（遼太平九年）正旦使。「王永錫」、「蕭速撒」，長編作「王承錫」、「蕭素」。又一謂賀太后生辰使，一謂賀太后正旦使，未知孰是。

〔三〕燕京留守蕭孝穆乞于拒馬河接宋境上置戍長巡察　「巡」，原作「城」，據明鈔本、南監本、北監本、殿本改。

〔四〕以韓寧劉湘充賀宋太后生辰使副　「韓寧」，長編卷一〇七天聖七年正月乙未作「耶律漢寧」。

〔五〕宋遣唐肅葛懷愍來賀順天節　「葛懷愍」，疑當作「葛懷敏」。按長編卷一〇六天聖六年（遼太平八年）七月己亥作「葛懷敏」，宋史卷二八九有傳。

〔六〕十二月辛酉朔　此上原有「冬」字，按「冬」字已見上文十月，此係衍文，今删。

〔七〕以前北院大王耶律留寧爲雙州節度使　「前」，原作「爲」，據明鈔本、南監本、北監本、殿本改。

〔八〕宋遣寇瑊康德來賀千齡節　「康德」，疑當作「康德輿」。按長編卷一〇六天聖六年（遼太平八年）八月戊寅作「康德輿」，宋史卷三二六有傳。

〔二八〕朱諫曹英張逸劉永釗賀來歲兩宮正旦　「曹英」，長編卷一〇六天聖六年（遼太平八年）八月戊寅作「曹榮」，且謂「榮仍改名英」，小注云：「英改名，當是避契丹諱，更考之。」

〔二九〕遣使賜高麗王欽物　疑文有訛誤。按是時高麗國王爲詢，參見本書卷一六聖宗紀七校勘記〔二七〕。

〔三〇〕以耶律思忠耶律荷耶律暠遥輦謝佛留陳邈韓紹一韓知白張震充賀宋兩宮生辰及來歲正旦使副　「使副」二字原闕，據文義補。按長編卷一〇九天聖八年（遼太平十年）正月己未，契丹遣耶律忠、陳邈來賀長寧節；卷一〇八天聖七年十二月庚戌，契丹遣耶律倚、韓昭一來賀正旦；同月己酉，契丹遣耶律高、韓知白來賀皇太后正旦，「耶律高」即「耶律暠」。又卷一〇七天聖七年（遼太平九年）四月己亥，契丹遣耶律衮、張震來賀乾元節，「耶律衮」蓋即「遥輦謝佛留」，此賀宋主生辰使副當爲上一年事，遼史誤置於此。

〔三一〕鞭楚搒掠　「楚」，原作「琳」，據明鈔本、南監本、北監本、殿本改。

〔三二〕其皇城進士張人紀趙睦等二十二人入朝　道光殿本據大典改「皇城」爲「防城」，按曰：「『防城』原作『皇城』，與下文『入朝』文義不屬。蓋張人紀與張傑同守瀋州拒大延琳者，故與張傑、夏行美同加恩擢。今據永樂大典改。」

〔三三〕宋遣仇永韓永錫來賀千齡節　長編卷一〇八天聖七年（遼太平九年）八月癸卯，「仇永」作

「鞠詠」，「韓永錫」作「王永錫」。按鞠詠宋史卷二九七有傳，此處「仇永」當爲「鞠詠」之誤。

〔三四〕命耶律育吴克荷蕭可觀趙利用充賀宋生辰使副　長編卷一一〇天聖九年（遼太平十一年）正月癸丑，契丹遣左監門衛上將軍蕭可親、右散騎常侍趙利用來賀長寧節。按「蕭可親」即「蕭可觀」，二者當有一誤。據長編，此係太平十一年生辰使。

〔三五〕耶律元吉崔閏蕭昭古賨振充來歲賀宋正旦使副　「使副」二字原闕，據文義補。又長編卷一〇九繫此事於天聖八年（遼太平十年）十二月，「崔閏」作「崔潤」。

〔三六〕十年春正月乙卯朔　「乙卯」，原作「己卯」，據本書卷四四朔考改。

〔三七〕宋遣王夷簡竇處約張易張士宜來賀　長編卷一〇九繫此事於天聖八年（遼太平十年）八月戊申。「張易」作「張億」，蓋避太祖耶律億諱改；「張士宜」作「張士宣」。

〔三八〕夏行美爲忠順軍節軍使　「忠順」，原作「中順」，據本書卷八七夏行美傳及卷四一地理志五改。又卷二〇興宗紀三重熙十七年八月戊子亦誤，同改。

〔三九〕五月戊申　疑文有訛誤。按本書卷四四朔考，五月癸丑朔，月内無戊申。

〔四〇〕餘分居來隰遷潤等州　「潤」，原作「閏」。按本書卷三九地理志三潤州條謂「聖宗平大延琳，遷寧州之民居此」。今據改。

〔四一〕不亦偉歟　「偉」，原作「他」，據明鈔本、南監本、北監本、殿本改。

遼史卷十八

本紀第十八

興宗一

興宗神聖孝章皇帝，諱宗真，字夷不堇，小字只骨。聖宗長子，母曰欽哀皇后蕭氏。上始生，齊天皇后取養之。幼而聰明，長而魁偉，龍顏日角，豁達大度。善騎射，好儒術，通音律。三歲封梁王，太平元年册爲皇太子，十年六月判北南院樞密使事。

十一年六月己卯，聖宗崩，即皇帝位於柩前。壬午，尊母元妃蕭氏爲皇太后。甲申，遣使告哀于宋及夏、高麗。是年，御宣政殿放進士劉貞等五十七人〔一〕。辛卯，大赦，改元景福。乙未，奉大行皇帝梓宫殯于永安山太平殿。辛丑，皇太后賜駙馬蕭鉏不里、蕭匹敵死，圍場都太師女直著骨里、右祗候郎君詳穩蕭延留等七人皆棄市，籍其家，遷齊天皇后于上京。

秋七月丙午朔，皇太后率皇族大臨于太平殿。高麗遣使弔慰。上召晉王蕭普古等飲博，夜分乃罷。丁未，擊鞠。戊申，以耶律韓八爲左夷离畢，特末里爲左祗候郎君詳穩，橫帳郎君樂古權右祗候郎君詳穩。己酉，以耶律鄭留爲于厥迪烈都詳穩，高八爲右皮室詳穩。庚戌，振薊州民饑。癸丑，詔寫大行皇帝御容。甲寅，録囚。以觀察姚居信爲上將軍。建慶州于慶陵之南，徙民實之，充奉陵邑。乙卯，以比歲豐稔，罷給東京統軍司糧。丁巳，上謁大行皇帝御容，哀慟久之，因詔寫北府宰相蕭孝先、南府宰相蕭孝穆象于御容殿。以蕭阿姑軫爲東京留守。丁卯，謁太平殿，焚先帝所御弓矢。幸晉王普古第視疾。辛未，録囚。壬申，上謁神主帳，時奧隈蕭氏始入宫，亦命拜之。

八月壬午〔二〕，遷大行皇帝梓宫於菆塗殿。

九月戊申，躬視慶陵。庚戌，問安于皇太后。辛亥，宋遣王隨、曹儀致祭，王礹、許懷信、梅詢、張綸來慰兩宫，范諷、孫繼業賀即位〔三〕，孔道輔、魏昭文賀皇太后册禮。戊午，焚弧矢、鞍勒于菆塗殿。庚申，夏國遣使來慰。庚午，以宋使弔祭，喪服臨菆塗殿。甲戌，遣御史中丞耶律翥、司農卿張確、詳穩耶律勵、四方舘使高維翰謝宋弔慰〔四〕。

冬十月戊寅，宰臣吕德懋薨。癸未，殺鉏不里黨彌勒奴、觀音奴等。丙戌，遣工部尚書高德順、崇禄卿李可封致先帝遺物于宋〔五〕；以右領軍衞上將軍耶律遂、少府監馬憚充皇太后謝宋使；右監門衞上將軍耶律元載、引進使魏永充皇帝謝宋使。丁酉，夏國遣使來賻。戊戌，以蕭革、趙爲果、耶律郁、馬保業充來歲賀宋正旦使〔六〕。

閏月辛亥，謁菆塗殿，閱玄宫闕器。有司請以生辰爲永壽節，皇太后生辰爲應聖節，從之。辛酉，閱新造鎧甲。丁卯，振黄龍府饑民。

十一月壬辰，上率百僚奠于菆塗殿。出大行皇帝服御、玩好焚之，縱五坊鷹鶻。甲午，葬文武大孝宣皇帝于慶陵。乙未，祭天地。問安皇太后。丙申，謁慶陵，以遺物賜羣臣，名其山曰慶雲，殿曰望仙。

十二月癸丑，至自慶陵。皇太后聽政，帝不親庶務，羣臣表請，不從。

是歲，以興平公主下嫁夏國王李德昭子元昊，以元昊爲夏國公、駙馬都尉。

重熙元年春正月壬申朔，皇太后御正殿，受帝與羣臣朝。宋遣任布、王遵範、陳琰、王克善來賀〔七〕。乙亥，宋遣鄭向、郭遵範來賀永壽節。丁丑，如雪林。

二月，大蒐。

崩。

三月壬申朔，尚父、漆水郡王敵烈復爲惕隱。

是春，皇太后誣齊天皇后以罪，遣人即上京行弑。后請具浴以就死，許之。有頃，后崩。

夏四月乙巳，清暑別輂斗。

秋七月，獵平地松林。以蕭達溥、王英秀、蕭麓、張素羽充來歲賀宋正旦生辰使〔八〕。

八月丙午，駐蹕剌河源。皇子洪基生〔九〕。

冬十月己酉，幸中京。

十一月己卯，帝率羣臣上皇太后尊號曰法天應運仁德章聖皇太后，羣臣上皇帝尊號曰文武仁聖昭孝皇帝。大赦，改元重熙。癸未，宋遣劉隨、王德本來賀應聖節〔一〇〕。以楊佶爲翰林承旨。丙戌，夏國遣使來賀。辛卯，五國酋長來貢。夏國王李德昭薨，册其子夏國公元昊爲夏國王。

十二月庚戌，宋遣胥偃、王從益、崔暨、張懷志來賀來歲正旦，又遣楊日嚴、王克纂來賀永壽節〔一一〕。以北大王耶律求翰同平章事。

是年，放進士劉師貞等五十七人。

二年春正月庚辰，東幸。乙酉，夏國遣使來貢。壬辰，女直詳穩臺押率所部來貢。宋遣曹琮來告母后劉氏哀，章得象、安繼昌來饋母后遺物。即遣興聖宫使耶律壽寧、給事中知制誥李奎充祭奠使；天德軍節度使耶律卿寧、大理卿和道亨、河西軍節度使耶律嵩、引進使馬世卿充兩宫弔慰使〔一三〕。

秋七月甲子朔，以耶律寔、高升、耶律迪、王惟允充兩宫賀宋生辰使副〔一三〕，以耶律師古、劉五常充賀宋來歲正旦使副〔一四〕。

八月丁酉，幸温泉宫。乙卯，遣使閲諸路禾稼。

冬十一月甲申，宋遣劉賨、符忠、李昭述、張茂實等來謝慰奠〔一五〕。

十二月乙未，宋遣丁度、王繼凝來賀應聖節。己酉，禁夏國使沿路私市金、鐵。甲寅，宋遣章頻、李懿、王沖睦、張緯、李紘、李繼一來賀永壽節及來歲正旦〔一六〕。庚申，以北府宰相蕭孝先爲樞密使。

三年春正月丁卯，宋使章頻卒，詔有司賻贈，命近侍護喪以歸。辛卯，如春水。

二月壬辰，以北院樞密使蕭普古爲東京留守。戊申，耶律大師奴有侍禋祼恩，詔入屬籍。

夏四月甲寅，振耶迷只部。

五月庚申朔，清暑沿柳湖。是月，皇太后還政于上，躬守慶陵。

六月己亥，以蕭普古爲南院樞密使。

秋七月戊子朔，上始親政，以耶律庶徵、劉六符、耶律睦、薄可久充賀宋來歲正旦使副〔一七〕。壬辰，如秋山。

冬十月己未，駐蹕中會川。

十二月，宋遣段少連、杜仁贊來賀來歲正旦〔一八〕，楊偕、李守忠來賀永壽節。

四年春正月庚寅，如耶迷只里。

三月乙酉朔，立皇后蕭氏。

夏四月甲寅朔，如涼陘。

五月庚子，清暑散水源。

六月癸丑朔，皇子寶信奴生。以耶律信、吕士宗、蕭袞、郭揆充賀宋生辰及來歲正旦使副〔一九〕。

秋七月壬午朔，獵于黑嶺。

九月己酉，駐蹕長寧淀。

冬十月，如王子城。

十一月壬午，改南京總管府爲元帥府。乙酉，行柴册禮于白嶺，大赦。加尚父耶律信寧、政事令耶律求翰耆宿贊翊功臣。

十二月癸丑，詔諸軍砲、弩、弓、劍手以時閱習。庚申，宋遣鄭戩、柴貽範、楊日華、張士禹來賀永壽節及正旦。

五年春正月甲申，如魚兒濼。樞密使蕭延寧請改國舅乙室小功帳敞史爲將軍〔二〇〕，從之。

四月庚申，以潞王查葛爲南府宰相，崇德宫使耶律馬六爲惕隱。甲子，幸后弟蕭無曲第，曲水泛觴賦詩。丁卯，頒新定條制。己巳，上與大臣分朋擊鞠。

五月甲午，南幸。丁未，如胡土白山清暑。

六月庚申，幸北院大王高十行帳拜奧，賜銀絹。壬戌，詔修南京宫闕府署〔二一〕。

秋七月辛丑，録囚。耶律把八誣其弟韓哥謀殺己，有司奏當反坐。臨刑，其弟泣訴：「臣惟一兄，乞貸其死。」上憫而從之。

九月癸巳，獵黄花山，獲熊三十六，賞獵人有差。

冬十月丁未，幸南京。辛亥，曲赦析津府境内囚。壬子，御元和殿，以日射三十六熊賦、幸燕詩試進士于廷，賜馮立、趙徽四十九人進士第。以馮立爲右補闕，趙徽以下皆爲太子中舍，賜緋衣、銀魚，遂大宴。御試進士自此始。宋遣宋郊、王世文來賀永壽節。甲子，幸臣張儉等請幸禮部貢院，歡飲至暮而罷，賜物有差。以耶律祥、張素民、耶律甫、王澤充賀宋生辰正旦使副〔三〕。

六年春正月丁丑，西幸。

三月戊寅，以秦王蕭孝穆爲北院樞密使，徙封吴王；晉王蕭孝先爲南京留守。

夏四月，獵野狐嶺。

閏月，獵龍門縣西山。

五月己酉，清暑炭山。以耶律韓八爲北院大王，蕭把哥左夷离畢，王子郎君詳穩鼻姑得林牙，簽北面事耶律涅哥同簽點檢司。甲寅，録囚。以南大王耶律信寧故匿重囚及侍婢贓污，命撻以劍脊而奪其官；都監坐阿附及侍婢罪，皆論死，詔貸之。丙辰，以耶律信寧爲西南路招討使。庚申，出飛龍厩馬，賜皇太弟重元及北、南面侍臣有差。癸亥，以上京留守耶律胡覩衮爲南大王，平章事蕭查剌寧上京留守，侍中管寧行宫都部署，耶律蒲奴寧烏古迪烈得都詳穩。甲子，以上京留守耶律洪古爲北院大王〔二三〕。

六月壬申朔，以善寧爲殿前都點檢，護衛太保耶律合住兼長寧宫使，蕭阿剌里、耶律烏魯斡、耶律和尚、蕭韓家奴、蕭特里、蕭求翰爲各宫都部署。上酒酣賦詩，吴國王蕭孝穆、北宰相蕭撒八等皆屬和〔二四〕，夜中乃罷。己卯，祀天地。癸未，賜南院大王耶律胡覩衮命，上親爲製誥詞，并賜詩以寵之。丙申，以北院大王侯哂爲南京統軍使。

秋七月辛丑朔，以北、南樞密院獄空，賞賚有差。壬寅，以皇太弟重元生子，賜詩及寶玩器物，曲赦死罪以下。癸卯，如秋山。

八月己卯，北樞密院言越棘部民苦其酋帥坤長不法，多流亡，詔罷越棘等五國酋帥，以契丹節度使一員領之。

冬十月癸酉，駐蹕石竇岡。

十一月己亥朔，阻卜酋長來貢。辛亥，以契丹行宫都部署蕭惠爲南院樞密使。壬子，以管寧爲南院樞密使〔二五〕，蕭掃古諸行宫都部署，耶律褭里知南面行宫副部署，蕭阿剌里左祗候郎君詳穩，耶律曷主右祗候郎君詳穩。庚申，幸晉國公主行帳視疾。封皇子洪基爲梁王。

旦。

十二月，以楊佶爲忠順軍節度使。遣耶律斡、秦鑑、耶律德、崔繼芳賀宋生辰及正旦。

七年春正月戊戌朔，宋遣高若訥、夏元正、謝絳、張茂實來賀正旦及永壽節。辛丑，如混同江。

二月庚午，如春州。乙亥，駐蹕東川。丁丑，高麗遣使來貢。壬午，幸五坊閲鷹鶻。乙酉，遣使慶州問安皇太后。

三月戊戌朔，幸皇太弟重元行帳。壬寅，如蒲河淀。辛亥，夏國遣使來貢。甲寅，録囚。

夏四月己巳，以興平公主薨，遣北院承旨耶律庶成持詔問夏國王李元昊，公主生與元昊不睦，没，詰其故。己卯，獵白馬堝。甲申，射兔新淀井。乙未，獵金山，遣楊家進鹿尾茸于大安宫。

六月乙亥，御清涼殿試進士，賜邢彭年以下五十五人第。

秋七月甲辰，録囚。乙巳，阻卜酋長屯秃古斯來朝。戊申，如黑嶺。

九月丁未，駐蹕平淀。

冬十月甲子朔，渡遼河。丙寅，駐蹕白馬淀。壬申，録囚。

十一月癸巳朔，以耶律元方、張泥、韓至德、蕭傅充賀宋生辰正旦使副〔二六〕。辛丑，問安皇太后，進珍玩。庚申，録囚。

十二月，召善擊鞠者數十人于東京，令與近臣角勝，上臨觀之。己巳，以皇太弟重元判北南院樞密使事，北府宰相撒八寧再任兼知東京留守事，耶律應穩南府宰相，查割折大内惕隱，乙室己帳蕭翰乾州節度使，劉六符參知政事，王子帳冠哥王子郎君詳穩，鉏窨大王平州節度使，宰臣張克恭守司空，宰臣韓紹芳加侍中，惕隱耶律馬六北院宣徽使，傅父耶律喜孫南府宰相〔二七〕。癸未，宋遣王舉正、張士禹來賀永壽節。甲申，命日進酒于大安宫，致薦慶陵。丁亥，録囚，非故殺者減科。南面侍御壯骨里詐取女直貢物，罪死；上以有吏能，黥而流之。

八年春正月壬辰朔，宋遣韓琦、王從益來賀。丙申，如混同江觀魚。戊戌，振品部。庚戌，叉魚于率没里河。丁巳，禁朔州鬻羊于宋。

二月丙子，駐蹕長春河。

夏六月乙丑，詔括户口。

秋七月丁巳，謁慶陵，致奠于望仙殿；迎皇太后至顯州，謁園陵，還京。

冬十月，駐蹕東京。

十一月甲午，詔有言北院處事失平，擊鍾及邀駕告者，悉以奏聞。戊戌，朝皇太后。召僧論佛法。戊申，皇太后行再生禮，大赦。己酉，城長春。

閏十二月壬辰，視吳國王蕭孝穆疾。宋遣龐籍、杜贇來賀永壽節。

九年春正月丙辰朔，上進酒于皇太后宮，御正殿。宋遣王拱辰、彭再思來賀〔二八〕。庚申，如鴨子河。

二月，駐蹕魚兒濼。

三月辛未，以應聖節，大赦。

五月乙卯朔，清暑永安山。

六月，射柳祈雨。

秋七月癸酉，宋遣郭禛以伐夏來報〔二九〕，遣樞密使杜防報聘〔三〇〕。丁丑，如秋山。

冬十月癸未朔，駐蹕中會川。

十一月甲子，女直侵邊，發黃龍府鐵驪軍拒之。宋遣蘇伸、向傳範來賀應聖節〔三一〕。

十二月庚寅，以北大王府布猥帳郎君自言先世與國聯姻，許置敞史，命本帳蕭胡覩爲之。辛卯，以所得女直户置肅州。以蕭迪、劉三嘏、耶律元方、王惟吉、耶律庶忠、孫文昭、蕭紹筠、秦德昌充賀宋生辰及來歲正旦使副〔三〕。詔諸犯法者，不得爲官吏；諸職官非婚祭，不得沉酗廢事；有治民安邊之略者，悉具以聞。

校勘記

〔一〕放進士劉貞等五十七人　下文重熙元年又謂「是年，放進士劉師貞等五十七人」。按本書卷八九楊皙傳、卷九七楊績傳均謂太平十一年進士及第，又張績墓誌稱績於太平末歲進士乙科登第，知太平十一年確曾開科取士。此處與重熙元年放進士當有一事重出。

〔二〕八月壬午　聖宗皇帝哀册謂八月壬寅始「殯於攢塗殿之西階」。

〔三〕范諷孫繼業賀即位　「孫繼業」，疑當作「孫繼鄴」。按長編卷一一〇天聖九年（遼景福元年）六月辛丑作「孫繼鄴」，宋史卷二九〇有傳。

〔四〕遣御史中丞耶律翥司農卿張確詳穩耶律勵四方舘使高維翰謝宋弔慰　「高維翰」，長編卷一一〇天聖九年（遼景福元年）十二月丙午作「高惟翰」。

〔五〕遣工部尚書高德順崇禄卿李可封致先帝遺物于宋　「高德順」，長編卷一一〇天聖九年（遼景福元年）閏十月己酉作「蕭德順」。按蕭德順墓誌稱「俄賫國訃於梁園，充大行皇帝遺留使」，此處「高德順」乃「蕭德順」之誤。

〔六〕以蕭革趙爲果耶律郁馬保業充來歲賀宋正旦使　長編卷一一〇天聖九年（遼景福元年）十二月丙寅、丁卯，「蕭革」作「蕭格」，「趙爲果」作「趙果」，「馬保業」作「馬保」。

〔七〕宋遣任布王遵範陳琰王克善來賀　「王克善」，疑當作「王克忠」。按長編卷一一〇天聖九年（遼景福元年）十月乙酉作「西染院副使、閤門宣事舍人王克忠」。宋史卷二五〇王承衍傳謂其有孫克忠，曾爲西染院副使兼閤門通事舍人，當即此人。

〔八〕以蕭達溥王英秀蕭麓張素羽充來歲賀宋正旦生辰使　長編卷一一三繫此事於明道二年（遼重熙二年）十二月丁巳，且謂四人均爲正旦使。「蕭達溥」作「蕭傳」，「王英秀」作「王秀英」，「蕭麓」作「蕭麗」。

〔九〕皇子洪基生　「洪基」，聖宗欽哀皇后哀册、興宗仁懿皇后哀册、聖宗仁德皇后哀册均作「弘基」。

〔一〇〕宋遣劉隨王德本來賀應聖節　「王德本」，長編卷一一一明道元年（遼重熙元年）八月壬子作「王德基」。此蓋避道宗洪基諱改。

〔一一〕又遣楊日嚴王克纂來賀永壽節　「王克纂」，長編卷一一一明道元年（遼重熙元年）八月壬子作「王克基」。此蓋避道宗洪基諱改。

〔一二〕「宋遣曹琮來告」至「充兩宮弔慰使」　此處誤繫於正月。按長編卷一一二，明道二年（遼重熙二年）三月甲午皇太后崩，四月方遣曹琮、章得象、安繼昌使遼告哀。

〔一三〕以耶律寔高升耶律迪王惟允充兩宮賀宋生辰使副　「耶律寔」，道光殿本考證引大典作「耶律賨」，明鈔本、南監本、北監本、殿本皆作「耶律楚」，長編卷一一四景祐元年（遼重熙三年）四月庚子作「耶律述」。又「高升」、「王惟允」，長編作「高昇」、「王惟永」。

〔一四〕以耶律師古劉五常充賀宋來歲正旦使副　長編卷一一五繫此事於景祐元年（遼重熙三年）十二月辛巳，似爲賀重熙四年正旦使。

〔一五〕宋遣劉寶符忠李昭述張茂實等來謝慰奠　長編卷一一三明道二年（遼重熙二年）八月丁未，「劉寶」作「劉賽」，「符忠」作「符惟忠」。按宋史卷四六三有符惟忠傳，此處「符忠」當作「符惟忠」。

〔一六〕宋遣章頻李懿王沖睦張緯李紘李繼一來賀永壽節及來歲正旦　長編卷一一三明道二年（遼重熙二年）八月戊午，「李懿」作「李遵懿」，「王沖睦」作「王仲睦」，「張緯」作「張瑋」。

〔一七〕以耶律庶徵劉六符耶律睦薄可久充賀宋來歲正旦使副　長編卷一一六景祐二年（遼重熙四年）四月甲子，「耶律庶徵」作「耶律庶幾」，謂庶幾與劉六符爲賀乾元節使副。又長編卷一一七繫耶律睦、薄可久賀正旦事於景祐二年十二月乙亥，似爲賀重熙五年正旦使副。

〔一八〕宋遣段少連杜仁贊來賀來歲正旦　「杜仁贊」，長編卷一一五景祐元年（遼重熙三年）七月壬申作「杜贊」。

〔一九〕以耶律信吕士宗蕭衮郭揆充賀宋生辰及來歲正旦使副　蕭衮、郭揆賀正旦事，長編卷一一九繫於景祐三年（遼重熙五年）十二月己巳，又「蕭衮」作「耶律衮」。

〔二〇〕樞密使蕭延寧請改國舅乙室小功帳敞史爲將軍　「乙室小功帳」，本書卷四五百官志一作「乙室己小翁帳」，當是。

〔二一〕「六月庚申」至「壬戌詔修南京宫闕府署」　「六月」二字諸本皆闕。按本書卷四四朔考，是年五月戊寅朔，推至庚申計四十三日，壬戌計四十五日，已入六月。今據補。

〔二二〕以耶律祥張素民耶律甫王澤充賀宋生辰正旦使副　此處記事繫年有誤。按耶律甫、王澤賀正旦事，長編卷一二〇繫於景祐四年（遼重熙六年）十二月癸未。又王澤墓誌，稱澤重熙六年「充賀南朝正旦副使」。

〔二三〕以上京留守耶律洪古爲北院大王　本書卷九五本傳，「洪古」作「弘古」，字胡篤堇，重熙六年由上京留守遷南院大王。知此處與上文癸亥條「以上京留守耶律胡覩衮爲南大王」係一事重出，又「北院」疑當作「南院」。

〔二四〕吴國王蕭孝穆北宰相蕭撒八等皆屬和　「撒八」，原作「八撒」。按本書卷八一蕭孝忠傳，孝忠字撒板，太平中擢北府宰相，重熙七年爲東京留守。「撒八」當爲「撒板」之異譯，即蕭孝忠；下文重熙七年十二月「北府宰相撒八寧再任兼知東京留守事」，亦即此人。今據改。

〔二五〕辛亥以契丹行宮都部署蕭惠爲南院樞密使壬子以管寧爲南院樞密使　據上文重熙六年五月，以侍中管寧爲行宮都部署；又據本書卷九三蕭惠傳，興宗初兼侍中，「重熙六年，復爲契丹行宮都部署」，後「拜南院樞密使」，知管寧即蕭惠。此係一事重出。

〔二六〕以耶律元方張泥韓至德蕭傳充賀宋生辰正旦使副　長編卷一二三寶元二年（遼重熙八年）四月辛未，契丹遣耶律九方、張渥來賀乾元節；卷一二五寶元二年閏十二月辛亥，遣蕭溥、韓志德來賀正旦。其名皆與遼史不合。又長編所記正旦使晚遼史一年，遼朝例以契丹人爲正使，漢人爲副使，此處正旦使、副倒誤。

〔二七〕傅父耶律喜孫南府宰相　上文謂「耶律應穩南府宰相」，據本書卷九七本傳，喜孫字盈隱，「應穩」即「盈隱」之異譯。此係一事重出。

〔二八〕宋遣王拱辰彭再思來賀　「彭再思」，長編卷一二四寶元二年（遼重熙八年）八月乙酉作「彭再問」。

〔二九〕宋遣郭禎以伐夏來報　「郭禎」，長編卷一二八康定元年（遼重熙九年）七月乙丑及宋史卷三〇一本傳皆作「郭稹」。按「禎」犯宋仁宗名諱，其名當作「稹」。

〔三〇〕遣樞密使杜防報聘　「樞密使」，本書卷八六本傳作「樞密副使」。

〔三一〕宋遣蘇伸向傳範來賀應聖節　「蘇伸」，疑當作「蘇紳」。按長編卷一二八康定元年（遼重熙九年）八月乙未作「蘇紳」，宋史卷二九四有傳。

〔三〕以蕭迪劉三嘏耶律元方王惟吉耶律庶忠孫文昭蕭紹筠秦德昌充賀宋生辰及來歲正旦使副　蕭迪、劉三嘏、耶律元方、王惟吉係賀仁宗乾元節使副，長編卷一二七繫於康定元年（遼重熙九年）四月乙未，與此抵牾。

遼史卷十九

本紀第十九

興宗二

十年春正月辛亥朔，宋遣梁適、張從一、富弼、趙日宣來賀。甲子，復遣吳育、馮戴來賀永壽節〔一〕。

二月庚辰朔，詔蒲盧毛朵部歸曷蘇館户之没入者使復業。甲申，北樞密院言，南、北二王府洎諸部節度侍衛祗候郎君，皆出族帳，既免與民戍邊，其祗候事，請亦得以部曲代行。詔從其請。

夏四月，詔罷修鴨渌江浮梁及漢兵屯戍之役。又以東京留守蕭撒八言，弛東京擊鞠之禁。

六月戊寅，以蕭寧、耶律坦、崔禹稱、馬世良、耶律仁先、劉六符充賀宋生辰使副〔二〕；耶律庶成、趙成、耶律烈、張旦充來歲賀宋正旦使副〔三〕。

秋七月壬戌，詔諸職官私取官物者，以正盜論。諸敢以先朝已斷事相告言者，罪之。諸帳郎君等於禁地射鹿，決三百，不徵償；小將軍決二百以下；及百姓犯者，罪同郎君論。

八月丙戌，以醫者鄧延貞治詳穩蕭留寧疾驗〔四〕，贈其父母官以獎之。

九月辛亥，朝皇太后。國舅留寧薨。庚申，皇太后射獲熊，上進酒爲壽。癸亥，上獵馬盂山，草木蒙密，恐獵者誤射傷人，命耶律迪姑各書姓名于矢以志之。丙寅，夏國獻宋俘。以石硬砦太保郭三避虎不射〔五〕，免官。

冬十月丙戌，詔東京留守蕭孝忠察官吏有廉幹清强者，具以名聞。庚寅，以女直太師臺押爲曷蘇館都大王。辛卯，以皇子胡盧斡里生，北宰相、駙馬撒八寧迎上至其第宴飲，上命衞士與漢人角觝爲樂。壬辰，復飲皇太后殿，以皇子生，肆赦。夕，復引公主、駙馬及内族大臣入寢殿劇飲。甲午，幸中京。庚子，以駙馬都尉蕭忽列爲國舅詳穩。

十一月丙辰，回鶻遣使來貢。

十二月丙子朔，宋遣劉沆、王整來賀應聖節。乙未，置撻朮不姑酋長。以胡撻刺爲平章事。上聞宋設關河，治壕塹，恐爲邊患，與南、北樞密吴國王蕭孝穆、趙國王蕭貫寧謀取宋舊割關南十縣地，遂遣蕭英、劉六符使宋〔六〕。庚寅〔七〕，宋遣張沔、侯宗亮、薛申、侍其瀆、施昌言、潘永照來賀永壽節及來歲正旦〔八〕。以宣政殿學士楊佶爲吏部尚書、判順義軍節度使事〔九〕。丁酉，議伐宋，詔諭諸道。

十一年春正月戊申，奉迎皇太后于内殿。庚戌，遣南院宣徽使蕭特末、翰林學士劉六符使宋，取晉陽及瓦橋以南十縣地，且問興師伐夏及沿邊疏濬水澤、增益兵戍之故。

二月壬寅，如鴛鴦濼。

四月甲戌朔，頒南征賞罰令。

六月乙亥，宋遣富弼、張茂實奉書來聘，以書答之。壬午，御含涼殿，放進士王寔等六十四人。禁氈、銀鬻入宋。

秋七月壬寅朔，詔盜易官馬者減死論。外路官勤瘁正直者，考滿代；不治事者即易之。

八月丙申，宋復遣富弼、張茂實奉書來聘，乞增歲幣銀絹，以書答之。

九月壬寅，遣北院樞密副使耶律仁先、漢人行宫副部署劉六符使宋約和。是時，富弼爲上言，大意謂遼與宋和，坐獲歲幣，則利在國家，臣下無與；與宋交兵，則利在臣下，害在國家。上感其言，和好始定。

閏月癸未，耶律仁先遣人報，宋歲增銀、絹十萬兩、匹，文書稱「貢」，送至白溝。帝喜，宴羣臣于昭慶殿。是日，振恤三父族之貧者。辛卯，仁先、劉六符還，進宋國誓書。

冬十一月丁亥，羣臣加上尊號曰聰文聖武英略神功睿哲仁孝皇帝，册皇后蕭氏曰貞懿宣慈崇聖皇后。大赦。梁王洪基進封燕國王。

十二月癸卯，朝皇太后。甲辰，封皇太弟重元子涅魯古爲安定郡王。己酉，以宣獻皇后忌日，上與皇太后素服，飯僧于延壽、憫忠、三學三寺。辛亥，詔蠲預備伐宋諸部租稅一年。壬子，以吐渾、党項多鬻馬夏國，詔謹邊防。己未，宋遣賀正旦及永壽節使居邸，帝微服往觀。丁卯，禁喪葬殺牛馬及藏珍寶。

十二年春正月辛未，遣同知析津府事耶律敵烈、樞密院都承旨王惟吉諭夏國與宋和。壬申，以吴國王蕭孝穆爲南院樞密使，北府宰相蕭孝忠北院樞密使、封楚王，韓國王蕭惠北府宰相、同知元帥府事，韓八南院大王〔一〇〕，耶律侯哂東京留守〔一一〕，北院樞密副使耶律仁先同知東京留守事〔一二〕，北面林牙蕭革北院樞密副使。甲戌，如武清寨葦淀。

二月壬寅，禁關南漢民弓矢。己酉，夏國以加上尊號，遣使來賀。甲寅，耶律敵烈等使夏國還，奏元昊罷兵，即遣使報宋。

三月辛卯，幸南京。壬辰，高麗國以加上尊號，遣使來賀。

夏四月己亥，置回跋部詳穩、都監。庚子，夏國遣使進馬、駝。

五月辛卯，斡魯、蒲盧毛朵部二使來貢失期，宥而遣還。乙未，詔復定禮制。是月，幸山西。

六月丙午，詔世選宰相、節度使族屬及身爲節度使之家，許葬用銀器；仍禁殺牲以祭。庚戌，詔漢人宮分户絶，恒産以親族繼之。辛亥，阻卜大王屯秃古斯弟太尉撒葛里來朝。丙辰，回鶻遣使來貢。甲子，以南院樞密使吴國王蕭孝穆爲北院樞密使，徙封齊國王。

秋七月丙寅朔，北院樞密使蕭孝忠薨，特釋繫囚。庚寅，夏國遣使上表，請伐宋，不從。

八月丙申，謁慶陵。辛丑，燕國王洪基加尚書令，知北南院樞密使事，進封燕趙國王。戊午，以前西北路招討使蕭塔烈葛爲右夷离畢[一三]。庚申，于越耶律洪古薨。甲子，阻卜來貢。

九月壬申，朝皇太后，謁望仙殿。壬午，謁懷陵。

冬十月丁酉，駐蹕中會川。己亥，北院樞密使蕭孝穆薨，追贈大丞相、晉國王。庚子，詔諸路上重囚，遣官詳讞。辛亥，參知政事韓紹芳爲廣德軍節度使，三司使劉六符長寧軍節度使。壬子，以夏人侵党項，遣延昌宫使高家奴讓之。甲子，北府宰相蕭惠爲北院樞密使，豳王遂哥爲惕隱，惕隱敵魯古封漆水郡王、西北路招討使，樞密副使蕭阿剌同知北院宣徽事。出飛龍廄馬，分賜羣臣。

十一月丁丑，追封楚王蕭孝忠爲楚國王。丁亥，以上京歲儉，復其民租稅。癸巳，朝皇太后。

十二月戊申，改政事省爲中書省。

十三年春正月甲子朔，朝皇太后。戊辰，如混同江。辛未，獵兀魯館岡。

二月庚戌，如魚兒濼。丙辰，以參知政事杜防爲南府宰相。

三月丁亥，高麗遣使來貢。以宣政殿學士楊佶參知政事。是月，置契丹警巡院。

夏四月己酉，遣東京留守耶律侯哂、知黄龍府事耶律歐里斯將兵攻蒲盧毛朵部〔一四〕。甲寅，南院大王耶律高十奏党項等部叛附夏國。丙辰，西南面招討都監羅漢奴、詳穩斡魯母等奏，山西部族節度使屈烈以五部叛入西夏，乞南、北府兵援送實威塞州户。詔富者遣行，餘留屯田天德軍〔一五〕。

五月壬戌朔，羅漢奴奏所發部兵與党項戰不利，招討使蕭普達、四捷軍詳穩張佛奴殁于陣。李元昊來援叛黨。戊辰，詔徵諸道兵會西南邊以討元昊。

六月甲午，阻卜酋長烏八遣其子執元昊所遣求援使窊邑改來〔一六〕，乞以兵助戰，從之。駐蹕永安山。以將伐夏，遣延昌宫使耶律高家奴告宋。丙申，詔前南院大王耶律谷欲、翰林都林牙耶律庶成等編集國朝上世以來事蹟。丙午，高麗遣使來貢。丁未，録囚。

秋七月辛酉，香河縣民李宜兒以左道惑衆，伏誅。庚午，行再生禮。庚辰，夏國遣使來朝。

八月乙未，以夏使對不以情，羈之。丁巳，夏國復遣使來，詢以事宜，又不以實對，畱之。

九月戊辰，宋以親征夏國，遣余靖致贐禮。壬申，會大軍于九十九泉，以皇太弟重元、北院樞密使韓國王蕭惠將先鋒兵西征。

冬十月庚寅，祭天地。丙申，獲党項偵人，射鬼箭。丁酉，李元昊上表謝罪。己亥，元昊遣使來奏，欲收叛黨以獻，從之。辛亥，元昊遣使來進方物，詔北院樞密副使蕭革迓之。

壬子，軍于河曲。革言元昊親率党項三部來，詔革詰其納叛背盟，元昊伏罪，賜酒，許以自新，遣之。召羣臣議，皆以大軍既集，宜加討伐。癸丑，督數路兵掩襲，殺數千人，駙馬都尉蕭胡覩爲夏人所執。丁巳，元昊遣使以先被執者來歸，詔所留夏使亦還其國。

十一月辛酉，賜有功將校有差。甲子，班師。丁卯，改雲州爲西京。辛巳，朝皇太后。

十二月己丑，幸西京。戊戌，以北院樞密副使耶律敵烈爲右夷离畢。己亥，高麗遣使來貢。戊申，蕭胡覩自夏來歸。

十四年春正月庚申，以侍中蕭虚烈爲南院統軍使，封遼西郡王。庚午，如鴛鴦濼。壬午，以金吾衞大將軍敵魯古爲乙室大王。甲申，夏國遣使進鶻。以常侍斡古得戰歿，命其子習羅爲帥。

二月庚子，朝皇太后。駐蹕撒剌濼。

三月己卯，宋以伐夏師還，遣使來賀。

四月辛亥，高麗遣使來貢〔一七〕。

閏五月癸丑，清暑永安山。

六月丁卯〔一八〕，謁慶陵。己卯，阻卜大王屯秃古斯率諸酋長來朝。庚辰，夏國遣使來貢。辛巳〔一九〕，以西南面招討使蕭普達戰殁，贈同中書門下平章事。

秋七月戊申，駐蹕中會川。

冬十月甲子，望祀木葉山。

十一月壬午朔，回鶻阿薩蘭遣使來貢。甲辰，以同知北院宣徽事蕭阿剌爲北府宰相。

十二月癸丑，觀漢軍習砲射擊刺。癸亥，決滯獄。

十五年春正月乙酉，如混同江。禁契丹以奴婢鬻與漢人。

二月乙卯，如長春河。丙寅，蒲盧毛朶界曷懶河户來附，詔撫之。

三月甲申，朝皇太后。乙酉，以應聖節，減死罪，釋徒以下。辛卯，朝皇太后。丁酉，高麗遣使來貢。詔諸道歲具獄訟以聞。

夏四月辛亥，禁五京吏民擊鞠。戊午，罷遥輦帳戍軍。壬戌，以北女直詳穩蕭高六爲奚六部大王。甲子，清暑永安山。甲戌，蒲盧毛朶曷懶河百八十户來附。

六月癸丑，以西京留守耶律馬六爲漢人行宫都部署，參知政事楊佶出爲武定軍節度使。戊辰，御清涼殿，放進士王棠等六十八人。甲戌，西北路招討使耶律敵魯古坐贓免官。

秋七月乙酉，豳王遂哥薨。戊子，觀穫。乙未，以北院宣徽使旅墳爲左夷离畢，前南府宰相耶律喜孫東北路詳穩。丙申，籍諸路軍。丁酉，如秋山。辛丑，禁扈從踐民田。丁未，以女直部長遮母率衆來附，加太師。

八月癸丑，高麗王欽薨〔二〇〕，遣使來告。

九月甲辰，禁以罝網捕狐兔。

冬十月己酉，駐蹕中會川。

十一月丁亥，以南院樞密使蕭孝友爲北府宰相，契丹行宫都部署耶律仁先南院大王，北府宰相蕭革同知北院樞密使事，知夷离畢事耶律信先漢人行宫都部署，左夷离畢旅墳惕隱，漢人行宫都部署耶律敵烈左夷离畢。己亥，渤海部以契丹户例通括軍馬〔二一〕。乙巳，振南京貧民。

十二月壬申，曲赦徒以下罪〔二二〕，是日爲聖宗在時生辰。

校勘記

〔一〕復遣吴育馮戴來賀永壽節　「馮戴」，長編卷一二八康定元年（遼重熙九年）八月乙未作「馮載」。

〔二〕以蕭寧耶律坦崔禹稱馬世良耶律仁先劉六符充賀宋生辰使副　此事見長編卷一三五慶曆二年（遼重熙十一年）四月甲申：「契丹國母遣保寧節度使耶律坦、左監門衛上將軍蕭寧，契丹主遣嚴州防禦使馬世長、東上閤門使崔禹，來賀乾元節。」按長編無耶律仁先、劉六符二人，又「崔禹稱」作「崔禹」、「馬世良」作「馬世長」。

〔三〕耶律庶成趙成耶律烈張旦充來歲賀宋正旦使副　長編卷一三八繫此事於慶曆二年（遼重熙十一年）十二月乙丑。又「耶律烈」，長編作「耶律寧」。

〔四〕以醫者鄧延貞治詳穩蕭留寧疾驗　「鄧延貞」，鄧中舉墓誌作「鄧延正」。

〔五〕以石硬砦太保郭三避虎不射　「石」字疑衍。按本書卷二九天祚皇帝紀三保大三年四月戊戌及卷四五百官志一皆有「硬寨太保」。

〔六〕遂遣蕭英劉六符使宋　下文重熙十一年正月庚戌又謂「遣南院宣徽使蕭特末、翰林學士劉六符使宋」。據長編卷一三五慶曆二年（遼重熙十一年）三月己巳，契丹遣宣徽南院使蕭英、翰林學士劉六符來致書，知蕭英即蕭特末。此處與下文蓋係一事重出。

〔七〕庚寅　據上文及本書卷四四朔考，是月丙子朔，庚寅爲十五日，然上文乙未爲二十日，下文丁酉爲二十二日，疑此處庚寅與乙未條互倒，或「庚寅」爲「丙申」之誤。

〔八〕宋遣張沔侯宗亮薛申侍其濬施昌言潘永照來賀永壽節及來歲正旦　長編卷一三三慶曆元年（遼重熙十年）八月戊子，以張沔、侯宗亮爲契丹國母正旦使副，王球、侍其濬爲契丹國主正旦使副，施昌言、何九齡爲契丹國主生辰使副。「薛申」、「潘永照」，長編作「王球」、「何九齡」。

〔九〕以宣政殿學士楊佶爲吏部尚書判順義軍節度使事　「順義軍」，原作「順度軍」，據本書卷四一地理志五朔州順義軍條及卷八九楊佶傳改。

〔一〇〕韓八南院大王　「南院大王」，本書卷九一耶律韓八傳作「北院大王」。

〔一一〕耶律侯哂東京留守　「侯哂」，原作「遼哂」，據本書卷九二本傳及下文重熙十三年四月己酉改。

〔一二〕北院樞密副使耶律仁先同知東京留守事　「東京」，疑當作「南京」。按本書卷九六本傳作「同知南京留守事」，耶律仁先墓誌作「燕京留守同知兼權析津府尹事」。

〔一三〕以前西北路招討使蕭塔烈葛爲右夷离畢　「西北路招討使」，卷八五本傳作「西南面招討使」。

〔一四〕遣東京留守耶律侯哂知黄龍府事耶律歐里斯將兵攻蒲盧毛朵部　「耶律歐里斯」，本書卷六九部族表同，卷九二耶律侯哂傳作「蕭歐里斯」。

〔一五〕餘留屯田天德軍　「田」，原作「疑」，據明鈔本、南監本、北監本、殿本改。按遼史百衲本張元濟跋臚列本書七「疑」字之訛，繼云：「以上七『疑』字，殆鐫板之時，原書本文俱已損佚，究爲何字，不敢臆斷，故著一『疑』字以代之。此在宋刊南北諸史多有其例，但彼則旁注小字，此則列入正文。後人疏忽，斷爲訛字，任意改竄，不知妄作，殊失闕疑之意矣。」後六條同改。

〔一六〕阻卜酋長烏八遣其子執元昊所遣求援使窊邑改來　「求援」，原作「來援」，據本書卷七〇屬國表改。

〔一七〕四月辛亥高麗遣使來貢　「四月」二字原闕。按本書卷四四朔考，三月丁巳朔，月內無辛亥；四月丁亥朔，辛亥爲二十五日。又本書卷七〇屬國表亦繫此事於四月。今據補。

〔一八〕六月丁卯　「六月」二字原闕。按本書卷四四朔考，閏五月丙戌朔，月內無丁卯；六月乙卯朔，十三日丁卯，二十五日己卯，二十六日庚辰。又下文阻卜來朝事，卷七〇屬國表亦繫於六月。今據補。

〔一九〕辛巳　原作「辛亥」。據本書卷四四朔考，六月乙卯朔，月內無辛亥。按是月庚辰之後，僅有辛巳、壬午、癸未三日，「辛亥」當爲「辛巳」之誤，今據改。

〔二〇〕高麗王欽薨　本書卷一一五高麗外記同。據高麗史卷五德宗世家、卷六靖宗世家，高麗王欽卒於德宗三年（遼重熙三年）九月癸卯，王亨卒於靖宗十二年（遼重熙十五年）五月丁酉。此處「欽」當爲「亨」之誤。

〔二一〕渤海部以契丹户例通括軍馬　「渤」，原作一字空格，據明鈔本、南監本、北監本、殿本補。

〔二二〕曲赦徒以下罪　「曲赦徒」，原作三字空格，據明鈔本、南監本、北監本、殿本補。

遼史卷二十

本紀第二十

興宗三

十六年春正月己卯，如混同江。

二月庚申，如魚兒濼。辛酉，禁羣臣遇宴樂奏請私事。詔世選之官，從各部耆舊擇材能者用之。

三月丁亥，如黑水濼。癸巳，遣使審決雙州囚。壬寅，大雪。

夏四月乙巳朔，皇太后不豫，上馳往視疾。丙午，皇太后愈，復如黑水濼。丁卯，肆赦。

六月戊申，清暑永安山。丁巳，阻卜大王屯禿古斯來朝，獻方物。戊午，詔士庶言事。

秋七月辛卯，幸慶州。自是月至于九月，日射獵于楚不溝、霞列、繫輪、石塔諸山〔一〕。

冬十月辛亥，幸中京，謁祖廟。丙辰，定公主行婦禮於舅姑儀。庚午，鐵驪仙門來朝，以始入貢，加右監門衛大將軍。

十一月戊寅，祠木葉山。己丑，幸中京，朝皇太后。壬辰，禁漏泄宮中事。

十二月辛丑朔，女直遣使來貢。辛亥，謁太祖廟，觀太宗收晉圖。癸丑，問安皇太后。乙卯，以太后痛，雜犯死罪減一等論，徒以下免。庚申，南府宰相杜防、韓紹榮奏事有誤，各以大杖決之。出防爲武定軍節度使。壬戌，高麗遣使來貢。

十七年春正月丁亥，如春水。

閏月癸丑，射虎于候里吉。

二月辛巳，振瑶穩、嘲穩部。是月，詔士庶言國家利便，不得及己事；奴婢所見，許白其主，不得自陳。夏國王李元昊薨，其子諒祚遣使來告，即遣永興宮使耶律褱里、右護衛太保耶律興老、將作少監王全慰奠。

三月癸卯，以同知南京留守事蕭塔烈葛爲左夷离畢，知右夷离畢事唐古爲右夷离畢。丙午，夏國李諒祚遣使上其父元昊遺物。丁卯，鐵不得國使來，乞以本部軍助攻夏國，不許。

夏四月辛未，武定軍節度使杜防復爲南府宰相。丙子，高麗遣使來貢。甲申，蒲盧毛朵部大王蒲輦以造舟人來獻。

六月庚辰，阻卜獻馬、駝二萬。辛卯，長白山太師柴葛、回跋部太師撒刺都來貢方物。

秋七月丁未，于越摩梅欲之子不葛一及婆離八部夷离菫虎黏等内附。甲寅，録囚，減雜犯死罪。

八月丙戌，復南京貧户租稅。戊子，以殿前都點檢耶律義先爲行軍都部署，忠順軍節度使夏行美副部署，東北面詳穩耶律朮者爲監軍〔二〕，伐蒲奴里酋陶得里。

冬十月甲申，南院大王耶律韓八薨。甲午，駐蹕獨盧金。

十一月乙未朔，遣使括馬。丁巳，賜皇太弟重元金券。封皇子和魯斡爲越王，阿璉許王，忠順軍節度使謝家奴陳王，西京留守貼不漢王，惕隱旅墳遼西郡王，行宮都部署別古得柳城郡王，奉陵軍節度使侯古饒樂郡王，安定郡王涅魯古進封楚王。

十八年春正月甲午朔，日有食之。戊戌，留夏國賀正使不遣。己亥，遣北院樞密副使蕭惟信以伐夏告宋。辛丑，録囚。丙午，如鴛鴦濼。丙辰，獵霸特山。耶律義先奏蒲奴里捷。

二月庚辰，幸燕趙國王洪基帳視疾。乙酉，耶律義先等執陶得里以獻。

三月乙巳，高昌國遣使來貢。壬子，以洪基疾愈，赦雜犯死罪以下。丁巳，烏古遣使送款。

夏四月癸酉，以南府宰相耶律高十爲南京統軍使。

五月甲辰，五國酋長各率其部來附。庚戌，回跋部長兀迭、臺扎等來朝。戊午，五國節度使耶律仙童以降烏古叛人，授左監門衞上將軍。

六月壬戌朔，以韓國王蕭惠爲河南道行軍都統，趙王蕭孝友、漢王貼不副之。乙丑，録囚。丙寅，行十二神纛禮。己巳，宋以遼師伐夏，遣錢逸致賻禮〔三〕。庚辰，阻卜來貢馬、駝、珍玩。辛巳，夏國使來貢，留之不遣。丁亥，行再生禮。

秋七月戊戌，親征。

八月辛酉，渡河。夏人遁，乃還。

九月丁未，蕭惠等爲夏人所敗。

冬十月，北道行軍都統耶律敵魯古率阻卜諸軍至賀蘭山，獲李元昊妻及其官僚家屬，遇夏人三千來戰，殪之。烏古敵烈部都詳穩蕭慈氏奴、南尅耶律斡里死焉。

十二月戊寅，慶陵林木火。己卯，録囚。有弟從兄爲强盜者，兄弟俱無子，特原其弟。

十九年春正月庚寅，僧惠鑑加檢校太尉。庚子，耶律敵魯古復封漆水郡王，諸將校及阻卜等部酋長各進爵有差。贈蕭慈氏奴同中書門下平章事。辛丑，遣使問罪于夏國。壬寅，如魚兒濼。

二月丁亥，夏將洼普、猥貨、乙靈紀等來攻金肅城，南面林牙耶律高家奴等破之。洼普被創遁去，殺猥貨、乙靈紀。

三月戊戌，殿前都點檢蕭迭里得與夏戰于三角川，敗之。癸卯，命西南招討使蕭蒲奴、北院大王宜新、林牙蕭撒抹等帥師伐夏，以行宮都部署别古得監戰。甲辰，遣同知北院樞密使蕭革按軍邊城，以爲聲援。己酉，駐蹕息雞淀。丙辰，幸殿前都點檢蕭迭里得、駙馬都尉蕭胡覩帳視疾。

夏四月丙寅，如魚兒濼。壬申，蒲盧毛朵部惕隱信篤來貢。甲申，高麗遣使來貢。

五月己丑，如涼陘。癸巳，蕭蒲奴等入夏境，不與敵遇，縱軍俘掠而還。丁酉，夏國注普來降。己亥，遠夷拔思母部遣使來貢。

六月丙辰朔，置倒塌嶺都監。丙寅，謁慶陵。庚午，幸慶州，謁大安殿。壬申，詔醫卜、屠販、奴隸及倍父母或犯事逃亡者，不得舉進士。回跋、曷蘇館、蒲盧毛朵部各遣使貢馬。甲戌，宋遣使來賀伐夏捷，高麗使俱至。辛巳，御金鑾殿試進士。

秋七月壬辰，駐蹕括里蒲盌。癸巳，以燕趙國王洪基領北南樞密院。乙未，阻卜長豁得剌弟斡得來朝，加太尉遣之。戊戌，録囚。戊申，以左夷离畢蕭唐古爲北院樞密副使。壬子，獵候里吉。

八月丁卯，阻卜酋長喘只葛拔里斯來朝。

九月壬寅，夏人侵邊，敵魯古遣六院軍將海里擊敗之〔四〕。

冬十月庚午，還上京。辛未，夏國王李諒祚母遣使乞依舊稱藩。使還，詔諭別遣信臣詣闕，當徐思之〔五〕。壬申，釋臨潢府役徒。甲戌，如中會川。

十一月甲午，阻卜酋長豁得剌遣使來貢。庚戌，録囚。壬子，出南府宰相韓知白爲武定軍節度使，樞密副使楊績長寧軍節度使，翰林學士王綱澤州刺史，張宥徽州刺史，知制誥周白海北州刺史。

閏月乙卯，以漢王貼不爲中京留守。辛未，以同知北院樞密使事蕭革爲南院樞密使，南院大王耶律仁先知北院樞密使事，封宋王。

十二月丁亥，北府宰相、趙王蕭孝友出爲東京留守，東京留守蕭塔列葛爲北府宰相，南院樞密使、潞王查葛爲南院大王。庚戌，韓國王蕭惠徙封魏王，致仕。壬子〔六〕，夏國李諒祚遣使上表，乞依舊臣屬。

二十年春正月戊戌〔七〕，駐蹕混同江。

二月甲申，遣前北院都監蕭友括等使夏國〔八〕，索党項叛户。己丑，如蒼耳濼。甲辰，吐蕃遣使來貢。

三月壬子朔，幸黑水。

夏五月癸丑，蕭友括等使夏還，李諒祚母表乞如党項權進馬、駝、牛、羊等物〔九〕。己巳，夏國遣使求唐隆鎮及乞罷所建城邑，以詔答之。

六月丙戌，詔以所獲李元昊妻及前後所俘夏人安置蘇州。以伐夏所獲物遣使遺宋。

秋七月，如秋山。

九月，詔更定條制。駐蹕中會川。

冬十月己卯朔，括諸道軍籍。

十一月庚申，以惕隱都監蕭謨魯爲左夷离畢。甲子，命東京留守司總領户部、内省事。丁卯，罷中丞記録職官過犯，令承旨總之。

十二月乙酉，以皇太后行再生禮，肆赦。

二十一年春正月辛亥，如混同江。

二月，如魚兒濼。

夏四月癸未，以國舅詳穩蕭阿剌爲西北路招討使，封西平郡王。

六月丙子，駐蹕永安山。

秋七月甲辰朔，召北府宰相蕭塔烈葛、南府宰相漢王貼不、南院樞密使蕭革、知北院樞密使事仁先等，賜坐，論古今治道。戊申，祀天地。己酉，詔北、南樞密院日再奏事。壬子，追尊太祖之祖爲簡獻皇帝，廟號玄祖，祖妣爲簡獻皇后；太祖之考爲宣簡皇帝，廟號德祖，妣爲宣簡皇后。追封太祖伯父夷离堇巖木爲蜀國王〔一〇〕，于越釋魯爲隋國王。以燕趙國王洪基爲天下兵馬大元帥、知惕隱事，賜詔諭之。癸亥，近侍小底盧寶僞學御畫，免死，配役終身。甲子，如秋山。戊辰，謁慶陵。以南院樞密使蕭革爲北院樞密使，封吴王。辛未，如慶州。壬申，追封太祖弟寅底石爲許國王。

八月戊子，太尉烏者薨，詔配享聖宗廟。

九月乙卯，平州進白兔。己未，謁懷陵。庚申，追上嗣聖皇帝、天順皇帝尊謚，及更謚彰德皇后曰靖安。癸亥，謚齊天皇后曰仁德皇后。甲子，謁祖陵。增太祖謚大聖大明神烈天皇帝，更謚貞烈皇后曰淳欽，恭順皇帝曰章肅，后蕭氏謚曰和敬。

冬十月戊寅，駐蹕中會川。丁亥，夏國李諒祚遣使乞弛邊備，即遣蕭友括奉詔諭之。戊子，幸顯、懿二州。甲午，遼興軍節度使蕭虛烈封鄭王，南院大王、潞王查葛爲南院樞密使，進封越國王。戊戌，射虎于南撒葛柏。辛丑，謁乾陵。

十一月壬寅朔，增謚文獻皇帝爲文獻欽義皇帝，及謚二后曰端順，曰柔貞。復更謚世宗孝烈皇后爲懷節。丁未，增孝成皇帝謚曰孝成康靖皇帝，更謚聖神宣獻皇后爲睿智。甲子，次中會川。回鶻阿薩蘭遣使貢名馬、文豹。丙寅，録囚。

十二月戊戌，以北府宰相塔烈葛爲南京統軍使，鄭王虛烈北府宰相，契丹行宫都部署耶律義先惕隱。釋役徒限年者。

二十二年春正月乙巳，如混同江。

二月丙子，回鶻阿薩蘭爲鄰國所侵，遣使求援。庚辰，如春水。

三月癸亥，李諒祚以賜詔許降，遣使來謝。丙寅，如黑水濼。

夏四月戊子，獵鶴淀。

五月壬寅，詔内地州縣植果。

六月壬申，駐蹕胡吕山。癸未，高麗遣使來貢。

秋七月己酉，阻卜大王屯秃古斯率諸部長獻馬、駝。庚申，如黑嶺。

閏月庚午，烏古來貢。癸巳，長春州置錢帛司。

九月壬辰，夏國李諒祚遣使進降表。甲午，遣南面林牙高家奴等奉詔撫諭。

冬十月丙申朔，日有食之。

十一月辛卯，詔諸職事官以禮受代及以罪去者置籍，歲申樞密院。

十二月丙申朔，詔回鶻部副使以契丹人充。庚子，應聖節，曲赦徒以下罪。壬子，詔大臣曰：「朕與宋主約爲兄弟，歡好歲久，欲見其繪像，可諭來使。」

二十三年春正月己巳，如混同江。癸酉，獵雙子淀。戊子，夏國遣使貢方物。壬辰，如春水。甲午，獵盤直坡。

三月丁亥，幸皇太弟重元帳。

夏四月癸卯，高麗遣使來貢。癸丑，獵合只忽里。

五月己巳，李諒祚乞進馬、駝，詔歲貢之。庚寅，駐蹕永安山。壬辰，夏國遣使來貢。

六月丙申，如慶州。己亥，謁慶陵。壬寅，高麗王徽請官其子，詔加檢校太尉。辛亥，吐蕃遣使來貢。

秋七月己巳，夏國李諒祚遣使來求婚。甲戌，如秋山。己卯，詔八房族巾幘。

九月庚寅，獵，遇三虎，縱犬獲之。

冬十月丁酉，駐蹕中京。戊戌，幸新建秘書監。辛丑，有事于祖廟。癸丑，以開泰寺鑄銀佛像，曲赦在京囚。丙辰，李諒祚遣使進誓表。

十一月乙丑，阻卜部長來貢。壬申，帝率羣臣上皇太后尊號曰仁慈聖善欽孝廣德安靜貞純懿和寬厚崇覺儀天皇太后，大赦。内外官進級有差。癸未，録囚。甲申，羣臣上皇帝尊號曰欽天奉道祐世興曆武定文成聖神仁孝皇帝，册皇后蕭氏曰貞懿慈和文惠孝敬廣愛崇聖皇后。

十二月丙申，如中會川。

二十四年春正月癸亥，如混同江。戊辰，朝皇太后。辛巳，宋遣使來賀，饋馴象。

二月己丑朔，召宋使釣魚〔二〕、賦詩。癸巳，如長春河。甲寅，夏國遣使來賀。

三月癸亥，皇太弟重元生子，曲赦行在及長春、鎮北二州徒以下罪。

夏五月，駐蹕南崖。

秋七月壬午，如秋山。次南崖之北峪，不豫。

八月丁亥，疾大漸，召燕趙國王洪基，諭以治國之要。戊子，大赦，縱五坊鷹鶻，焚鈎魚之具。己丑，帝崩于行宮，年四十。遺詔燕趙國王洪基嗣位。清寧元年十月庚子，上尊謚爲神聖孝章皇帝，廟號興宗。

贊曰：興宗即位年十有六矣，不能先尊母后而尊其母，以致臨朝專政，賊殺不辜，又不能以禮幾諫，使齊天死於弑逆，有虧王者之孝，惜哉！若夫大行在殯，飲酒博鞠，疊見簡書。及其謁遺像而哀慟，受宋弔而衰絰，所爲若出二人。何爲其然歟？至於感富弼之言而申南宋之好，許諒祚之盟而罷西夏之兵，邊鄙不聳，政治内修，親策進士，大修條制，下至士庶，得陳便宜，則求治之志切矣。于時左右大臣，曾不聞一賢之進，一事之諫，欲庶幾古帝王之風，其可得乎？雖然，聖宗而下，可謂賢君矣。

校勘記

〔一〕日射獵于楚不溝霞列繫輪石塔諸山　「繫輪」，本書卷六八遊幸表作「擊輪」。

〔二〕東北面詳穩耶律朮者爲監軍　本書卷九一蕭朮哲傳：「蒲奴里酋長陶得里叛，朮哲爲統軍都監，從都統耶律義先討之。」此耶律朮者應即蕭朮哲。

〔三〕宋以遼師伐夏遣錢逸致賻禮　「錢逸」，長編卷一六六皇祐元年三月庚申作「錢明逸」，宋史卷三一七有傳。

〔四〕敵魯古遣六院軍將海里擊敗之　「古」，原作「疑」，據明鈔本、南監本、北監本、殿本改。參見本書卷一九興宗紀二校勘記〔一五〕。

〔五〕當徐思之　「當」，原作「之」，據明鈔本、南監本、北監本、殿本改。

〔六〕壬子　「壬」字原闕，據明鈔本、南監本、北監本、殿本補。

〔七〕二十年春正月戊戌　本書卷四四朔考，是年正月癸丑朔，月内無戊戌。

〔八〕蕭友括　下文重熙二十年五月癸丑及二十一年十月丁亥同，本書卷一一五西夏外記作「蕭爻括」。

〔九〕李諒祚母表乞如党項權進馬駝牛羊等物　「馬」，原作「之」，據明鈔本、南監本、北監本、殿本改。

〔一〇〕追封太祖伯父夷离堇巖木爲蜀國王　「蜀國王」，本書卷六四皇子表同，卷六六皇族表及諸列傳均作「楚國王」。契丹文字石刻則二者互見。

〔一一〕召宋使釣魚　「釣」，諸本皆同，疑當作「鉤」。

遼史卷二十一

本紀第二十一

道宗一

道宗孝文皇帝，諱洪基〔一〕，字涅鄰，小字查剌。興宗皇帝長子，母曰仁懿皇后蕭氏。六歲封梁王，重熙十一年進封燕國，總領中丞司事。明年，總北南院樞密使事，加尚書令，進封燕趙國王。二十一年爲天下兵馬大元帥，知惕隱事，預朝政。帝性沉靜、嚴毅，每朝，興宗爲之斂容。

二十四年八月己丑，興宗崩，即皇帝位於柩前，哀慟不聽政。辛卯，百僚上表固請〔二〕，許之。詔曰：「朕以菲德，託居士民之上，第恐智識有不及，羣下有未信；賦斂妄興，賞罰不中，上恩不能及下，下情不能達上。凡爾士庶，直言無諱。可則擇用，否則不以爲愆。卿等其體朕意。」壬辰，以皇太弟重元爲皇太叔，免漢拜，不名。癸巳，遣使報哀于宋及夏、高麗。甲午，遣重元安撫南京軍民。戊戌，以遺詔，命西北路招討使西平郡王蕭阿剌爲北府宰相，仍權知南院樞密使事，北府宰相蕭虛烈爲武定軍節度使。辛丑，改元清寧，大赦。

九月戊午，詔常所幸圍場外毋禁。庚申，詔除護衛士餘不得佩刃入宮，非勳戚後及夷離堇、副使、承應諸職事人不得冠巾。壬戌，詔夷離堇及副使之族并民如賤〔三〕，不得服駝尼、水獺裘，刀柄、兔鶻、鞍勒、珮子不許用犀玉、骨突犀，惟大將軍不禁。乙丑，賜內外臣僚爵賞有差。庚午，尊皇太后爲太皇太后。辛未，遣左夷離畢蕭謨魯、翰林學士韓運以先帝遺物遺宋〔四〕。癸酉，遣使以即位報宋。丙子，尊皇后爲皇太后，宴菆塗殿。以上京留守宿國王陳留爲南京留守〔五〕。壬午，遣使賜高麗、夏國先帝遺物。

冬十月丁亥，有司請以帝生日爲天安節，從之。以吳王仁先同知南京留守事，陳王塗孛特爲南府宰相，進封吳王。壬寅，以順義軍節度使十神奴爲南院大王。

十一月甲子，葬興宗皇帝於慶陵。宋及高麗遣使來會。名其山曰永興。丙寅，以南院大王侯古爲中京留守，北府宰相、西平郡王蕭阿剌進封韓王。壬申，次懷州。有事於太宗、穆宗廟。甲戌，謁祖陵。戊寅，冬至，有事於太祖、景宗、興宗廟，不受羣臣賀。

十二月丙戌，詔左夷离畢曰：「朕以眇沖，獲嗣大位，夙夜憂懼，恐弗克任。欲聞直言，以匡其失。今已數月，未見所以副朕委任股肱耳目之意。其令內外百官，比秩滿，各言一事。仍轉諭所部，無貴賤老幼，皆得直言無諱。」戊子，應聖節，上太皇太后壽，宴羣臣、命婦，册妃蕭氏爲皇后。進封皇弟越王和魯斡爲魯國王、許王阿璉爲陳國王，楚王涅魯古徙封吳王。辛卯，詔部署院，事有機密即奏，其投謗訕書，輒受及讀者并棄市。癸巳，皇族十公悖母，伏誅。甲午，以樞密副使姚景行爲參知政事，翰林學士吳湛爲樞密副使，參知政事、同知樞密院事韓紹文爲上京留守。丙申，宋遣歐陽脩等來賀即位。戊戌，詔設學養士，頒五經傳疏，置博士、助教各一員。癸卯，以知涿州楊績參知政事兼同知樞密院事。庚戌，以聖宗在時生辰，赦上京囚。

是年，御清涼殿放進士張孝傑等四十四人。

二年春正月丙辰，詔州郡官及僚屬決囚，如諸部族例。己巳，詔二女古部與世預宰相、節度使之選者，免皮室軍〔六〕。是月，幸魚兒濼。

二月乙酉，以左夷离畢蕭謨魯知西南面招討都監事。乙巳，以興宗在時生辰，宴羣臣，命各賦詩。

三月丁巳，應聖節，曲赦百里內囚。己卯，御製放鷹賦賜羣臣，諭任臣之意。

閏月己亥，始行東京所鑄錢。乙巳，南京獄空，進留守以下官。

夏四月甲子，詔曰：「方夏，長養鳥獸孳育之時，不得縱火於郊。」

五月戊戌，謁慶陵。甲辰，有事于興宗廟。

六月丁巳，詔宰相舉才能之士。戊午，命有司籍軍補邊戍。辛酉，阻卜酋長來朝，貢方物。丁卯，高麗遣使來貢。辛未，罷史官預聞朝議，俾問宰相而後書。乙亥，中京蝗蝻爲災。丙子，詔强盜得實者，聽諸路決之。丁丑，南院樞密使趙國王查葛爲上京留守，同知南京留守事吳王仁先爲南院樞密使。乙酉〔七〕，遣使分道平賦稅，繕戎器，勸農桑，禁盜賊。

八月辛未，如秋山。

九月庚子，幸中京，祭聖宗、興宗於會安殿。

冬十月丙子，如中會川。

十一月戊戌，知左夷离畢事耶律劃里爲夷离畢，北院大王耶律仙童知黃龍府事。甲辰，文武百僚上尊號曰天祐皇帝，后曰懿德皇后。大赦。乙巳，以皇太叔重元爲天下兵馬大元帥，徙封趙國王查葛爲魏國王、魯國王和魯斡爲宋國王、陳國王阿璉爲秦國王，吴王涅魯古進封楚國王，百官進遷有差。

十二月戊申朔，以韓王蕭阿剌爲北院樞密使，東京留守宿國王陳留北府宰相，宋國王和魯斡上京留守，秦國王阿璉知中丞司事。甲寅，上皇太后尊號曰慈懿仁和文惠孝敬廣愛宗天皇太后〔八〕。

三年春正月庚辰，如鴨子河。丙戌，置倒塌嶺節度使。乙未，五國部長來貢方物。

二月己未，如大魚濼。

三月辛巳，以楚國王涅魯古爲武定軍節度使。

夏四月丙辰，清暑永安山。

五月己亥，如慶陵，獻酎於金殿、同天殿。

六月辛未，以魏國王查葛爲惕隱，同知樞密院事蕭唐古南府宰相，魏國王貼不東京留守。

秋七月甲申，南京地震，赦其境内。乙酉，如秋山。

八月辛亥，帝以君臣同志華夷同風詩進皇太后。

九月庚子，幸中會川。

冬十月己酉，謁祖陵。庚申，謁讓國皇帝及世宗廟。辛酉，奠酎于玉殿。

十一月丙子，以左夷离畢蕭謨魯爲契丹行宫都部署。庚子，高麗遣使來貢。

十二月庚戌，禁職官於部内假貸貿易。戊辰，太皇太后不豫，曲赦行在五百里内囚。己巳，太皇太后崩。

四年春正月壬申朔，遣使報哀于宋、夏。如鴨子河鉤魚。癸酉，宋遣使奉宋主繪像來。丁亥，知易州事耶律頗得秩滿，部民乞留，許之。

二月丙午，詔夷离畢：諸路鞫死罪，獄雖具，仍令别州縣覆案，無冤，然後決之；稱冤者，即具奏。庚戌，如魚兒濼。

三月戊寅，募天德、鎮武〔九〕、東勝等處勇捷者，籍爲軍。甲午，肆赦。

夏四月甲辰，謁慶陵。丁卯，宋遣使弔祭。

五月庚午朔，上大行太皇太后尊謚曰欽哀皇后。癸酉，葬慶陵。夏國、高麗遣使來會。乙酉，如永安山清暑。

六月乙丑，以北院樞密使鄭王蕭革爲南院樞密使，徙封楚王。南院樞密使吴王仁先爲北院樞密使。

秋七月辛巳，制諸掌内藏庫官盜兩貫以上者，許奴婢告。壬午，獵于黑嶺。

冬十月戊戌朔，以同知東京留守事侯古爲南院大王，保安軍節度使奚底爲奚六部大王。

十一月癸酉，行再生及柴册禮，宴羣臣於八方陂。庚辰，御清風殿受大册禮。大赦。以吳王仁先爲南京兵馬副元帥，徙封隋王。壬午，謁太祖及諸帝宫。丙戌，祠木葉山。禁造玉器。

十二月辛丑，弛駝尼〔一〇〕、水獺裘之禁。乙巳，許士庶畜鷹。辛亥，南院樞密使楚王蕭革復爲北院樞密使。

閏月己巳，賜皇太叔重元金券。

是歲，皇子濬生。

五年春，如春州。

夏六月甲子朔，駐蹕納葛濼。己丑，以南院樞密使蕭阿速爲北府宰相，樞密副使耶律乙辛南院樞密使，惕隱查葛遼興軍節度使，魯王謝家奴武定軍節度使，東京留守吳王貼不西京留守。

秋七月丁酉，以烏古敵烈詳穩蕭謨魯爲左夷离畢。

冬十月壬子朔〔二〕，幸南京，祭興宗於嘉寧殿。

十一月，禁獵。

十二月壬戌，以北院林牙奚馬六爲右夷离畢。參知政事吴湛以弟洵冒入仕籍，削爵爲民。

是年，上御百福殿，放進士梁援等百一十五人。

六年春，如鴛鴦濼。

夏五月戊子朔，監修國史耶律白請編次御製詩賦〔三〕，仍命白爲序。己酉，駐蹕納葛濼。

六月戊午朔，以東北路女直詳穩高家奴爲惕隱。壬戌，遣使録囚。丙寅，中京置國子監，命以時祭先聖先師。癸未，以隋王仁先爲北院大王，賜御製誥。

冬十月甲子，駐蹕藕絲淀。

七年春三月庚戌，如春州。以耶律乙辛知北院樞密使事。

夏四月辛未，禁吏民畜海東青鶻。

五月丙戌，清暑永安山。丙午，謁慶陵。辛亥，殺東京留守陳王蕭阿剌。

六月壬子朔，日有食之。甲子，以蕭謨魯爲順義軍節度使。丁卯，幸弘義、永興、崇德三宮致祭。射柳，賜宴，賞賚有差。戊辰，行再生禮，復命羣臣分朋射柳。丁丑，以楚國王涅魯古知南院樞密使事。

秋九月丁丑，駐蹕藕絲淀。

冬十一月壬午〔三〕，以知黃龍府事耶律阿里只爲南院大王。

校勘記

〔一〕諱洪基　「洪基」，聖宗欽哀皇后哀册、興宗仁懿皇后哀册、聖宗仁德皇后哀册均作「弘基」。

〔二〕百僚上表固請　「請」，原作「疑」，據明鈔本、南監本、北監本、殿本改。參見本書卷一九興宗紀二校勘記〔一五〕。

〔三〕詔夷离堇及副使之族并民如賤　「如」，明鈔本、南監本、北監本、殿本均作「奴」，皆窒礙難通，疑文有脱誤。

〔四〕遣左夷离畢蕭謨魯翰林學士韓運以先帝遺物遺宋　長編卷一八一至和二年十二月庚子云：「契丹遣右宣徽使、左金吾衞上將軍蕭運，翰林學士、給事中、史館修撰史運來獻遺留物。」宋會要蕃夷二之一八使者名作「蕭運」、「韓運」。又據長編卷一五九慶曆六年十二月辛未，契丹曾遣韓運使宋賀正旦。此處蓋以「韓運」爲是，「蕭運」或即「蕭謨魯」。

〔五〕以上京留守宿國王陳留爲南京留守　「南京」，疑當作「東京」。按下文清寧二年十二月戊申以東京留守宿國王陳留爲北府宰相。據本書卷八七蕭孝友傳，孝友小字陳留，重熙中爲上京留守，清寧間留守東京，後爲北府宰相。

〔六〕詔二女古部與世預宰相節度使之選者免皮室軍　此下疑闕「役」字。按本書卷六九部族表云：「詔二女古部與世預宰相、節度使之選者，免皮室軍役。」

〔七〕乙酉　此上疑闕「秋七月」三字。按本書卷四四朔考，是年六月辛亥朔，月内無乙酉；七月辛巳朔，乙酉爲初五日。

〔八〕上皇太后尊號曰慈懿仁和文惠孝敬廣愛宗天皇太后　「孝敬」，宋大詔令集卷二三〇至卷二三一宋致遼國書均作「純孝」。

〔九〕鎮武　疑當作「振武」。按本書卷四一地理志五西京道，豐州天德軍下有振武縣。

〔一〇〕弛駝尼　「弛」，原作「詳」，據明鈔本、南監本、北監本、殿本改。

〔一一〕冬十月壬子朔　本書卷四四朔考是月亦作壬子朔，注曰：「誤。宋壬戌。」按是年九月癸巳朔，壬子爲二十日，故十月當爲壬戌朔。

〔二〕監修國史耶律白請編次御製詩賦　「耶律白」，本書道宗紀咸雍二年七月癸丑及六年六月乙酉、八月丙子同，卷九六本傳及道宗紀清寧九年七月、卷七一興宗仁懿皇后蕭氏傳、卷九六耶律仁先傳、卷一一二涅魯古傳、耶律仁先墓誌均作「耶律良」。按耶律良小字蘇，契丹小字重熙二十二年耶律宗教墓誌、清寧三年蕭令公墓誌及咸雍四年蕭圖古辭墓誌寫作[illegible]，音「蘇」，義爲「白」，作「耶律白」者蓋史官記其契丹語[illegible]之漢譯。

〔三〕冬十一月壬午　按本書卷四四朔考，十一月庚戌朔，月内無壬午。此處月份、干支當有一誤。

遼史卷二十二

本紀第二十二

道宗二

八年春正月癸丑，如鴨子河。

二月，駐蹕納葛濼。

三月戊申朔，楚王蕭革致仕，進封鄭國王。

夏五月，吾獨婉惕隱屯秃葛等乞歲貢馬、駝，許之。

六月丙子朔，駐蹕拖古烈。辛丑，以右夷离畢奚馬六爲奚六部大王。是月，御清涼殿放進士王鼎等九十三人。

秋七月甲子，射熊于外室剌。

冬十月甲戌朔，駐蹕獨盧金。

十二月庚辰，以知北院樞密使事蕭圖古辭爲北院樞密使〔一〕。癸未，幸西京。戊子，以皇太后行再生禮，曲赦西京囚。

九年春正月辛亥，幸鴛鴦濼。辛未，禁民鬻銅。

三月辛未，宋主禎殂，以姪曙爲子嗣位。

夏五月丙午，以隋王仁先爲南院樞密使，徙封許王。是月，清暑慕里狘。

秋七月丙辰，如太子山。戊午，皇太叔重元與其子楚國王涅魯古及陳國王陳六、同知北院樞密使事蕭胡覩、衞王貼不、林牙涅剌溥古、統軍使蕭迭里得、駙馬都尉參及弟术者、圖骨、旗鼓拽剌詳穩耶律郭九、文班太保奚叔、内藏提點烏骨、護衞左太保敵不古、按答、副宫使韓家奴、寶神奴等凡四百人，誘脅弩手軍犯行宫。時南院樞密使許王仁先、知北樞密院事趙王耶律乙辛、南府宰相蕭唐古、北院宣徽使蕭韓家奴、北院樞密副使蕭惟信、敦睦宫使耶律良等率宿衞士卒數千人禦之。涅魯古躍馬突出，將戰，爲近侍詳穩渤海阿厮〔二〕、護衞蘇射殺之。己未，族逆黨家。庚申，重元亡入大漠，自殺。辛酉，詔諭諸道。壬戌，以仁先爲北院樞密使，進封宋王，加尚父，耶律乙辛南院樞密使，韓家奴殿前都點檢，封荆王。蕭惟信、耶律馮家奴並加太子太傅。宿衛官蕭乙辛、回鶻海隣、褭里、耶律撻不也、阿厮，宫分人急里哥、霞抹、乙辛、只魯並加上將軍。諸護衛及士卒、庖夫、弩手、傘子等三百餘人，各授官有差。耶律良密告重元變，命籍横帳夷离菫房，爲漢人行宫都部署。癸亥，貼不訴爲重元等所脅，詔削爵爲民，流鎮州。戊辰，以黑白羊祭天。

八月庚午朔，遣使安撫南京吏民。癸酉，以永興宫使耶律塔不也有定亂功，爲同知點檢司事。

冬十月戊辰朔，幸興王寺。庚午，以六院部太保耶律合朮知南院大王事。是月，駐蹕藕絲淀。

十一月辛丑，以南院宣徽使蕭九哥爲北府宰相。己未，追封故富春郡王耶律義先爲許王。

是歲，封皇子濬爲梁王。

十年春正月己亥，北幸。

二月，禁南京民決水種粳稻。

秋七月壬申，詔決諸路囚。辛巳，禁僧尼私詣行在，妄述禍福取財物。

九月壬寅，幸懷州，謁太宗、穆宗廟。

冬十月壬辰朔，駐蹕中京。戊午，禁民私刊印文字。

十一月甲子，定吏民衣服之制。辛未，禁六齋日屠殺。丁丑，詔求乾文閣所闕經籍，命儒臣校讎。庚辰，以彰國軍節度使韓謝十爲惕隱。詔南京不得私造御用綵段，私貨鐵，及非時飲酒。命南京三司，每歲春秋以官錢饗將士。

十二月癸巳，以北院大王蕭兀古匿爲契丹行宮都部署。

是歲，南京、西京大熟。

咸雍元年春正月辛酉朔，文武百僚加上尊號曰聖文神武全功大略廣智聰仁睿孝天祐皇帝。改元，大赦。册梁王濬爲皇太子，内外官賜級有差。甲子，如魚兒濼。庚寅，詔諸遇正旦、重午、冬至，别表賀東宫〔三〕。

三月丁亥，以知興中府事楊績知樞密院事。

夏四月辛卯，以知樞密院事張嗣復疾，改知興中府事。庚子，清暑拖古烈。

五月辛巳，夏國遣使來貢。

秋七月丙子，以皇太后射獲熊，賞賚百官有差。

八月丙申，客星犯天廟，詔諸路備盜賊，嚴火禁。
九月乙亥，駐蹕藕絲淀。丁丑，左夷离畢慥古爲孟父敞穩。
冬十月丁亥朔，幸醫巫閭山。己亥，皇太后射獲虎，大宴羣臣，令各賦詩。
十一月壬戌，有星如斗，逆行，隱隱有聲。
十二月甲午，以遼王仁先爲南京留守，徙封晉王。辛亥，以南京留守蕭惟信爲左夷离畢。壬子，熒惑與月並行，自旦至午。

二年春正月丁巳，如鴨子河。宋賀正使王嚴卒，以禮送還。癸未，幸山榆淀。
二月甲午，詔武定軍節度使姚景行，問以治道，拜南院樞密使。
三月辛巳，以東北路詳穩耶律韓福奴爲北院大王。壬午，彗星見於西方。
夏四月，霖雨。
五月乙亥，駐蹕拖古烈。辛巳，以户部使劉詵爲樞密副使〔四〕。
六月丙戌，回鶻來貢。甲辰，阻卜來貢。
秋七月癸丑朔，以西北路招討使蕭朮者爲北府宰相，左夷离畢蕭惟信南院樞密使〔五〕，同知南院樞密使事耶律白惕隱。丙辰，南院樞密使姚景行致仕。庚申，録囚。辛酉，景行復前職。丁卯，如藕絲淀。以歲旱，遣使振山後貧民。

九月壬子朔，日有食之。以參知政事韓孚爲樞密副使。

冬十二月壬午，以知樞密院事楊績爲南院樞密使，樞密副使劉詵參知政事。戊子，僧守志加守司徒。丁酉，以西京留守合朮爲南院大王。辛丑，以蕭朮者爲武定軍節度使〔六〕。

是年，御永安殿放進士張臻等百一人。

三年春正月辛亥，如鴨子河。甲子，御安流殿鈎魚。

三月癸亥，宋主曙殂，子頊嗣位，遣使告哀，即遣右護衛太保蕭撻不也、翰林學士陳覺等弔祭。

閏月丁亥，扈駕軍營火，賜錢、粟及馬有差。辛卯，駐蹕春州北淀。乙巳，以蕭兀古匿爲北府宰相。

夏五月壬辰，駐蹕納葛濼。壬寅，賜隨駕官諸工人馬。

六月戊申，有司奏新城縣民楊從謀反，僞署官吏。上曰：「小人無知，此兒戲爾。」獨流其首惡，餘釋之。庚戌，宋遣使饋其先帝遺物。辛亥，宋以即位，遣陳襄來報，即遣知黄龍府事蕭圖古辭、中書舍人馬鉉往賀。壬戌，南府宰相韓王蕭唐古致仕。壬申，以廣德軍節度使耶律蘖奴爲南府宰相，度支使趙徽參知政事。秋七月辛丑，熒惑晝見，凡三十五日。九月戊戌，詔給諸路囚糧。癸卯，幸南京。冬十一月壬辰，夏國遣使進回鶻僧、金佛、梵覺經。十二月丁未，以參知政事劉詵爲樞密副使，東北路詳穩高八南院大王，樞密直學士張孝傑參知政事。己酉，以張孝傑同知樞密院事。丁巳，行再生禮，赦死罪以下。是月，夏國王李諒祚薨。

是歲，南京旱、蝗。

四年春正月甲戌朔，日有食之。丙子，如鴛鴦濼。辛巳，改易州兵馬使爲安撫使。丁亥，獵炭山。辛卯，遣使振西京饑民。

二月甲辰朔，詔元帥府募軍。壬子，夏國王李諒祚子秉常遣使告哀。癸丑，頒行御製華嚴經贊。丁卯，北行。

三月丙子，遣使夏國弔祭。甲申，振應州饑民。乙酉，詔南京除軍行地，餘皆得種稻。庚寅，振朔州饑民。乙未，夏國李秉常遣使獻其父諒祚遺物。

夏四月戊午，阿薩蘭回鶻遣使來貢。

五月丙戌，駐蹕拖古烈。

六月壬子，西北路雨穀，方三十里。丙寅，以北院林牙耶律趙三爲北院大王，右夷离畢蕭素颯中京留守。

秋七月壬申，置烏古敵烈部都統軍司。丙子，獵黑嶺。是月，南京霖雨，地震。

九月己亥，駐蹕藕絲淀。

冬十月辛亥，曲赦南京徒罪以下囚。永清、武清、安次、固安、新城、歸義、容城諸縣水，復一歲租。戊辰，册李秉常爲夏國王。

十二月辛亥，夏國遣使來貢。

五年春三月，阻卜叛，以晉王仁先爲西北路招討使，領禁軍討之。

夏六月己亥，駐蹕拖古烈。丙午，吐蕃遣使來貢。壬戌，以南院樞密使蕭惟信知北院樞密使事。

秋七月乙丑朔，日有食之。戊辰，夏國遣使來謝封册。癸未，詔禁皇族恃勢侵漁細民。

八月，謁慶陵。

九月戊辰，仁先遣人奏阻卜捷。

冬十月己亥，駐蹕藕絲淀。

十一月丁卯，詔四方舘副使止以契丹人充。丁丑，五國剖阿里部叛〔七〕，命蕭素颯討之。

閏月戊申，夏國王李秉常遣使乞賜印綬。己未，僧志福加守司徒。

十二月甲子，行皇太子再生禮，減諸路徒以下罪一等。乙丑，詔百官廷議國政。甲戌，五國來降，仍獻方物。

六年春正月甲午，如千鵝濼。

二月丙寅，阻卜來朝，貢方物。

夏四月癸未，西北路招討司以所降阻卜酋長至行在。

五月甲辰，清暑拖古烈。甲寅，設賢良科，詔應是科者，先以所業十萬言進。

六月辛巳，阻卜來朝。乙酉，以惕隱耶律白爲中京留守。是月，御永安殿放進士趙廷睦等百三十八人。

秋七月辛亥，獵于合魯聶特。

八月丙子，耶律白薨，追封遼西郡王。

九月庚戌，幸藕絲淀。甲寅，以馬希白詩才敏妙，十吏書不能給，召試之。

冬十月丁卯，五國部長來朝。壬申，西北路招討司擒阻卜酋長來獻。

十一月乙卯，禁鬻生熟鐵于回鶻、阻卜等界。

十二月戊午，加圓釋、法鈞二僧並守司空。己未，以坤寧節，赦死罪以下〔八〕。辛酉，禁漢人捕獵。

七年春正月戊子，如鴨子河。

二月乙丑，女直進馬。丙寅，以南院樞密使姚景行知興中府事。

三月己酉，以討五國功，加知黃龍府事蒲延、懷化軍節度使高元紀、易州觀察使高正並千牛衛上將軍，五國節度使蕭陶蘇斡、寧江州防禦使大榮並靜江軍節度使。幸黑水。

夏四月癸酉，如納葛濼。乙亥，禁布帛短狹不中尺度者。

六月己卯，吐蕃來貢。癸未，南院大王高八致仕。

秋七月甲申朔，以東北路詳穩合里只爲南院大王，西南面招討使拾得奴爲奚六部大王。己丑，遣使按問五京囚。庚子，如藕絲淀。

八月辛巳，置佛骨于招仙浮圖，罷獵，禁屠殺。

冬十月己卯〔九〕，如醫巫閭山。壬戌，以南府宰相耶律蘗奴爲南京統軍使。戊辰，謁乾陵。庚辰，詔百官廷議軍國事。

十一月戊子，免南京流民租。己丑，振饒州饑民。丙午，高麗遣使來貢。

十二月壬子，以契丹行宮都部署耶律胡覩知北院樞密使事，知北院樞密使事蕭惟信爲南府宰相，兼契丹行宮都部署。丁巳，漢人行宮都部署李仲禧、北院宣徽使劉霂、樞密副使王觀、都承旨楊興工各賜國姓〔一〇〕。戊寅，回鶻來貢。

是歲，春州斗粟六錢。

校勘記

〔一〕以知北院樞密使事蕭圖古辭爲北院樞密使　本書卷一一一蕭圖古辭傳謂其清寧中「知北院樞密使事。六年，出知黄龍府。八年，拜南府宰相。頃之，爲北院樞密使」，與此異。

〔三〕近侍詳穩渤海阿厮　本書卷一一二涅魯古傳同。「阿厮」，卷九六本傳作「阿思」，且謂其爲「渤海近侍詳穩」。又卷四五百官志一北面諸帳官有「渤海近侍詳穩司」。按阿思爲耶律氏，非渤海人，此處「渤海」當與「近侍詳穩」互倒。

〔三〕詔諸遇正旦重午冬至別表賀東宮　此句語義不周，「諸」字下疑有闕文。

〔四〕以户部使劉詵爲樞密副使　「劉詵」，本書紀、志、傳屢見其人，多作「劉伸」，參見卷九八校勘記〔五〕。

〔五〕左夷离畢蕭惟信南院樞密使　本書卷九六蕭惟信傳謂惟信「歷左右夷离畢，復爲北院樞密副使」。按下文本月南院樞密使姚景行致仕，尋復前職，十二月又以知樞密院事楊績爲南院樞密使；又咸雍五年六月壬戌以南院樞密使蕭惟信知北院樞密使事。三人俱任南院樞密使，恐無是理。

〔六〕以蕭朮者爲武定軍節度使　按本書卷九一蕭朮哲傳謂其咸雍二年罷相，出鎮順義軍，與此異。又武定軍爲奉聖州軍號，順義軍爲朔州軍號，契丹小字梁國王墓誌第十一行稱朮哲是年「知朔州事」，與本傳合。此處所記恐誤。

〔七〕五國剖阿里部叛　「剖阿里」，原作「部阿里」，據明鈔本、南監本及本書聖宗紀統和二十二年七月丁亥、開泰七年三月辛丑，卷三三營衛志下部族下、卷六九部族表、卷九五蕭素颯傳改。

〔八〕赦死罪以下　明鈔本、南監本、北監本、殿本皆作「赦徒罪以下」。

〔九〕冬十月己卯　「己卯」，疑當作「乙卯」。按本書卷四四朔考，是月壬子朔。下文壬戌爲十一日，戊辰爲十七日，己卯當爲二十二日，不應在壬戌、戊辰之前，而初四日爲乙卯。

〔一〇〕都承旨楊興工各賜國姓　「楊興工」，明鈔本、南監本、北監本、殿本皆作「楊興功」。咸雍八年創建靜安寺碑銘、大康元年耶律祁墓誌銘、大安五年梁穎墓誌均作「耶律興公」，亦即「楊興公」。

遼史卷二十三

本紀第二十三

道宗三

八年春正月癸未，烏古敵烈部詳穩耶律巢等奏克北邊捷。以戰多殺人，飯僧南京、中京。甲申，如魚兒濼。壬寅，昏霧連日。

二月丙辰，北、南樞密院言無事可陳。壬戌，以討北部功，烏古敵烈部詳穩耶律巢知北院大王事，都監蕭阿魯帶烏古敵烈部詳穩，加左監門衞上將軍。戊辰，歲饑，免武安州租稅，振恩、蔚、順、惠等州民。

三月癸卯，有司奏春、泰、寧江三州三千餘人願爲僧尼，受具足戒，許之。

夏四月壬子，振義、饒二州民。丁巳，駐蹕塔里捨。己卯，清暑拖古烈。

五月壬午，晉王仁先薨〔一〕。

六月甲寅，振易州貧民。己未，振中京。甲子，振興中府〔二〕。甲戌，封北府宰相楊績爲趙王，樞密副使耶律觀參知政事兼知南院樞密使事。丁丑，高麗遣使來貢。

秋七月己卯，慶州靳文高八世同居，詔賜爵。丙申，振饒州饑民。丁酉，幸黑嶺。丁未，以御書華嚴經五頌出示羣臣。

閏月辛未，射熊于羖羊山。

八月庚辰，混同郡王侯古薨，遣使致祭。

九月甲子，駐蹕藕絲淀。

冬十月己丑，參知政事耶律觀矯制營私第，降爲庶人。癸巳，回鶻來貢。

十一月庚戌，免祖州稅。丙辰，大雪，許民樵採禁地。丁卯，賜延昌宮貧户錢。戊辰〔三〕，漢人行宮都部署耶律仲禧封韓國公，樞密副使、參知政事趙徽出爲武定軍節度使，樞密副使柴德滋參知政事，漢人行宮副部署耶律大悲奴陞都部署，同知南院樞密使事蕭韓家奴知左夷离畢事。

十二月丁丑，以坤寧節，大赦。庚寅，賜高麗佛經一藏。

九年春正月丁未，如雙濼。

夏四月壬辰，如旺國崖。

秋七月甲辰，獵大熊山。戊申，烏古敵烈統軍言，八石烈敵烈人殺其節度使以叛。己酉，詔隗烏古部軍分道擊之。丙寅，南京奏歸義、淶水兩縣蝗飛入宋境，餘爲蜂所食。

八月丙申，以耶律仲禧爲南院樞密使。

九月癸卯，駐蹕獨盧金。

冬十月，幸陰山，遂如西京。

十一月戊午，詔行幸之地免租一年。甲子，南院大王合理只致仕。

十二月辛未，以知北院樞密使事耶律宜新爲中京留守〔四〕，南院宣徽使耶律撒刺爲南院大王。壬辰，高麗、夏國並遣使來貢。

十年春正月乙卯，如鴛鴦濼。

二月癸未，蠲平州復業民租賦。戊子，阻卜來貢。

三月甲子，如拖古烈。以耶律巢爲北院大王。

夏四月，旱。辛未，以奚人達魯三世同居，賜官旌之。

五月丙寅，録囚。
六月戊辰，親出題試進士。壬申，詔臣庶言得失。丙子，御永安殿，策賢良。
秋七月丙辰，如秋山。癸亥，謁慶陵。
九月庚戌，幸東京。謁二儀、五鸞殿。癸亥，祠木葉山。
冬十月丁卯，駐蹕藕絲淀。丁丑，詔有司頒行史記、漢書。
十一月戊午，高麗遣使來貢。
十二月辛巳，改明年爲大康，大赦。

大康元年春正月乙未，如混同江。壬寅，振雲州饑。
二月丁卯，祥州火，遣使恤災。乙酉，駐蹕大魚濼。丁亥，以獲鵝，加鷹坊使耶律楊六爲工部尚書。
三月乙巳，命皇太子寫佛書。
夏四月丙子，振平州饑。乙酉，如犢山。
閏月丙午，振平、灤二州饑。庚戌，皇孫延禧生。
五月甲子，賜妃之親及東宫僚屬爵有差。

六月癸巳，以興聖宫使奚謝家奴知奚六部大王事。戊戌，知三司使事韓操以錢穀增羨，授三司使。癸卯，遣使按問諸路囚。以惕隱大悲奴爲始平軍節度使，參知政事柴德滋武定軍節度使。乙卯，吐蕃來貢。丙辰，詔皇太子總領朝政，仍戒諭之。以武定軍節度使趙徽爲南府宰相，樞密副使楊遵勗參知政事。

秋七月辛酉朔，獵平地松林。丙寅，振南京貧民。

八月庚寅朔，日有食之。

九月乙亥，駐蹕藕絲淀。己卯，以南京饑，免租税一年，仍出錢粟振之。

冬十月，西北路酋長遐搭、雛搭、雙古等來降。

十一月辛酉，皇后被誣，賜死。殺伶人趙惟一、高長命，並籍其家屬。

十二月己丑，以南京統軍使耶律藥奴爲惕隱，漢人行宫都部署耶律霂樞密副使，同知東京留守事蕭鐸剌夷离畢。庚寅，賜張孝傑國姓。壬辰，以西京留守蕭燕六爲左夷离畢。

二年春正月己未，如春水。庚辰，駐蹕雙濼。

二月戊子，振黄龍府饑。癸丑，南京路饑，免租税一年。

三月辛酉，皇太后崩。壬戌，遣殿前副點檢耶律轄古報哀于宋〔五〕。癸亥，遣使報哀于高麗、夏國。丁卯，大赦。戊寅，以皇太后遺物遺使遺宋、夏。

六月乙酉朔，上大行皇太后尊謚曰仁懿皇后。戊子，宋及高麗、夏國各遣使弔祭。甲午，葬仁懿皇后于慶陵。己亥，駐蹕拖古烈。壬寅，出北院樞密使魏王耶律乙辛爲中京留守。丁未，册皇后蕭氏，封其父祗候郎君鼈里剌爲趙王，叔西北路招討使余里也遼西郡王，漢人行宫都部署駙馬都尉霞抹柳城郡王。參知政事楊遵勗知南院樞密使事，北院樞密副使蕭速撒知北院樞密使事，漢人行宫副部署劉詵參知政事。己酉，南府宰相趙徽致仕。

秋七月戊辰，如秋山。癸酉，柳城郡王霞抹薨。

八月庚寅，獵，遇麛失其母，憫之，不射。

九月戊午，以南京蝗，免明年租税。己卯，駐蹕藕絲淀。

冬十月戊戌，召中京留守魏王耶律乙辛復爲北院樞密使。

十一月甲戌，上欲觀起居注，修注郎不攧及忽突堇等不進，各杖二百，罷之，流林牙蕭岩壽於烏隗部。是月，南京地震，民舍多壞。

十二月己丑，以左夷离畢蕭撻不也爲南京統軍使。

三年春正月癸丑，如混同江。乙卯，省諸道春貢金帛，及停周歲所輸尚方銀。

二月壬午朔，東北路統軍使蕭韓家奴加尚父，封吴王。甲申，詔北院樞密使魏王耶律乙辛同母兄大奴、同母弟阿思世預北、南院樞密之選，其異母諸弟世預夷离堇之選。己丑，如魚兒濼。辛卯，中京饑，罷巡幸。

夏四月乙酉，泛舟黑龍江。

五月丙辰，玉田、安次蝝傷稼。癸亥，日中有黑子。己巳，駐蹕犢山。乙亥，北院樞密使耶律乙辛奏，右護衛太保查剌等告知北院樞密使事蕭速撒等八人謀立皇太子〔六〕。上以無狀，不治，出速撒等三人補外，護衛撒撥等六人各鞭百餘，徙于邊。丙子，以西北路招討使遼西郡王蕭余里也爲北府宰相，兼知契丹行宫都部署事。戊寅，詔告謀逆事者，重加官賞。

六月己卯朔，耶律乙辛令牌印郎君蕭訛都斡誣首嘗預速撒等謀，籍其姓名以告。即命乙辛及耶律仲禧、蕭余里也、耶律孝傑、楊遵勗、燕哥、抄只、蕭十三等鞫治，杖皇太子，囚之宫中。辛巳，殺宿直官敵里剌等三人。壬午，殺宣徽使撻不也等二人。癸未，殺始平軍節度使撒剌等十人，又遣使殺上京留守速撒，及已徙護衛撒撥等六人。乙酉，殺耶律撻不也及其弟陳留〔七〕。丙戌，廢皇太子爲庶人，囚之上京。己丑，回鶻來貢。殺東京留守同知耶律回里不。辛卯，殺速撒等諸子，籍其家。戊申，遣使按五京諸道獄。

秋七月辛亥，護衛太保查剌加鎮國大將軍〔八〕，預突呂不部節度使之選，室韋查剌及蕭寶神奴、謀魯古並加左衛大將軍，牌印郎君訛都斡尚皇女趙國公主，授駙馬都尉、始平軍節度使，祗候郎君耶律撻不也及蕭圖古辭並加監門衛上將軍。壬子，知北院樞密副使蕭韓家奴爲漢人行宮都部署。乙丑，如秋山。丁丑，謁慶陵。

八月庚寅，漢人行宮都部署蕭韓家奴薨。辛丑，謁慶陵。

九月癸亥，玉田貢嘉禾。壬申，修乾陵廟。

冬十月辛丑，駐蹕藕絲淀。

十一月，北院樞密使耶律乙辛遣其私人盜殺庶人濬于上京。

閏十二月戊午，以北府宰相遼西郡王蕭余里也知北院樞密使事，左夷离畢耶律燕哥爲契丹行宮都部署。丙寅，預行正旦禮。

是歲，南京大熟。

四年春正月庚辰，如春水。甲午，振東京饑。

二月乙丑，駐蹕掃獲野。戊辰，以東路統軍使耶律王九爲惕隱。

夏四月辛亥，高麗遣使乞賜鴨淥江以東地，不許。

五月丙戌，駐蹕散水原。

六月甲寅，阻卜諸酋長進良馬。

秋七月甲戌，諸路奏飯僧尼三十六萬。

八月癸卯，詔有司決滯獄。

九月乙未，駐蹕藕絲淀。庚子，五國部長來貢。

冬十月癸卯，以參知政事劉伸爲保靜軍節度使。

十一月丁亥，禁士庶服用錦綺、日月、山龍之文。己丑，回鶻遣使來貢。庚寅，南院樞密使耶律仲禧爲廣德軍節度使。辛卯，錦州民張寶四世同居，命諸子三班院祗候。

十二月丁卯，以北院樞密副使耶律霂知北院樞密使事。

校勘記

〔二〕五月壬午晉王仁先薨　據耶律仁先墓誌，仁先咸雍八年四月廿日以疾薨於位。

〔三〕振興中府　「興中府」，原作「中興府」，據本書卷三九地理志三興中府條改。

〔三〕戊辰　此上原有「十二月」三字。按本書卷四四朔考，十一月丙午朔，二十二日丁卯，二十三日戊辰；十二月乙亥朔，三日丁丑，十六日庚寅。知此條當屬十一月事。今將「十二月」三字移置於「丁丑」條上。

〔四〕以知北院樞密使事耶律宜新爲中京留守　「以」，原作「已」，據明鈔本、南監本、北監本、殿本改。

〔五〕遣殿前副點檢耶律轄古報哀于宋　長編卷二七四熙寧九年（遼大康二年）四月甲寅及宋史卷一五神宗紀二，遼主遣林牙、臨海軍節度使耶律孝淳以國母喪來告。「孝淳」或即「轄古」之漢名。

〔六〕右護衛太保查剌等告知北院樞密使事蕭速撒等八人謀立皇太子　「知」、「事」二字原闕。據上下文，耶律乙辛時任北院樞密使；又本書卷九九蕭速撒傳及上文二年六月，蕭速撒時爲知北院樞密使事。今據補。

〔七〕「壬午殺宣徽使撻不也等二人」至「乙酉殺耶律撻不也及其弟陳留」　據本書卷九九蕭撻不也傳及耶律撻不也傳，蕭撻不也未嘗爲宣徽使，時爲同知漢人行宫都部署，而耶律撻不也則以宣徽使見殺。是死於壬午者爲耶律撻不也，乙酉被殺者爲蕭撻不也，紀文所記互倒。

〔八〕護衛太保查剌加鎮國大將軍　「查剌」，原作「查次」，據明鈔本、南監本、北監本、殿本及上文大康三年五月乙亥、卷六二刑法志下、卷七二順宗濬傳、卷一一〇耶律乙辛傳改。

遼史卷二十四

本紀第二十四

道宗四

五年春正月壬申，如混同江。癸酉，賜宰相耶律孝傑名仁傑。乙亥，如山榆淀。

三月辛未，以宰相仁傑獲頭鵝，加侍中。壬辰，以北院樞密使魏王耶律乙辛知南院大王事，加于越，知北院樞密使事耶律霦爲北院樞密使，北院樞密副使耶律特里底知北院樞密使事，左夷離畢耶律世遷同知北院樞密使事。

夏四月己未，如納葛濼。

五月丁亥，謁慶陵。以契丹行宮都部署耶律燕哥爲南府宰相，北面林牙耶律永寧爲夷离畢，同知南院樞密使事蕭撻不也及殿前副點檢、駙馬都尉蕭酬斡並封蘭陵郡王。

六月辛亥，阻卜來貢。丁巳，以北府宰相、遼西郡王蕭余里也爲西北路招討使。己未，遣使録囚。是月，放進士劉瓘等百一十三人。

秋七月己卯，獵夾山。

八月庚申，命有司撰太宗神功碑，立于南京。

九月己卯，詔諸路毋禁僧徒開壇。壬午，禁扈從擾民。

冬十月戊戌，夏國遣使來貢。己亥，駐蹕獨盧金。壬子，詔惟皇子仍一字王，餘並削降。丁巳，振平州貧民。己未，以趙王楊績爲遼西郡王，魏王耶律乙辛降封混同郡王，吴王蕭韓家奴蘭陵郡王，致仕。

十一月丁丑，召沙門守道開壇于内殿。癸未，復南京流民差役三年，被火之家免租税一年。

十二月丙午，彗星犯尾。乙卯，幸西京。戊午，行再生禮，赦雜犯死罪以下。

六年春正月癸酉，如鴛鴦濼。辛卯，耶律乙辛出知興中府事。

三月庚寅，封皇孫延禧爲梁王〔一〕，忠順軍節度使耶律頗德南院大王，耶律仲禧南院樞密使，户部使陳毅參知政事。

夏四月乙卯，獵炭山。

五月壬申，免平州復業民租賦一年。庚寅，以旱，禱雨，命左右以水相沃，俄而雨降。

六月戊戌，駐蹕納葛濼。戊申，以度支使王績參知政事。庚戌，女直遣使來貢。

秋七月戊辰，觀市。癸未，爲皇孫梁王延禧設旗鼓拽剌六人衛護之。甲申，獵沙嶺。

九月壬寅，祠木葉山。己酉，駐蹕藕絲淀。

冬十月己未朔，省同知廣德軍節度使事，命奉先軍節度使兼巡警乾、顯二州。丁卯，耶律仁傑出爲武定軍節度使。庚午，參知政事劉詵致仕。癸酉，以陳毅爲漢人行宮都部署，王績同知樞密院事。辛巳，回鶻遣使來貢。

十一月己丑朔，日有食之。癸卯，召羣臣議政。

十二月甲子，以耶律特里底爲孟父敞穩。乙丑，以蕭撻不也爲北府宰相，耶律世遷知北院樞密使事，耶律慎思同知北院樞密使事。庚午，免西京流民租賦一年。甲戌，減民賦。丁亥，豫行正旦禮。戊子，如混同江。

七年春正月戊申，五國部長來貢。甲寅，女直貢良馬。

二月甲子，如魚兒濼。

夏五月壬子，駐蹕嶺西。癸丑，有司奏永清、武清、固安三縣蝗。甲寅，以蕭撻不也兼殿前都點檢，蕭酬斡爲漢人行宫都部署兼知樞密院事。

六月甲子，詔月祭觀德殿，歲寒食，諸帝在時生辰及忌日，詣景宗御容殿致奠。丙寅，阻卜余古赧來貢。丁卯，以翰林學士王言敷參知政事，封北院宣徽使石篤漆水郡王。

秋七月戊子，如秋山。丙申，謁慶陵。

八月丁卯，射鹿赤山，加圍場使涅葛爲静江軍節度使。

九月戊子，次懷州，命皇后謁懷陵。辛卯，次祖州，命皇后謁祖陵。乙巳，駐蹕藕絲淀。

冬十月戊辰，以惕隱王九爲南院大王，夷离畢奚抄只爲彰國軍節度使。

十一月乙酉，詔歲出官錢，振諸宫分及邊戍貧户。丁亥，幸駙馬都尉蕭酬斡第，方飲，宰相梁穎諫曰：「天子不可飲人臣家。」上即還宫。己亥，高麗遣使來貢。辛亥，除絹帛尺度狹短之令。

十二月丁卯，武定軍節度使耶律仁傑以罪削爵爲民。辛未，知興中府事耶律乙辛以罪囚于來州〔二〕。

八年春正月甲申，如混同江。丁酉，鐵驪、五國諸長各貢方物。

二月戊午，如山榆淀。辛酉，詔北、南院官，凡給驛者，必先奏聞。貢新及奏獄訟，方許馳驛，餘並禁之。己巳，夏國獲宋將張天一〔三〕，遣使來獻。壬申，以耶律頗德爲南府宰相兼知北院樞密使，燕哥爲惕隱，蕭撻不也兼知契丹行宮都部署事。

三月庚戌，黃龍府女直部長朮乃率部民内附，予官，賜印綬。是月，詔行秬黍所定升斗。

夏四月壬戌，以耶律世遷爲上京留守。

六月辛亥朔，駐蹕納葛濼。丙辰，夏國遣使來貢。丁巳，以耶律頗德爲北院樞密使，耶律巢哥南府宰相，劉筠南院樞密使，蕭撻不也兼知北院樞密使事，王績漢人行宮都部署，蕭酬斡國舅詳穩。乙丑，阻卜長來貢。丙子，以耶律慎思知右夷离畢事。

秋七月甲午，如秋山。南京霖雨，沙河溢永清、歸義、新城、安次、武清、香河六縣，傷稼。

九月庚寅，謁慶陵。丁未，駐蹕藕絲淀。大風雪，牛馬多死，賜扈從官以下衣馬有差。

冬十月乙卯，詔化哥傅導梁王延禧，加金吾衛大將軍。丙子，謁乾陵。

十一月壬午，以乙室大王蕭何葛爲南院宣徽使，權知奚六部大王事圖赶爲本部大王。

十二月癸丑，烏古敵烈統軍使耶律馬五爲北院大王。庚申，降皇后爲惠妃，出居乾陵。

九年春正月辛巳，如春水。

夏四月丙午朔，大雪，平地丈餘，馬死者十六七。

五月，如黑嶺。

六月己未，駐蹕散水原。甲子，以耶律阿思爲契丹行宫都部署，耶律慎思北院樞密副使。庚午，詔諸路檢括脱户，罪至死者，原之。

閏月丁丑，以漢人行宫副部署可汗奴爲南院大王。戊寅，追謚庶人濬爲昭懷太子。丁亥，阻卜來貢。己丑，以知興中府事邢熙年爲漢人行宫都部署，漢人行宫都部署王績爲南院樞密副使。

秋七月乙巳，獵馬尾山。丁巳，謁慶陵。癸亥，禁外官部内貸錢取息及使者館于民家。

八月，高麗王徽薨〔四〕。

九月癸卯朔，日有食之。己酉，射熊于白石山，加圍場使涅葛左金吾衛大將軍。己巳，以高麗王徽子三韓國公勳權知國事。辛未，五國部長來貢。壬申，召北、南樞密院官議政事。

冬十月丁丑，謁觀德殿。己卯，南院樞密使劉筠薨。壬辰，混同郡王耶律乙辛謀亡入宋，伏誅。

十一月丙午，進封梁王延禧爲燕國王，大赦。以南院宣徽使蕭何葛爲南府宰相，三司使王經參知政事兼知樞密事。甲寅，詔僧善知讎校高麗所進佛經，頒行之。己未，定諸令史、譯史遷敍等級。

十二月丁亥，以邢熙年知南院樞密使事。辛卯，以王言敷爲漢人行宮都部署。高麗三韓國公王勳薨〔五〕。

是年，御前放進士李君裕等五十一人。

十年春正月辛丑朔，如春水。丙午，復建南京奉福寺浮圖。戊辰，如山榆淀。

二月庚午朔，萌古國遣使來聘。

三月戊申，遠萌古國遣使來聘。丁巳，命知制誥王師儒、牌印郎君耶律固傅導燕國王延禧。

夏四月丁丑，女直貢良馬。

五月壬戌，駐蹕散水原。乙丑，阻卜來貢。丙寅，降國舅詳穩班位在敞穩之下。

六月壬辰，禁毀銅錢爲器。

秋七月甲辰，如黑嶺。

九月癸亥，駐蹕藕絲淀。

冬十二月乙未，改慶州大安軍曰興平。是月，改明年爲大安，赦雜犯死罪以下。

大安元年春正月丁酉，如混同江。癸卯，王績知南院樞密使事，邢熙年爲中京留守。戊申，以樞密直學士杜公謂參知政事〔六〕。庚戌，五國酋長來貢良馬。

二月辛未，如山榆淀。

夏四月乙酉，宋主頊殂，子煦嗣位，使來告哀。辛卯，西幸。

六月戊辰，駐蹕拖古烈。壬申，以王績爲南府宰相，蕭撻不也兼知南院樞密使事。丁丑，遣使弔祭于宋。戊寅，宋遣王真、甄祐等饋其先帝遺物〔七〕。

秋七月乙巳，遣使賀宋主即位。戊午，獵于赤山。

八月丁卯，幸慶州。戊辰，謁慶陵。

冬十月癸亥，駐蹕好草淀。戊辰，夏國王李秉常遣使報其母梁氏哀。甲申，以蕭撻不也爲南院樞密使。

十一月乙未，詔：「比者，外官因譽進秩，久而不調，民被其害。今後皆以資給遷轉。」丁酉，以南女直詳穩蕭袍里爲北府宰相。辛亥，史臣進太祖以下七帝實録。丙辰，遣使册三韓國公王勳子運爲高麗國王〔八〕。己未，詔僧尼無故不得赴闕。

十二月甲戌，宋遣蔡卞來謝弔祭。

二年春正月辛卯，如混同江。己酉，五國諸部長來貢。癸丑，召權翰林學士趙孝嚴、知制誥王師儒等講五經大義。

二月癸酉，駐蹕山榆淀。是月，太白犯歲星。

三月乙酉，女直貢良馬。

夏四月戊戌，北幸。癸丑，遣使加統軍使蕭訛都斡太子太保，裨將老古金吾衛大將軍，蕭雅哥靜江軍節度使，耶律燕奴右監門衛大將軍，仍賜賚諸軍士。

五月丁巳朔，以牧馬蕃息多至百萬，賞羣牧官，以次進階。乙亥，駐蹕納葛濼。戊寅，宰相梁穎出知興中府事。是月，放進士張轂等二十六人。

六月丁亥朔，以左夷离畢耶律坦爲惕隱，知樞密院事耶律斡特剌兼知左夷离畢事。丙申，阻卜來朝。癸卯，遣使按諸路獄。甲辰，以同知南京留守事耶律那也知右夷离畢事。乙巳，阻卜酋長余古赧及愛的來朝，詔燕國王延禧相結爲友。戊申，以契丹行宮都部署耶律阿思兼知北院大王事。壬子，高墩以下、縣令、録事兄弟及子，悉許敍用。

秋七月丁巳，惠妃母燕國夫人削古以厭魅梁王事覺，伏誅，子蘭陵郡王蕭酬斡除名，置邊郡，仍隸興聖宮。戊午，獵沙嶺。甲子，賜興聖、積慶二宮貧民錢。乙酉，出粟振遼州貧民。

八月戊子，以雪罷獵。

九月庚午，還上京。壬申，發粟振上京、中京貧民。丙子，謁二儀、五鸞二殿。己卯，出太祖、太宗所御鎧仗示燕國王延禧，諭以創業征伐之難。辛巳，召南府宰相議國政。

冬十月乙酉朔，以樞密副使竇景庸知樞密院事。丙戌，五國部長來貢。丁亥，以夏國王李秉常薨，遣使詔其子乾順知國事。

十一月甲戌，爲燕國王延禧行再生禮，曲赦上京囚。戊寅，高麗遣使謝封册。癸未，出粟振乾、顯、成、懿四州貧民。

十二月辛卯，以蘭陵郡王蕭撻不也爲南院樞密使〔九〕。己亥，夏國王李乾順遣使上其父遺物。

校勘記

〔一〕封皇孫延禧爲梁王　天慶四年王師儒墓誌：「（大康）九年冬，道宗孝文皇帝以今上始出閣，封梁王。」與此繫年不同。

〔二〕知興中府事耶律乙辛以罪囚于來州　「來州」，原作「萊州」，據本書卷三九地理志三來州條及卷一一〇耶律乙辛傳改。

〔三〕夏國獲宋將張天一　「張天一」，本書卷一一五西夏外記作「張天益」，長編卷三二八元豐五年（遼大康八年）七月壬辰作「張天翼」。

〔四〕八月高麗王徽薨　高麗史卷九順宗世家，徽在位三十七年，卒於是年七月辛酉。

〔五〕高麗三韓國公王勳薨　高麗史卷九順宗世家，勳薨於是年十月乙未。

〔六〕以樞密直學士杜公謂參知政事　「謂」，原作「疑」，據明鈔本、南監本、北監本、殿本改。參見本書卷一九興宗紀二校勘記〔一五〕。

〔七〕宋遣王真甄祐等饋其先帝遺物　長編卷三五四元豐八年（遼大安元年）四月辛巳云：「承議

郎、試中書舍人王震爲大行皇帝遺留北朝禮信使，内殿承制騫育副之。」「王真」作「王震」，「甄祐」作「騫育」。王震宋史卷三二〇有傳，當從。

〔八〕遣使册三韓國公王勳子運爲高麗國王　「子」，疑當作「弟」。按高麗史卷九順宗世家、卷一〇宣宗世家，宣宗運乃文宗第二子，順宗勳母弟。

〔九〕以蘭陵郡王蕭撻不也爲南院樞密使　上文大安元年十月甲申云：「以蕭撻不也爲南院樞密使。」此當係一事重出。

遼史卷二十五

本紀第二十五

道宗五

三年春正月乙卯，如魚兒濼。甲戌，出錢粟振南京貧民，仍復其租賦。己卯，大雪。

二月丙戌，發粟振中京饑。甲辰，以民多流散，除安泊逃戶徵償法。

三月乙卯，高麗遣使來貢。己未，免錦州貧民租一年。甲戌，免上京貧民租如錦州。庚辰，女直貢良馬。

夏四月戊子，賜中京貧民帛，及免諸路貢輸之半。丙申，賜隈烏古部貧民帛。庚子，如涼陘。甲辰，南府宰相王績薨。乙巳，詔出戶部司粟，振諸路流民及義州之饑。

五月庚申，海雲寺進濟民錢千萬。

秋七月丙辰，獵黑嶺。丁巳，出雜帛賜興聖宮貧民。庚午，大雨，罷獵。丁丑，秦越國王阿璉薨。

九月乙亥〔一〕，駐蹕匣魯金。

冬十月庚辰，以參知政事王經爲三司使。壬辰，罷節度使已下官進珍玩。癸卯，追封秦越國王阿璉爲秦魏國王。

十一月甲寅，以惕隱耶律坦同知南京留守事，遼興軍節度使耶律王九爲南府宰相。

十二月己卯朔，以樞密直學士呂嗣立參知政事。

四年春正月庚戌，如混同江。甲寅，太白晝見。甲子，五國部長來貢。庚午，免上京逋逃及貧户税賦。甲戌，以上京、南京饑，許良人自鬻。丁丑，曲赦西京役徒。

二月己丑，如魚兒濼。甲午，曲赦春州役徒，終身者皆五歲免。己亥，如春州。赦泰州役徒。

三月乙丑，免高麗歲貢。己巳，振上京及平、錦、來三州饑。

夏四月己卯，振蘇、吉、復、渌、鐵五州貧民，并免其租税。甲申，振慶州貧民。乙酉，減諸路常貢服御物。丁酉，立入粟補官法。癸卯，西幸。召樞密直學士耶律儼講尚書洪範。

五月辛亥，命燕國王延禧寫尚書五子之歌。乙卯，振祖州貧民。丁巳，詔免役徒，終身者五歲免之。己未，振春州貧民。丙寅，禁挾私引水犯田。

六月庚辰，駐蹕散水原。丁亥，命燕國王延禧知中丞司事，以同知南院樞密使事耶律聶里知右夷离畢，知右夷离畢事耶律那也同知南院樞密使事。庚寅，北院樞密使耶律頗德致仕。

秋七月戊申，曲赦奉聖州役徒。丙辰，遣使册李乾順爲夏國王。庚申，如秋山。己巳，禁錢出境。

八月庚辰，有司奏宛平、永清蝗爲飛鳥所食。庚寅，謁慶陵。

冬十月丁丑，獵遼水之濱。己卯，駐蹕藕絲淀。癸未，免百姓所貸官粟。己丑，知北院樞密使事耶律阿思封漆水郡王。癸巳，以乙室大王耶律敵烈知西北路招討使事，權知西北路招討使事蕭朽哥知乙室大王事。壬寅，詔諸部長官親鞫獄訟。

十一月庚申，興中府民張化法以父兄犯盜當死，請代，皆免。

十二月戊寅，南府宰相耶律王九致仕。癸未，以孟父敞穩耶律慎思爲中京留守。

閏十二月癸卯朔，預行正旦禮。丙午，如混同江。

五年春正月癸未，如魚兒濼。甲午，高麗遣使來貢。

三月癸酉，詔析津、大定二府精選舉人以聞，仍詔諭學者，當窮經明道。

夏四月甲辰，以知奚六部大王事涅葛爲本部大王。壬子，獵北山。甲子，霖雨，罷獵。

五月丁亥，駐蹕赤勒嶺。己丑，以阻卜磨古斯爲諸部長。癸巳，回鶻遣使貢良馬。己亥，以同知南院樞密使事耶律那也知右夷离畢事，左祇候郎君班詳穩耶律涅里知北院大王事。

六月甲寅，夏國遣使來謝封册。壬戌，以參知政事王言敷爲樞密副使，前樞密副使賈士勳參知政事兼同知樞密院事〔二〕。

秋七月庚午，獵沙嶺。

九月辛卯，遣使遺宋鹿脯。壬辰，駐蹕藕絲淀。

冬十月乙巳，以新定法令太煩，復行舊法。庚申，以遼興軍節度使何葛爲乙室大王。

十一月丁卯朔，燕國王延禧生子，大赦，妃之族屬進爵有差。

六年春正月，如混同江。

二月辛丑，駐蹕雙山。

三月辛未，女直遣使來貢。

夏四月丁酉，東北路統軍司設掌法官。庚子，以同知南院樞密使事耶律吐朵知左夷离畢事。

五月壬辰，駐蹕散水原。

六月甲寅，遣使決五京囚。

秋七月丙子，如黑嶺。

冬十月丁酉，駐蹕藕絲淀。

十一月壬戌，高麗遣使來貢。己巳，以南府宰相竇景庸爲武定軍節度使。

是年，放進士文充等七十二人。

七年春正月壬戌，如混同江。

二月己亥，駐蹕魚兒濼。壬寅，詔給渭州貧民耕牛、布絹。

三月丙戌，駐蹕黑龍江。

夏四月丙辰，以漢人行宮副部署耶律谷欲知乙室大王事。

五月己未朔，日有食之。

六月甲午，駐蹕赤勒嶺。己亥，倒塌嶺人進古鼎，有文曰「萬歲永爲寶用」。辛丑，回鶻遣使貢方物。癸卯，以權知東京留守蕭陶隗爲契丹行宮都部署。丁未，端拱殿門災。

秋七月戊午朔，回鶻遣使來貢異物，不納，厚賜遣之。

八月庚寅，以霖雨，罷獵。壬寅，幸慶州，謁慶陵。

九月丙申，還上京。己亥，日本國遣鄭元、鄭心及僧應範等二十八人來貢〔三〕。

冬十月辛巳，命燕國王延禧爲天下兵馬大元帥，總北南院樞密使事。

十一月庚子，如藕絲淀。甲子，望祀木葉山。

八年春正月乙酉，如山榆淀。乙未，阻卜諸長來降。

三月己亥，駐蹕撻里捨淀。丁未，曲赦中京、蔚州役徒。

夏四月乙卯，阻卜長來貢。丁丑，獵西山。惕德酋長胡里只來附〔四〕。

五月甲辰，駐蹕赤勒嶺。

六月乙丑，夏國爲宋侵，遣使乞援。

秋七月丁亥，獵沙嶺。

九月乙巳，駐蹕藕絲淀。丁未，日本國遣使來貢。

冬十月庚戌朔，遣使遺宋鹿脯。丙辰，振西北路饑。辛酉，阻卜磨古斯殺金吾吐古斯以叛，遣奚六部禿里耶律郭三發諸蕃部兵討之。壬申，南府宰相王經薨。戊寅，以左夷离畢耶律涅里爲彰聖軍節度使。

十一月戊子，以樞密副使王是敦兼知樞密院事，權參知政事韓資讓參知政事，漢人行宮都部署奚回离保知奚六部大王事。丁酉，以通州潦水害稼，遣使振之。戊申，北院大王合魯薨。

是年，放進士冠尊文等五十三人〔五〕。

九年春正月庚辰，如混同江。

二月，磨古斯來侵。

三月，西北路招討使耶律阿魯掃古追磨古斯還〔六〕，都監蕭張九遇賊，與戰不利。二室韋、拽剌、北王府、特滿羣牧、宮分等軍多陷没。

夏四月乙卯，興中府甘露降，遣使祠佛飯僧。癸酉，獵西山。

六月丁未朔，駐蹕散水原。庚申，以遼興軍節度使榮哥爲南院大王，知左夷离畢事耶律吐朵爲左夷离畢。

秋七月辛卯，如黑嶺。壬寅，遣使賜高麗羊。

九月癸卯，振西北路貧民。

冬十月庚戌，有司奏磨古斯詣西北路招討使耶律撻不也僞降，既而乘虛來襲，撻不也死之。阻卜烏古札叛，達里底、拔思母並寇倒塌嶺。壬子，遣使籍諸路兵。癸丑，以南院大王特末同知南京留守事，命鄭家奴率兵往援倒塌嶺。甲寅，駐蹕藕絲淀，以左夷离畢耶律禿朵、圍場都管撒八並爲西北路行軍都監。乙卯，詔以馬三千給烏古部。丙辰，有司奏阻卜長轄底掠西路羣牧。丁巳，振西北路貧民。己未，燕國王延禧生子，肆赦，妃之族屬並進級。壬戌，以樞密直學士趙廷睦參知政事兼同知南院樞密使事。癸亥，烏古敵烈統軍使蕭朽哥奏討阻卜等部捷。甲子，宋遣使告其母后曹氏哀〔七〕，即遣使弔祭。己巳，詔廣積貯，以備水旱。

十一月辛巳，特抹等奏討阻卜捷。

十二月丙辰，宋遣使以母后遺留物來饋。

十年春正月，如春水。癸未，惕德來貢。戊子，烏古扎等來降。達里底、拔思母二部來侵，四捷軍都監特抹死之。

二月甲辰，以破阻卜，賞有功者。丙午，西南面招討司奏討拔思母捷。癸丑，排雅、僕里、同葛、虎骨、僕果等來降。達里底來侵。

三月壬申朔，日有食之。山北路副部署蕭阿魯帶奏討達里底捷。

夏四月壬寅朔，惕德萌得斯、老古得等各率所部來附，詔復舊地。甲辰，駐蹕春州北平淀。丙午，烏古部節度使耶律陳家奴奏討茶扎剌捷。庚戌，以知北院樞密使事耶律斡特剌爲都統，夷离畢耶律禿朵爲副統，龍虎衞上將軍耶律胡呂都監，討磨古斯，遣積慶宮使蕭糺里監戰。辛亥，朽哥奏頗里八部來侵，擊破之。己巳，除玉田、密雲流民租賦一年。

閏月庚子，賜西北路貧民錢。達里底、拔思母二部來降。

五月甲辰，駐蹕赤勒嶺。甲寅，括馬。戊午，西北路招討司奏敵烈等部來侵，統軍司出兵與戰，不利，招討司以兵擊破之，敦睦宮太師耶律愛奴及其子死之。辛酉，以知國舅詳穩事蕭阿烈同領西北路行軍事。

六月辛未，宋遣使來謝弔祭。乙酉，烏古敵烈統軍使朽哥有罪，除名。丙戌，和烈葛等部來聘。癸巳，惕德來貢。己亥，禁邊民與蕃部爲婚。是夏，高麗國王運薨，子昱遣使來告，即遣使賻贈。

秋七月庚子朔，獵赤山。是月，阻卜等寇倒塌嶺，盡掠西路羣牧馬去，東北路統軍使耶律石柳以兵追及，盡獲所掠而還。

九月己未，以南院大王特末爲南院樞密使。甲子，敵烈諸酋來降，釋其罪。是月，斡特剌破磨古斯。

冬十月丙子，駐蹕藕絲淀。壬午，山北路副部署蕭阿魯帶以討達里底功，加左金吾衛上將軍。癸巳，西北路統軍司獲阻卜長拍撒葛、蒲魯等來獻。

十一月乙巳，惕德銅刮、阻卜的烈等來降。達里底及拔思母等復來侵，山北副部署阿魯帶擊敗之。

十二月癸酉，三河縣民孫賓及其妻皆百歲，復其家。甲戌，以參知政事趙廷睦兼同知樞密院事，樞密副使王師儒參知政事兼同知樞密院事。己卯，詔録西北路有功將士及戰殁者，贈官。乙酉，詔改明年元，減雜犯死罪以下，仍除貧民租賦。戊子，西北路統軍司奏討磨古斯捷。

校勘記

〔一〕九月乙亥　「乙亥」，明鈔本、南監本同，北監本、殿本作「乙丑」。據本書卷四四朔考，是月庚戌朔，十六日乙丑，二十六日乙亥。

〔二〕前樞密副使賈士勳參知政事兼同知樞密院事　「賈士勳」，賈師訓墓誌及長編卷三五〇元豐七年十二月辛卯均作「賈師訓」。

〔三〕日本國遣鄭元鄭心及僧應範等二十八人來貢　「應範」，藤原宗忠中右記寬治六年（遼大安八年）九月十三日、佚名百鍊抄卷五嘉保元年（遼大安十年）三月六日均作「明範」。此似避穆宗明諱改。

〔四〕惕德酋長胡里只來附　「惕德」，原作「惕隱」。馮校謂當作「惕德」。按下文屢見惕德來貢，且「惕隱」爲官名，非部族名。今據改。

〔五〕放進士冠尊文等五十三人　「冠」，馮校疑當作「寇」。

〔六〕西北路招討使耶律阿魯掃古追磨古斯還　「阿魯掃古」，疑當作「何魯掃古」。按本書卷九四本傳及卷二六道宗紀六壽隆六年五月乙未、卷二七天祚皇帝紀一乾統三年十一月丁酉、卷六六皇族表、卷九六耶律撻不也傳均作「何魯掃古」。

〔七〕宋遣使告其母后曹氏哀　「曹氏」，疑當作「高氏」。按東都事略卷九、皇朝編年綱目備要卷二三及宋史卷二四二后妃傳上均謂元祐八年（遼大安九年）九月太皇太后高氏崩。

遼史卷二十六

本紀第二十六

道宗六

壽隆元年春正月己亥〔一〕，如混同江。庚戌，西南面招討司奏拔思母來侵，蕭阿魯帶等擊破之。乙卯，振奉聖州貧民。

二月戊辰，賜左、右二皮室貧民錢。癸酉，高麗遣使來貢。乙亥，駐蹕魚兒濼。

三月丙午，賜東北路貧民絹。

夏四月丁卯，斡特剌奏討耶覩刮捷。乙亥〔二〕，女直遣使來貢。庚寅，録西北路有功將士。

五月乙未朔，左夷离畢耶律吐朵爲惕隱，南京宣徽使耶律特末爲北院大王〔三〕。癸卯，贈陣亡者官。丁巳，駐蹕特禮嶺。

六月己巳，以知奚六部大王事回里不爲本部大王，權參知政事趙孝嚴爲漢人行宫都部署。圍場都管撒八以討阻卜功，加鎮國大將軍。癸巳，阻卜長秃里底及圖木葛來貢〔四〕。

秋七月庚子，阻卜長猛達斯等來貢。癸卯，獵沙嶺。癸丑，頗里八部來附，進方物。甲寅，斡特剌奏磨古斯捷。

九月甲寅，祠木葉山。丙辰，詔西京砲人、弩人教西北路漢軍。

冬十月甲子，駐蹕藕絲淀。甲戌，以北面林牙耶律大悲奴爲右夷离畢。癸未，以參知政事王師儒爲樞密副使，漢人行宫都部署趙孝嚴參知政事。壬辰，録討阻卜有功將士。

十一月丙申，女直遣使進馬。己亥，以都統斡特剌爲西北路招討使，封漆水郡王。甲辰，夏國進貝多葉佛經。庚申，高麗王昱疾，命其子顒權知國事〔五〕。

十二月癸亥朔，以知北院樞密使事耶律阿思爲北院樞密使。

是年，放進士陳衡甫等百三十人。

二年春正月甲午，如春水。癸卯，西南面招討司討拔思母，破之。乙卯，駐蹕瑟尼思。

辛酉，市牛給烏古、敵烈、隈烏古部貧民。

二月癸亥，振達麻里別古部。

夏四月己卯，振西北邊軍。

六月辛酉，駐蹕撒里乃。

秋七月甲午，阻卜來貢。丙午，獵赤山。

八月乙丑，頗里八部進馬。

九月丙午，徙烏古敵烈部于烏納水，以扼北邊之衝。

冬十月戊辰，駐蹕藕絲淀。庚辰，高麗遣使來貢。

十二月己未，斡特剌討梅里急，破之。壬戌，南府宰相耶律鐸魯斡致仕。癸亥，蕭撻不也爲北府宰相，耶律大悲奴殿前都點檢。乙亥，夏國獻宋俘。

三年春正月丁亥，如春水。壬寅，烏古部節度使耶律陳家奴以功加尚書右僕射。癸卯，駐蹕雙山。

二月丙辰朔〔六〕，南京水，遣使振之。

閏月丙午〔七〕，阻卜長猛撒葛、粘八葛長禿骨撒、梅里急長忽魯八等請復舊地，貢方物，從之。

三月辛酉，燕國王延禧生子。癸亥，賜名撻魯。妃之父長哥遷左監門衛上將軍，仍賜官屬錢。

是春，高麗王昱薨。

夏四月，南府宰相趙廷睦出知興中府事，參知政事牛温舒兼同知樞密院事。

五月癸亥，斡特剌討阻卜，破之。己巳，駐蹕撒里乃。

六月甲申，詔罷諸路馳驲貢新。丙戌，詔每冬駐蹕之所，宰相以下構宅，毋役其民。辛丑，夏人來告宋城要地，遣使之宋，諭與夏和。庚戌，以契丹行宫都部署耶律吾也爲南院大王。

秋七月壬子朔，獵黑嶺。

八月己亥，蒲盧毛朵部長率其民來歸。乙巳，彗星見西方。

九月壬申，駐蹕藕絲淀。丁丑，以武定軍節度使梁援爲漢人行宫都部署〔八〕。戊寅，斡特剌奏討梅里急捷。己卯，五國部長來貢。

冬十月庚戌，以西北路招討使斡特剌爲南府宰相。

十一月乙卯，蒲盧毛朵部來貢。戊午，以安車召醫巫閭山僧志達。己未，以中京留守韓資讓知樞密院事，同知南院樞密使事蕭藥師奴知右夷离畢。丁丑，西北路統軍司奏討梅里急捷。

四年春正月壬子，如魚兒濼。己巳，徙阻卜等貧民于山前。辛未，宋遣使來饋錦綺。

三月庚午，幸春州。丙子，有司奏黄河清。

夏四月辛丑，以雨，罷獵。

五月癸酉，那也奏北邊捷。甲戌，駐蹕撒里乃。

六月戊寅朔，夏國爲宋所攻，遣使求援。丁亥，以遼興軍節度使涅里爲惕隱，前知惕隱事耶律郭三爲南京統軍使。甲午，以參知政事牛温舒兼知中京留守事。

秋七月戊午，如黑嶺。

冬十月乙亥朔，駐蹕藕絲淀。己卯，以南府宰相斡特剌兼契丹行宫都部署，以傅導燕國王延禧。

十一月乙巳朔，知右夷离畢事蕭藥師奴、樞密直學士耶律儼使宋，諷與夏和〔九〕。辛酉，夏復遣使求援。

十二月壬辰，爲燕國王延禧行再生禮，曲赦三百里内囚。

五年春正月乙巳，如魚兒濼。己酉，詔夏國王李乾順伐拔思母等部。

夏五月壬戌，藥師奴等使宋回，奏宋罷兵。癸亥，謁乾陵。戊辰，以南府宰相斡特剌兼西北路招討使、禁軍都統。己巳，駐蹕沿柳湖。

六月甲申，以奚六部大王回离保爲契丹行宮都部署，知右夷离畢事蕭藥師奴南面林牙兼知契丹行宮都部署事。乙未，五國部長來朝。戊戌，阻卜來貢。己亥，以興聖宮使耶律郝家奴爲右夷离畢。

秋七月壬寅朔，惕德長禿的等來貢。辛亥，如大牢古山。

閏九月丙子，駐蹕獨盧金。

冬十月己亥朔，高麗王顒遣使乞封册。丁巳，斡特剌奏討耶覩刮捷。丙寅，以同知南京留守事蕭得里底知北院樞密使事。丁卯，宋遣郭知章、曹平來聘〔一〇〕。戊辰，振遼州饑，仍免租賦一年。

十一月甲戌，振南、北二糺。乙酉，夏國以宋罷兵，遣使來謝。

十二月甲子，以參知政事趙孝嚴爲漢人行宮都部署，漢人行宮都部署梁援爲遼興軍節度使。

六年春正月癸酉，南院大王耶律吾也薨。壬午，以太師致仕禿開起爲奚六部大王。丁亥，如春水。辛卯，斡特剌執磨古斯來獻。丙申，詔問民疾苦。

二月丁未，以烏古部節度使陳家奴爲南院大王。己酉，磔磨古斯于市。癸丑，出絹賜五院貧民。辛酉，宋遣使告宋主煦殂，弟佶嗣位，即日遣使弔祭。

三月甲申，弛朔州山林之禁。

夏四月丁酉朔，日有食之。癸卯，如炭山。

五月壬午，烏古部討茶扎剌，破之。乙酉，漢人行宮都部署趙孝嚴薨。丙戌，駐蹕納葛濼。辛卯，宋遣使饋先帝遺物。乙未，以東京留守何魯掃古爲惕隱，南院宣徽使蕭常哥爲漢人行宮都部署。

六月庚子，遣使賀宋主。辛丑，以有司案牘書宋帝「嗣位」爲「登寶位」〔一一〕，詔奪宰相鄭顓以下官，出顓知興中府事，韓資讓爲崇義軍節度使，御史中丞韓君義爲廣順軍節度使。癸丑，阻卜長來貢。戊午，遣使決五京滯獄。己未，以遼興軍節度使梁援爲樞密副使。

秋七月庚午，如沙嶺。壬申，耶覩刮諸部寇西北路。

八月，斡特剌以兵擊敗之，使來獻捷。

九月癸未，望祠木葉山。戊子，駐蹕藕絲淀。

冬十月壬寅，以樞密副使王師儒監修國史。癸卯，五國諸部長來貢。甲寅，以平州饑，復其租賦一年。

十一月壬申，以天德軍民田世榮三世同居，詔官之，令一子三班院祗候。丙子，召醫巫閭山僧志達設壇於內殿。戊子，夏國王李乾順遣使請尚公主。

十二月乙未，女直遣使來貢。己亥，以知右夷离畢事郝家奴爲北面林牙。辛亥，詔燕國王延禧擬注大將軍以下官。庚申，鐵驪來貢。宋遣使來謝。帝不豫。

是歲，封高麗王顒爲三韓國公〔三〕。放進士康秉儉等八十七人。

七年春正月壬戌朔，力疾御清風殿受百官及諸國使賀。是夜，白氣如練，自天而降。黑雲起于西北，疾飛有聲。北有青赤黑白氣，相雜而落。癸亥，如混同江。甲戌，上崩于行宮，年七十。遺詔燕國王延禧嗣位。

六月庚子，上尊謚仁聖大孝文皇帝，廟號道宗。

贊曰：道宗初即位，求直言，訪治道，勸農興學，救菑恤患，粲然可觀。及夫謗訕之令既行，告訐之賞日重。羣邪並興，讒巧競進。賊及骨肉，皇基寖危。衆正淪胥，諸部反側。甲兵之用無寧歲矣。一歲而飯僧三十六萬，一日而祝髮三千。徒勤小惠，蔑計大本。尚足與論治哉？

校勘記

〔一〕壽隆元年春正月己亥　「壽隆」，晁公邁歷代紀年卷一〇，洪遵泉志卷一一外國品中引東北諸蕃樞要、北遼通書，及各種遼代石刻均作「壽昌」。考異卷八三謂遼人謹於避諱，道宗斷無取聖宗名紀元之理，「壽隆」當爲「壽昌」之誤。按此係陳大任遼史避金欽慈皇后「壽昌」諱而改，後爲元修遼史所承襲。「壽昌」之稱，本書僅卷四三閏考一見，餘皆作「壽隆」，今一仍其舊。

〔二〕乙亥　原作「己亥」。按本書卷四四朔考，是月丙寅朔，月内無己亥，初十日乙亥。今據改。

〔三〕南京宣徽使耶律特末爲北院大王　「南京宣徽使」，本書卷九五本傳作「南院宣徽使」。

〔四〕阻卜長秃里底及圖木葛來貢　「秃里底」，原作「香里底」，南監本、北監本、殿本均作「杳里底」，據本書卷七〇屬國表改。

〔五〕高麗王昱疾命其子顒權知國事　「子」，疑當作「叔」。按高麗史文宗、順宗、宣宗、獻宗、肅宗諸世家，文宗三子：勳、運、顒，昱係運之子，顒之從子。

〔六〕二月丙辰朔　「丙辰」，原作「甲辰」。按本書卷四四朔考，正月丙戌朔，二月丙辰朔，月內無甲辰。今據改。

〔七〕閏月丙午　「閏月」二字原闕。按本書卷四四朔考，二月丙辰朔，月內無丙午；閏二月丙戌朔，二十一日丙午。今據補。

〔八〕以武定軍節度使梁援爲漢人行宮都部署　「漢人行宮都部署」，梁援墓誌謂壽昌三年「再授諸行宮都部署」，又壽昌五年玉石觀音像唱和詩碑亦署「諸行宮都部署」。

〔九〕知右夷离畢事蕭藥師奴樞密直學士耶律儼使宋諷與夏和　長編卷五〇七元符二年（遼壽昌五年）三月丙辰，遼國泛使左金吾衞上將軍、簽書樞密院事蕭德崇，副使樞密直學士、尚書禮部侍郎李儼見於紫宸殿。按「李儼」即「耶律儼」，羅校謂「德崇」殆即藥師奴之漢名。

〔一〇〕宋遣郭知章曹平來聘　長編卷五〇九元符二年（遼壽昌五年）四月癸巳謂郭知章、曹誘充回謝北朝國信使副，「已而誘不行，改差東作坊使兼閤門通事舍人宋深」。據宋史卷四六四曹評傳、曹誘傳，評爲誘兄，嘗四使契丹。然長編僅見曹評於元豐二年、五年、八年三次使遼，疑此次宋深終未成行，是年使遼者實爲曹評。

〔一一〕以有司案牘書宋帝嗣位爲登寶位　「宋帝」，明鈔本、南監本、北監本、殿本均作「宋主」。

〔一二〕封高麗王顒爲三韓國公　疑文有訛誤。按高麗史卷一一肅宗世家一，肅宗二年（遼壽昌三年）十二月癸巳册封顒爲高麗王，五年（遼壽昌六年）十月壬子册顒之長子俁爲三韓國公。

遼史卷二十七

本紀第二十七

天祚皇帝一

天祚皇帝，諱延禧，字延寧，小字阿果。道宗之孫，父順宗大孝順聖皇帝，母貞順皇后蕭氏。大康元年生。六歲封梁王，加守太尉，兼中書令。後三年，進封燕國王。大安七年，總北南院樞密使事，加尚書令，爲天下兵馬大元帥。

壽隆七年正月甲戌，道宗崩，奉遺詔即皇帝位于柩前。羣臣上尊號曰天祚皇帝。二月壬辰朔，改元乾統，大赦。詔爲耶律乙辛所誣陷者，復其官爵，籍没者出之，流放者還之。乙未，遣使告哀于宋及西夏、高麗。乙巳，以北府宰相蕭兀納爲遼興軍節度使，加守太傅。

三月丁卯，詔有司以張孝傑家屬分賜羣臣。甲戌，召僧法頤放戒于内庭。

夏四月，旱。

六月庚寅朔，如慶州。甲午，宋遣王潛等來弔祭〔一〕。丙申，高麗、夏國各遣使慰奠。戊戌，以南府宰相斡特剌兼南院樞密使。庚子，追謚懿德皇后爲宣懿皇后。壬寅，以宋魏國王和魯斡爲天下兵馬大元帥。乙巳，以北平郡王淳進封鄭王。丁未，北院樞密使耶律阿思加于越。辛亥，葬仁聖大孝文皇帝、宣懿皇后于慶陵。

秋七月癸亥，阻卜、鐵驪來貢。

八月甲寅，謁慶陵。

九月壬申，謁懷陵。乙亥，駐蹕藕絲淀。

冬十月壬辰，謁乾陵。甲辰，上皇考昭懷太子謚曰大孝順聖皇帝〔二〕，廟號順宗，皇妣曰貞順皇后。

十二月戊子，以樞密副使張琳知樞密院事，翰林學士張奉珪參知政事兼同知樞密院事。癸巳，宋遣黄實來賀即位〔三〕。丁酉，高麗、夏國並遣使來賀。乙巳，詔先朝已行事，不得陳告。

初，以楊割爲生女直部節度使，其俗呼爲太師。是歲楊割死〔四〕，傳于兄之子烏雅束。束死，其弟阿骨打襲。

二年春正月，如鴨子河。

二月辛卯，如春州。

三月，大寒，冰復合。

夏四月辛亥，詔誅乙辛黨，徙其子孫于邊；發乙辛、得里特之墓，剖棺戮屍；以其家屬分賜被殺之家。

五月乙丑，斡特剌獻耶覩刮等部捷。

六月壬辰，以雨罷獵，駐蹕散水原。丙午，夏國王李乾順復遣使請尚公主。丁未，南院大王陳家奴致仕。壬子，李乾順爲宋所攻，遣李造福、田若水求援。

閏月庚申，策賢良。壬申，降惠妃爲庶人。

秋七月，獵黑嶺，以霖雨，給獵人馬。阻卜來侵，斡特剌等戰敗之。

冬十月乙卯，蕭海里叛，劫乾州武庫器甲。命北面林牙郝家奴捕之，蕭海里亡入陪朮水阿典部。丙寅，以南府宰相耶律斡特剌爲北院樞密使，參知政事牛温舒知南院樞密使事。

十一月乙未，郝家奴以不獲蕭海里，免官。壬寅，以上京留守耶律慎思爲北院樞密副使。有司請以帝生日爲天興節。

三年春正月辛巳朔，如混同江。女直函蕭海里首，遣使來獻。戊申，如春州。

二月庚午，以武清縣大水，弛其陂澤之禁。

夏五月戊子，以獵人多亡，嚴立科禁。乙巳，清暑赤勒嶺。丙午，謁慶陵。

六月辛酉，夏國王李乾順復遣使請尚公主。

秋七月，中京雨雹，傷稼。

冬十月甲辰，如中京〔五〕。己未，吐蕃遣使來貢。庚申，夏國復遣使求援。己巳，有事于觀德殿。

十一月丙申，文武百官加上尊號曰惠文智武聖孝天祚皇帝，大赦，以宋魏國王和魯斡爲皇太叔〔六〕，梁王撻魯進封燕國王，鄭王淳爲東京留守，進封越國王，百官各進一階。丁酉，以惕隱耶律何魯掃古爲南院大王。戊戌，以受尊號，告廟。乙巳，謁太祖廟，追尊太祖之高祖曰昭烈皇帝，廟號肅祖，妣曰昭烈皇后；曾祖曰莊敬皇帝，廟號懿祖，妣曰莊敬皇后。召監修國史耶律儼纂太祖諸帝實録。

十二月戊申，如藕絲淀。

是年，放進士馬恭回等百三人。

四年春正月戊子，幸魚兒濼。壬寅，獵木嶺。癸卯，燕國王撻魯薨。

二月丁丑，鼻骨德遣使來貢〔七〕。

夏六月甲辰，駐蹕旺國崖。甲寅，夏國遣李造福、田若水求援。癸亥，吐蕃遣使來貢。

秋七月，南京蝗。庚辰，獵南山。癸未，以西北路招討使蕭得里底、北院樞密副使耶律慎思並知北院樞密使事。辛卯，以同知南院樞密使事蕭敵里爲西北路招討使。

冬十月己酉，鳳凰見于㴬陰。己未，幸南京。

十一月乙亥，御迎月樓，賜貧民錢。

十二月辛丑，以張琳爲南府宰相。

五年春正月乙亥，夏國遣李造福等來求援，且乞伐宋。庚寅，以遼興軍節度使蕭常哥爲北府宰相。丁酉，遣樞密直學士高端禮等諷宋罷伐夏兵。

二月癸卯，微行，視民疾苦。丙午，幸鴛鴦濼。

三月壬申〔八〕，以族女南仙封成安公主，下嫁夏國王李乾順。

夏四月甲申，射虎炭山。

五月癸卯，清暑南崖。壬子，宋遣曾孝廣、王戩報聘。

六月甲戌，夏國遣使來謝，及貢方物。己丑，幸候里吉。

秋七月，謁慶陵。

九月辛亥，駐蹕藕絲淀。乙卯，謁乾陵。

冬十一月戊戌，禁商賈之家應進士舉。丙辰，高麗三韓國公王顒薨，子俁遣使來告。

十二月己巳，夏國復遣李造福、田若水求援。癸酉，宋遣林洙來議與夏約和〔九〕。

六年春正月辛丑，遣知北院樞密使事蕭得里底〔一〇〕、知南院樞密使事牛溫舒使宋，諷歸所侵夏地。

夏五月，清暑散水原。

六月辛巳，夏國遣李造福等來謝。

秋七月癸巳，阻卜來貢。甲午，如黑嶺。庚子，獵鹿角山。

冬十月乙亥，宋與夏通好，遣劉正符、曹穆來告〔一一〕。庚辰，以皇太叔、南京留守和魯斡兼惕隱，東京留守、越國王淳爲南府宰相。

十一月乙未，以謝家奴爲南院大王，馬奴爲奚六部大王。丙申，行柴册禮。戊戌，大赦。以和魯斡爲義和仁聖皇太叔〔一二〕，越國王淳進封魏國王，封皇子敖盧斡爲晉王，習泥烈爲饒樂郡王。己亥，謁太祖廟。甲辰，祠木葉山。

十二月己巳，封耶律儼爲漆水郡王，餘官進爵有差。

七年春正月，鈎魚于鴨子河。

二月，駐蹕大魚濼。

夏六月，次散水原。

秋七月，如黑嶺。

冬十月，謁乾陵，獵醫巫閭山。

是年，放進士李石等百人。

八年春正月，如春州。

夏四月丙申，封高麗王俁爲三韓國公，贈其父顒爲高麗國王〔一三〕。

五月，清暑散水原。

六月壬辰，西北路招討使蕭敵里率諸蕃來朝。丙申，射柳祈雨。壬寅，夏國王李乾順以成安公主生子，遣使來告。丁未，如黑嶺。

秋七月戊辰，以雨罷獵。

冬十二月己卯，高麗遣使來謝。

九年春正月丙午朔，如鴨子河。

二月，如春州。

三月戊午，夏國以宋不歸地，遣使來告。

夏四月壬午，五國部來貢。

六月乙亥，清暑特禮嶺。

秋七月，隕霜，傷稼。甲寅，獵于候里吉。

八月丁酉，雪，罷獵。

冬十月癸酉，望祠木葉山。丁丑，詔免今年租稅。

十二月甲申，高麗遣使來貢。

是年，放進士劉楨等九十人。

十年春正月辛丑，預行立春禮。如鴨子河。

二月庚午朔，駐蹕大魚濼。

夏四月丙子，五國部長來貢。丙戌，預行再生禮。癸巳，獵于北山。

六月甲戌，清暑玉丘。癸未，夏國遣李造福等來貢。甲午，阻卜來貢。

秋七月辛丑，謁慶陵。

閏月辛亥〔一四〕，謁懷陵。己未，謁祖陵。壬戌，皇太叔和魯斡薨。

九月甲戌，免重九節禮。

冬十月，駐蹕藕絲淀。

十二月己酉，改明年元。

是歲，大饑。

天慶元年春正月，鈎魚于鴨子河。

二月，如春州。

三月乙亥，五國部長來貢。

夏五月，清暑散水原。

秋七月，獵。

冬十月，駐蹕藕絲淀。

二年春正月己未朔，如鴨子河。丁丑，五國部長來貢。

二月丁酉，如春州，幸混同江鈎魚〔一五〕，界外生女直酋長在千里内者，以故事皆來朝。適遇「頭魚宴」，酒半酣，上臨軒，命諸酋次第起舞，獨阿骨打辭以不能。諭之再三，終不從。他日，上密謂樞密使蕭奉先曰：「前日之燕，阿骨打意氣雄豪，顧視不常，可託以邊事誅之。否則，必貽後患。」奉先曰：「麁人不知禮義，無大過而殺之，恐傷向化之心。假有異志，又何能爲？」其弟吴乞買、粘罕、胡舍等嘗從獵〔一六〕，能呼鹿，刺虎，搏熊。上喜，輒加官爵。

夏六月庚寅，清暑南崖。甲午，和州回鶻來貢。戊戌，成安公主來朝。甲辰，阻卜來貢。

秋七月乙丑，獵南山。

九月己未，射獲熊，燕羣臣，上親御琵琶。初，阿骨打混同江宴歸，疑上知其異志，遂稱兵，先併旁近部族。女直趙三、阿鶻産拒之，阿骨打虜其家屬。二人走訴咸州詳穩司，送北樞密院，樞密使蕭奉先作常事以聞上，仍送咸州詰責，欲使自新。後數召，阿骨打竟稱疾不至。

冬十月辛亥，高麗三韓國公王俁之母死，來告，即遣使致祭，起復。是月，駐蹕奉聖州。

十一月乙卯，幸南京。丁卯，謁太祖廟。

是年，放進士韓昉等七十七人。

三年春正月丙寅，賜南京貧民錢。丁卯，如大魚濼。甲戌，禁僧尼破戒。丙子，獵狗牙山，大寒，獵人多死。

三月，籍諸道户，徙大牢古山圍場地居民于别土。阿骨打一日率五百騎突至咸州，吏民大驚。翌日，赴詳穩司，與趙三等面折庭下。阿骨打不屈，送所司問狀。一夕遁去。遣人訴于上，謂詳穩司欲見殺，故不敢留。自是召不復至。

夏閏四月，李弘以左道聚衆爲亂，支解，分示五京。

六月乙卯，斡朗改國遣使來貢良犬。丙辰，夏國遣使來貢。

秋七月，幸秋山。

九月，駐蹕藕絲淀。

十一月甲午，以三司使虞融知南院樞密使事，西南面招討使蕭樂古爲南府宰相。

十二月庚戌，高麗遣使來謝致祭。癸丑，回鶻遣使來貢。甲寅，以樞密直學士馬人望參知政事。丙辰，知樞密院事耶律儼薨。癸亥，高麗遣使來謝起復。

四年春正月，如春州。初，女直起兵，以紇石烈部人阿疎不從，遣其部撒改討之。阿疎弟狄故保來告，詔諭使勿討，不聽，阿疎來奔。至是女直遣使來索，不發。

夏五月，清暑散水原。

秋七月，女直復遣使取阿疎，不發，乃遣侍御阿息保問境上多建城堡之故〔一七〕。女直以慢語答曰：「若還阿疎，朝貢如故；不然，城未能已。」遂發渾河北諸軍，益東北路統軍司。阿骨打乃與弟粘罕、胡舍等謀〔一八〕，以銀朮割、移烈、婁室、闍母等爲帥，集女直諸部兵，擒遼障鷹官。及攻寧江州，東北路統軍司以聞。時上在慶州射鹿，聞之略不介意，遣海州刺史高仙壽統渤海軍應援。蕭撻不也遇女直，戰于寧江東，敗績。

十月壬寅，以守司空蕭嗣先爲東北路都統，靜江軍節度使蕭撻不也爲副，發契丹奚軍三千人，中京禁兵及土豪二千人，别選諸路武勇二千餘人〔一九〕，以虞候崔公義爲都押官，控鶴指揮邢穎爲副，引軍屯出河店。兩軍對壘，女直軍潛渡混同江，掩擊遼衆。蕭嗣先軍潰，崔公義、邢穎、耶律佛留、蕭葛十等死之，其獲免者十有七人。蕭奉先懼其弟嗣先獲罪，輒奏東征潰軍所至劫掠，若不肆赦，恐聚爲患。上從之，嗣先但免官而已。諸軍相謂曰：「戰則有死而無功，退則有生而無罪。」故士無鬭志，望風奔潰。

十一月壬辰，都統蕭敵里等營于斡鄰濼東，又爲女直所襲，士卒死者甚衆。甲午，蕭敵里亦坐免官〔二〇〕。辛丑，以西北路招討使耶律斡里朶爲行軍都統，副點檢蕭乙薛、同知南院樞密使事耶律章奴副之。

十二月，咸、賓、祥三州及鐵驪、兀惹皆叛入女直。乙薛往援賓州，南軍諸將實婁、特烈等往援咸州，並爲女直所敗。

校勘記

〔一〕宋遣王潛等來弔祭　「王潛」，宋會要職官五一之八建中靖國元年（遼乾統元年）二月十四日作「王漸」。

〔二〕上皇考昭懷太子謚曰大孝順聖皇帝　「大孝順聖皇帝」，乾統元年梁援墓誌作「昭懷大孝德順宗皇帝」。

〔三〕宋遣黄寔來賀即位　「黄寔」，疑當作「黄寔」。按宋會要職官五一之八、宋史卷一九徽宗紀均作「黄寔」，宋史卷三五四有傳。

〔四〕是歲楊割死　金史卷一世紀，盈歌（即楊割）卒於乾統三年，與此不合。此處蓋據契丹國志卷一〇天祚皇帝上致誤。

〔五〕冬十月甲辰如中京　「甲辰」，疑當作「甲寅」或「丙辰」。按本書卷四四朔考，十月丁未朔，月内無甲辰。

〔六〕以宋魏國王和魯斡爲皇太叔　「皇太叔」，會編卷九宣和四年六月二十四日辛亥引天祚詔書同。義和仁壽皇太叔祖哀册、宋魏國妃蕭氏墓誌、蕭德恭妻耶律氏墓誌皆作「皇太叔祖」。按和魯斡與天祚爲祖孫輩，然遼史皆作「皇太叔」。

〔七〕二月丁丑鼻骨德遣使來貢　本書卷四四朔考，二月乙巳朔，月内無丁丑。

〔八〕三月壬申　本書卷四四朔考，三月戊戌朔，月内無壬申。

〔九〕宋遣林洙來議與夏約和　「林洙」，疑當作「林攄」。按皇宋十朝綱要卷一六崇寧四年（遼乾統五年）五月壬子、皇朝編年綱目備要卷二七崇寧四年五月並作「林攄」，宋史卷三五一有傳，此處作「洙」當係音近致誤。

〔一〇〕遣知北院樞密使事蕭得里底　「事」字原闕，據上文乾統四年七月癸未及卷一〇〇蕭得里底傳補。

〔一一〕遣劉正符曹穆來告　「劉正符」，疑當作「劉正夫」。按皇宋十朝綱要卷一六崇寧五年（遼乾統六年）三月作「劉正夫」，宋史卷三五一有傳，此處作「符」當係音近致誤。

〔一二〕以和魯斡爲義和仁聖皇太叔　「仁聖」，本書卷六四皇子表及宋魏國妃蕭氏墓誌、義和仁壽皇太叔祖哀册並作「仁壽」。

〔一三〕封高麗王俁爲三韓國公贈其父顒爲高麗國王　高麗史卷一一肅宗世家一，肅宗二年（遼壽昌三年）十二月癸巳册顒爲高麗國王，五年（遼壽昌六年）十月壬子册顒長子俁爲三韓國公。又卷一二睿宗世家一，睿宗三年（遼乾統八年）二月丙午，遼遣蕭良、李仁洽等來册命高麗國王俁守太尉兼中書令，加食邑。此處封俁爲三韓國公蓋即是年加封之事，而所記不確。又顒無追贈高麗國王事。

〔一四〕閏月辛亥　此處「閏月」蓋指閏七月。本書卷四三閏考謂是年遼閏七月、宋閏八月。按義和仁壽皇太叔祖哀册稱乾統十年閏八月丁酉朔，此「閏月」内有辛亥、己未、壬戌日，正與之合，當以閏八月爲是。此處「閏」下疑脱「八」字。

〔一五〕「二年春正月己未朔如鴨子河」至「幸混同江鈎魚」　本書卷一六聖宗紀七太平四年二月己

未「詔改鴨子河曰混同江」，此後仍二名互見。此處二月丁酉「幸混同江鈎魚」與正月己未「如鴨子河」事疑係一事重出。

〔一六〕其弟吴乞買粘罕胡舍等嘗從獵　「弟」，裔夷謀夏録卷一、契丹國志卷一〇天祚皇帝上天慶二年條皆作「弟姪」。據金史卷三太宗紀，太宗吴乞買係阿骨打弟；又據卷七〇撒改傳、卷七四宗翰傳，粘罕（宗翰）乃撒改子，阿骨打姪。此處當奪一「姪」字。

〔一七〕乃遣侍御阿息保問境上多建城堡之故　「境」，原作一字空格，據大典卷五二五一引遼史天祚皇帝紀、明鈔本、南監本、北監本、殿本及本書卷七〇屬國表補。

〔一八〕阿骨打乃與弟粘罕胡舍等謀　粘罕乃阿骨打之姪，此處係沿襲上文天慶二年二月丁酉條之誤，參見本卷校勘記〔一六〕。

〔一九〕中京禁兵及土豪二千人别選諸路武勇二千餘人　「二千人」、「二千餘人」，契丹國志卷一〇天祚皇帝上天慶四年十月條同。會編卷二一引亡遼録分别作「三千人」、「三百餘人」。

〔二〇〕「十一月壬辰」至「蕭敵里亦坐免官」　上文十月壬寅條「以守司空蕭嗣先爲東北路都統，静江軍節度使蕭撻不也爲副」，又金史卷二太祖紀太祖二年（遼天慶四年）十一月，「遼都統蕭糺里、副都統撻不野將步騎十萬會于鴨子河北」。按蕭糺里即蕭敵里，知蕭敵里乃蕭嗣先之契丹語名，因疑此條記事係上文重出。

遼史卷二十八

本紀第二十八

天祚皇帝二

五年春正月，下詔親征，遣僧家奴持書納和〔一〕，斥阿骨打名。阿骨打遣賽剌復書，若歸叛人阿疎，遷黄龍府於别地，然後議之。都統耶律斡里朶等與女直兵戰于達魯古城，敗績。

二月，饒州渤海古欲等反，自稱大王。

三月，以蕭謝佛留等討之。遣耶律張家奴等六人齎書使女直，斥其主名，冀以速降。

夏四月癸丑，蕭謝佛留等爲渤海古欲所敗，以南面副部署蕭陶蘇斡爲都統，赴之。

五月，陶蘇斡及古欲戰，敗績。張家奴等以阿骨打書來，復遣之往。

六月己亥朔，清暑特禮嶺。壬子，張家奴等還，阿骨打復書，亦斥名諭之使降。癸丑，以親征諭諸道。丙辰，陶蘇斡招獲古欲等。癸亥，以惕隱耶律末里爲北院大王。是月，遣蕭辭剌使女直，以書辭不屈見留。

秋七月辛未，宋遣使致助軍銀絹。丙子，獵于嶺東。是月，都統斡里朶等與女直戰于白馬濼，敗績。

八月甲子，罷獵，趨軍中。以斡里朶等軍敗，免官。丙寅，以圍場使阿不爲中軍都統，耶律張家奴爲都監，率番、漢兵十萬；蕭奉先充御營都統，諸行營都部署耶律章奴爲副〔二〕，以精兵二萬爲先鋒。餘分五部爲正軍，貴族子弟千人爲硬軍，扈從百司爲護衛軍，北出駱駝口；以都點檢蕭胡覩姑爲都統，樞密直學士柴誼爲副，將漢步騎三萬，南出寧江州。自長春州分道而進，發數月糧，期必滅女直。

九月丁卯朔，女直軍陷黃龍府。己巳，知北院樞密使蕭得里底出爲西南面招討使。辭剌還，女直復遣賽剌以書來報：「若歸我叛人阿疎等，即當班師。」上親征。粘罕、兀朮等以書來上〔三〕，陽爲卑哀之辭，實欲求戰。書上，上怒，下詔有「女直作過，大軍翦除」之語。女直主聚衆，剺面仰天慟哭曰：「始與汝等起兵，蓋苦契丹殘忍，欲自立國。今主上親征，奈何？非人死戰，莫能當也。不若殺我一族，汝等迎降，轉禍爲福。」諸軍皆曰：

「事已至此，惟命是從。」乙巳，耶律章奴反〔四〕，奔上京，謀迎立魏國王淳。上遣駙馬蕭昱領兵詣廣平淀護后妃，行宮小底乙信持書馳報魏國王。時章奴先遣王妃親弟蕭諦里以所謀説魏國王〔五〕。王曰：「此非細事，主上自有諸王當立，北、南面大臣不來，而汝言及此，何也？」密令左右拘之。有頃，乙信等賫御札至，備言章奴等欲廢立事。魏國王立斬蕭諦里等首以獻，單騎間道詣廣平淀待罪。上遇之如初。章奴知魏國王不聽，率麾下掠慶、饒、懷、祖等州，結渤海羣盜，衆至數萬，趨廣平淀犯行宮。順國女直阿鶻產以三百騎一戰而勝，擒其貴族二百餘人，並斬首以徇。其妻子配役繡院，或散諸近侍爲婢，餘得脱者皆奔女直。章奴詐爲使者，欲奔女直，爲邏者所獲，縛送行在，腰斬于市，剖其心以獻祖廟，支解以徇五路。

冬十一月，遣駙馬蕭特末、林牙蕭察剌等將騎兵五萬、步卒四十萬，親軍七十萬至駝門。

十二月乙巳，耶律張家奴叛。戊申，親戰于護步答岡，敗績，盡亡其輜重。己未，錦州刺史耶律朮者叛應張家奴〔六〕。庚申，北面林牙耶律馬哥討張家奴。癸亥，以北院宣徽使蕭韓家奴知北院樞密使事，南院宣徽使蕭特末爲漢人行宮都部署。

六年春正月丙寅朔，東京夜有惡少年十餘人，乘酒執刃，踰垣入留守府，問留守蕭保先所在：「今軍變，請爲備。」蕭保先出，刺殺之。户部使大公鼎聞亂，即攝留守事，與副留守高清明集奚、漢兵千人〔七〕，盡捕其衆，斬之，撫定其民。東京故渤海地，太祖力戰二十餘年乃得之。而蕭保先嚴酷，渤海苦之，故有是變。其裨將渤海高永昌僭號，稱隆基元年〔八〕。遣蕭乙薛、高興順招之，不從。

閏月己亥，遣蕭韓家奴、張琳討之。戊午，貴德州守將耶律余覩以廣州渤海叛附永昌，我師擊敗之。

二月戊辰，侍御司徒撻不也等討張家奴，戰于祖州，敗績。乙酉，遣漢人行宫都部署蕭特末率諸將討張家奴。戊子，張家奴誘饒州渤海及中京賊侯槩等萬餘人，攻陷高州。

三月，東面行軍副統酬斡等擒侯槩于川州。

夏四月戊辰，親征張家奴。癸酉，敗之。甲戌，誅叛黨，饒州渤海平。丙子，賞平賊將士有差，而蕭韓家奴、張琳等復爲賊所敗。

五月，清暑散水原。女直軍攻下瀋州，復陷東京，擒高永昌。東京州縣族人痕孛、鐸剌、吴十、撻不也、道剌、酬斡等十三人皆降女直。

六月乙丑，籍諸路兵，有雜畜十頭以上者皆從軍。庚辰，魏國王淳進封秦晉國王，爲都元帥；上京留守蕭撻不也爲契丹行宮都部署兼副元帥。丁亥，知北院樞密使事蕭韓家奴爲上京留守。

秋七月，獵秋山。春州渤海二千餘户叛，東北路統軍使勒兵追及，盡俘以還。

八月，烏古部叛，遣中丞耶律撻不也等招之。

九月丙午，謁懷陵。

冬十月丁卯，以張琳軍敗，奪官。庚辰，烏古部來降。

十一月，東面行軍副統馬哥等攻曷蘇舘，敗績。

十二月乙亥，封庶人蕭氏爲太皇太妃。辛巳，削副統耶律馬哥官。

七年春正月甲寅，減厩馬粟，分給諸局。是月，女直軍攻春州，東北面諸軍不戰自潰，女古、皮室四部及渤海人皆降，復下泰州。

二月，淶水縣賊董厖兒聚衆萬餘，西京留守蕭乙薛、南京統軍都監查剌與戰于易水，破之。

三月，厖兒黨復聚，乙薛復擊破之于奉聖州。

夏五月庚寅，東北面行軍諸將涅里、合魯、涅哥、虚古等棄市。乙巳，諸圍場隙地，縱百姓樵採。

六月辛巳，以同知樞密院事余里也爲北院大王。

秋七月癸卯，獵秋山。

八月丙寅，獵狘斯那里山，命都元帥秦晉王赴沿邊，會四路兵馬防秋。

九月，上自燕至陰涼河，置怨軍八營：募自宜州者曰前宜、後宜，自錦州者曰前錦、後錦，自乾自顯者曰乾曰顯，又有乾顯大營、岩州營，凡二萬八千餘人，屯衞州蒺藜山。丁酉，獵輞子山。

冬十月乙卯朔，至中京。

十二月丙寅，都元帥秦晉國王淳遇女直軍，戰于蒺藜山，敗績〔九〕。女直復拔顯州旁近州郡。庚午，下詔自責。癸酉，遣夷离畢查剌與大公鼎諸路募兵。丁丑，以西京留守蕭乙薛爲北府宰相，東北路行軍都統奚霞末知奚六部大王事。

是歲，女直阿骨打用鐵州楊朴策，即皇帝位，建元天輔，國號金。楊朴又言，自古英雄開國或受禪，必先求大國封册，遂遣使議和，以求封册。

八年春正月，幸鴛鴦濼。丁亥，遣耶律奴哥等使金議和。庚寅，保安軍節度使張崇以雙州二百户降金。東路諸州盜賊蜂起，掠民自隨以充食。

二月，耶律奴哥還自金，金主復書曰：「能以兄事朕，歲貢方物，歸我上、中京、興中府三路州縣，以親王、公主、駙馬、大臣子孫爲質，還我行人及元給信符，并宋、夏、高麗往復書詔、表牒，則可以如約。」

三月甲午，復遣奴哥使金。

夏四月辛酉，以西南面招討使蕭得里底爲北院樞密使。

五月壬午朔，奴哥以書來，約不踰此月見報。戊戌，復遣奴哥使金，要以酌中之議。是月，至納葛濼。賊安生兒、張高兒聚衆二十萬，耶律馬哥等斬生兒于龍化州，高兒亡入懿州，與霍六哥相合。

六月丁卯，遣奴哥等齎宋、夏、高麗書詔、表牒至金。霍六哥陷海北州，趣義州，軍帥回离保等擊敗之。

秋七月，獵秋山。金主遣胡突衮與奴哥持書，報如前約。通、祺、雙、遼四州之民八百餘户降于金。

八月庚午，遣奴哥、突迭使金，議册禮。金復遣胡突衮來，免取質子及上京、興中府所屬州郡，裁減歲幣之數，「如能以兄事朕，册用漢儀，可以如約」。

九月，突迭見留，遣奴哥還，謂之曰：「言如不從，勿復遣使。」

閏月丙寅，遣奴哥復使金，而蕭寶、訛里等十五人各率户降于金〔一〇〕。

冬十月，奴哥、突迭持金書來。龍化州張應古等四人率衆降金。

十一月，副元帥蕭撻不也薨。

十二月甲申，議定册禮，遣奴哥使金。寧昌軍節度使劉宏以懿州户三千降金。時山前諸路大饑，乾、顯、宜、錦、興中等路，斗粟直數縑，民削榆皮食之，既而人相食。

是年，放進士王鞏等百三人。

九年春正月，金遣烏林答贊謨持書來迎册。

二月，至鴛鴦濼。賊張撒八誘中京射糧軍，僭號，南面軍帥余覩擒撒八。

三月丁未朔，遣知右夷离畢事蕭習泥烈等册金主爲東懷國皇帝。己酉，烏林答贊謨、奴哥等先以書報。

夏五月，阻卜補疎只等叛，執招討使耶律斡里朶，都監蕭斜里得死之。

秋七月，獵南山。金復遣烏林答贊謨來，責册文無「兄事」之語，不言「大金」而云「東懷」，乃「小邦懷其德」之義；及册文有「渠材」二字，語涉輕侮；若「遥芬」、「多戬」等語，皆非善意，殊乖體式。如依前書所定，然後可從。楊詢卿、羅子韋率衆降金。

八月，以趙王習泥烈爲西京留守。

九月，至西京。復遣習泥烈、楊立忠先持册藁使金〔一二〕。

冬十月甲戌朔，耶律陳圖奴等二十餘人謀反，伏誅。是月，遣使送烏林答贊謨持書以還。

十年春二月，幸鴛鴦濼。金復遣烏林答贊謨持書及册文副本以來，仍責乞兵于高麗。

三月己酉，民有羣馬者，十取其一，給東路軍。庚申，以金人所定「大聖」二字，與先世稱號同，復遣習泥烈往議。金主怒，遂絶之。

夏四月，獵胡土白山，聞金師再舉，耶律白斯不等選精兵三千以濟遼師。

五月，金主親攻上京，克外郛，留守撻不也率衆出降。

六月乙酉，以北府宰相蕭乙薛爲上京留守、知鹽鐵内省兩司、東北統軍司事。

秋，獵沙嶺。

冬，復至西京。

校勘記

〔一〕遣僧家奴持書納和　「納」，大典卷五二五一引遼史天祚皇帝紀同，明鈔本、南監本、北監本、殿本及本書卷七〇屬國表天慶五年正月皆作「約」。

〔二〕「耶律張家奴爲都監」至「諸行營都部署耶律章奴爲副」　按本卷下文所記耶律張家奴事與卷一〇〇耶律章奴傳略同，知此處耶律張家奴與耶律章奴記事重出。考本段自「率番、漢兵十萬」以下，與裔夷謀夏録卷一、契丹國志卷一〇天祚皇帝上天慶五年八月條所記耶律章奴事略同，當同出一源。而耶律張家奴事則別有史源，史官雜糅兼採，遂誤爲一人。

〔三〕粘罕兀朮等以書來上　「兀朮」，契丹國志卷一〇天祚皇帝上天慶五年條同。會編卷三、裔夷謀夏録卷一皆作「兀室」，即完顏希尹，當是。

〔四〕乙巳耶律章奴反　是年九月丁卯朔，月内無乙巳。按此即下文「十二月乙巳，耶律張家奴叛」一事之重出，誤繫於此。以下耶律章奴事重出，不備舉。

〔五〕時章奴先遣王妃親弟蕭諦里以所謀説魏國王　據本書卷一〇〇耶律章奴傳，蕭敵里爲耶律淳妻兄，此作「王妃親弟」，未知孰是。

〔六〕錦州刺史耶律朮者叛應張家奴　「錦州」疑誤。按本書卷一〇〇耶律朮者傳稱時爲銀州刺史，據本書地理志，銀州爲刺史州，錦州爲節度州。

〔七〕與副留守高清明集奚漢兵千人　「高清明」，本書卷四八百官志四及裔夷謀夏録卷一、宋會要蕃夷二之三二、契丹國志卷一〇天祚皇帝上天慶六年正月並作「高清臣」。

〔八〕稱隆基元年　「隆基」，金史卷七一斡魯傳、高麗史卷一四睿宗世家三睿宗十一年（遼天慶六年）三月壬寅條同，宋會要蕃夷二之三二、契丹國志卷一〇天祚皇帝上天慶六年正月作「應順」。

〔九〕「十二月丙寅」至「敗績」　金史卷二太祖紀天輔元年（遼天慶七年）十二月繫於甲子，本書蓋據奏到之日。

〔一〇〕蕭寳訛里等十五人各率户降于金　「訛里」，疑當作「訛里野」。按本書卷七〇屬國表及金史卷二太祖紀天輔二年閏九月均作「訛里野」。

〔一一〕復遣習泥烈楊立忠先持册藁使金　「楊立忠」，裔夷謀夏録卷一、契丹國志卷一〇天祚皇帝上天慶八年同，本書卷七〇屬國表作「楊近忠」，會編卷三作「楊丘忠」。按大金集禮卷二〇天會四年有「祕少楊丘忠」，金大安三年楊瀛神道碑亦稱其叔祖爲祕書少監楊丘忠，或即此人。

遼史卷二十九

本紀第二十九

天祚皇帝三

保大元年春正月丁酉朔，改元，肆赦。初，金人興兵，郡縣所失幾半。上有四子〔一〕：長趙王，母趙昭容；次晉王，母文妃；次秦王、許王，皆元妃生。國人知晉王之賢，深所屬望。元妃之兄樞密使蕭奉先恐秦王不得立，潛圖之。文妃姊妹三人：長適耶律撻曷里，次文妃，次適余覩。一日，其姊若妹俱會軍前，奉先諷人誣駙馬蕭昱及余覩等謀立晉王。事覺，昱、撻曷里等伏誅〔二〕，文妃亦賜死，獨晉王未忍加罪。余覩在軍中，聞之大懼，即率千餘騎叛入金〔三〕。上遣知奚王府事蕭遐買、北府宰相蕭德恭、大常衮耶律諦里姑、歸州觀察使蕭和尚奴、四軍太師蕭幹將所部兵追之，及諸閭山縣。諸將議曰：「主上信蕭奉先言，奉先視吾輩蔑如也。余覩乃宗室豪俊，常不肯爲奉先下。若擒余覩，他日吾黨皆余覩也！不若縱之。」還，即紿曰：「追襲不及。」奉先既見余覩之亡，恐後日諸校亦叛，遂勸驟加爵賞，以結衆心。以蕭遐買爲奚王，蕭德恭試中書門下平章事兼判上京留守事，耶律諦里姑爲龍虎衛上將軍，蕭和尚奴金吾衛上將軍，蕭幹鎮國大將軍。

二月，幸鴛鴦濼。

夏五月，至曷里狘。

秋七月，獵炭山。

九月，至南京。

冬十一月癸亥，以西京留守趙王習泥烈爲惕隱。

二年春正月乙亥，金克中京，進下澤州。上出居庸關，至鴛鴦濼。聞余覩引金人婁室孛堇奄至，蕭奉先曰：「余覩乃王子班之苗裔，此來欲立甥晉王耳。若爲社稷計，不惜一子，明其罪誅之，可不戰而余覩自回矣。」上遂賜晉王死，素服三日，耶律撒八等皆伏誅。王素有人望，諸軍聞其死，無不流涕，由是人心解體。余覩引金人逼行宮，上率衛兵五千餘騎幸雲中，遺傳國璽于桑乾河〔四〕。

二月庚寅朔，日有食之，既。甲午，知北院人王事耶律馬哥、漢人行宮都部署蕭特末並爲都統，太和宮使耶律補得副之，將兵屯鴛鴦濼。己亥，金師敗奚王霞末于北安州〔五〕，遂降其城。

三月辛酉，上聞金師將出嶺西，遂趨白水濼。乙丑，羣牧使謨魯斡降金。丙寅，上至女古底倉。聞金兵將近，計不知所出，乘輕騎入夾山，方悟奉先之不忠。怒曰：「汝父子誤我至此，今欲誅汝，何益于事！恐軍心忿怨，爾曹避敵苟安，禍必及我，其勿從行。」奉先下馬，哭拜而去。行未數里，左右執其父子，縛送金兵。金人斬其長子昂，以奉先及其次子昱械送金主。道遇遼軍，奪以歸國，遂並賜死。遂樞密使蕭得里底。召撻不也典禁衛。丁卯，以北院樞密副使蕭僧孝奴知北院樞密使事，同知北院樞密使事蕭查剌爲左夷离畢。戊辰，同知殿前點檢事耶律高八率衛士降金。己巳，偵人蕭和尚、牌印郎君耶律哂斯爲金師所獲。癸酉，以諸局百工多亡，凡扈從不限吏民，皆官之。初，詔留宰相張琳、李處温與秦晉國王淳守燕。處温聞上入夾山，數日命令不通，即與弟處能、子奭，外假怨軍，内結都統蕭幹，謀立淳。遂與諸大臣耶律大石、左企弓、虞仲文、曹勇義、康公弼集蕃漢百官、諸軍及父老數萬人詣淳府。處温邀張琳至，白其事。琳曰：「攝政則可。」處温曰：「天意人心已定，請立班耳。」處温等請淳受禮，淳方出，李奭持赭袍被之，令百官拜舞山呼。淳驚駭，再三辭，不獲已而從之。以處温守太尉，左企弓守司徒，曹勇義知樞密院事，虞仲文參知政事，張琳守太師，李處能直樞密院，李奭爲少府少監、提舉翰林醫官。李爽、陳祕十餘人曾與大計〔六〕，並賜進士及第，授官有差。蕭幹爲北樞密使，駙馬都尉蕭旦知樞密院事。改怨軍爲常勝軍。於是肆赦，自稱天錫皇帝，改元建福，降封天祚爲湘陰王，遂據有燕、雲、平及上京、遼西六路〔七〕。天祚所有，沙漠已北，西南、西北路兩都招討府、諸蕃部族而已。

夏四月辛卯，西南面招討使耶律佛頂降金〔八〕，雲内、寧邊、東勝等州皆降，阿疎爲金兵所擒。金已取西京，沙漠以南部族皆降。上遂遁於訛莎烈。時北部謨葛失贐馬、駝、食羊。

五月甲戌，都統馬哥收集散亡，會于漚里謹。丙子，以馬哥知北院樞密使事，兼都統。

六月，淳寢疾，聞上傳檄天德、雲内、朔、武、應、蔚等州，合諸蕃精兵五萬騎，約以八月入燕，并遣人問勞，索衣裘、茗藥。淳甚驚，命南、北面大臣議。而李處温、蕭幹等有迎秦拒湘之説，集蕃漢百官議之。從其議者東立，惟南面行營都部署耶律寧西立。處温等問故，寧曰：「天祚果能以諸蕃兵大舉奪燕，則是天數未盡，豈能拒之？否則，秦、湘，父子也，拒則皆拒，自古安有迎子而拒其父者？」處温等相顧微笑，以寧扇亂軍心，欲殺之。淳欷枕長歎曰：「彼忠臣也，焉可殺？天祚果來，吾有死耳，復何面目相見耶！」已而淳死，衆乃議立其妻蕭氏爲皇太后，主軍國事。奉遺命，迎立天祚次子秦王定爲帝。太后遂稱制，改元德興。處温父子懼禍，南通童貫，欲挾蕭太后納土于宋，北通于金，欲爲内應，外以援立大功自陳。蕭太后罵曰：「誤秦晉國王者，皆汝父子！」悉數其過數十，賜死，臠其子奭而磔之，籍其家，得錢七萬緡，金玉寶器稱是，爲宰相數月之間所取也。謨葛失以兵來援，爲金人敗于洪灰水，擒其子陀古及其屬阿敵音。夏國援兵至，亦爲金所敗。

秋七月丁巳朔，敵烈部皮室叛，烏古部節度使耶律棠古討平之，加太子太保〔九〕。乙丑，上京毛八十率二千户降金〔一〇〕。辛未，夏國遣曹价來問起居〔一一〕。

八月戊戌，親遇金軍，戰于石輦驛〔一二〕，敗績，都統蕭特末及其姪撒古被執。辛丑，會軍于歡撻新查剌，金兵追之急，棄輜重以遁。

九月，敵烈部叛，都統馬哥克之。

冬十月，金兵攻蔚州，降。

十一月乙丑，聞金兵至奉聖州，遂率衛兵屯于落昆髓。秦晉王淳妻蕭德妃五表于金，求立秦王，不許，以勁兵守居庸。及金兵臨關，厓石自崩，戍卒多壓死，不戰而潰。德妃出古北口，趨天德軍。

十二月，知金主撫定南京，上遂由掃里關出居四部族詳穩之家。

三年春正月丁巳，奚王回离保僭號，稱天復元年〔一三〕，命都統馬哥討之。甲子〔一四〕，初，張瑴爲遼興軍節度副使，民推瑴領州事。秦晉王淳既死，蕭德妃遣時立愛知平州。瑴知遼必亡，練兵畜馬，籍丁壯爲備。立愛至，瑴弗納。金帥粘罕入燕，首問平州事於故參知政事康公弼。公弼曰：「瑴狂妄寡謀，雖有鄉兵，彼何能爲？示之不疑，圖之未晚。」金人招時立愛赴軍前，加瑴臨海軍節度使，仍知平州。既而又欲以精兵三千先下平州，擒張瑴。公弼曰：「若加兵，是趣之叛也。」公弼請自往覘之。瑴謂公弼曰：「遼之八路，七路已降，獨平州未解甲者，防蕭幹耳。」厚賂公弼而還。公弼復粘罕曰：「彼無足慮。」金人遂改平州爲南京，加瑴試中書門下平章事，判留守事。庚辰，宜、錦、乾、顯、成、川、豪、懿等州相繼皆降。上京盧彦倫叛〔一五〕，殺契丹人。

二月乙酉朔，興中府降金。來州歸德軍節度使田顥、權隰州刺史杜師回、權遷州刺史高永昌〔一六〕、權潤州刺史張成〔一七〕，皆籍所管户降金。丙戌，誅蕭德妃，降淳爲庶人，盡釋其黨。癸巳，興中、宜州復城守。

三月，駐蹕于雲内州南。

夏四月甲申朔，以知北院樞密使蕭僧孝奴爲諸道大都督。丙申，金兵至居庸關，擒耶律大石。戊戌，金兵圍輜重于青塚，硬寨太保特母哥竊梁王雅里以遁，秦王、許王、諸妃、公主、從臣皆陷没。庚子，梁宋大長公主特里亡歸。壬寅，金遣人來招。癸卯，答書請和〔一八〕。丙午，金兵送族屬輜重東行，乃遣兵邀戰于白水濼，趙王習泥烈、蕭道寧皆被執。上遣牌印郎君謀盧瓦送兔紐金印僞降，遂西遁雲内。駙馬都尉乳奴詣金降。己酉，金復以書來招，答其書。壬子，金帥書來，不許請和。是月，特母哥挈雅里至，上怒不能盡救諸子，詰之。

五月乙卯，夏國王李乾順遣使請臨其國。庚申，軍將耶律敵烈等夜劫梁王雅里奔西北部〔一九〕，立以爲帝，改元神曆。辛酉，渡河，止于金肅軍北。回离保爲衆所殺。

六月，遣使册李乾順爲夏國皇帝。

秋九月，耶律大石自金來歸。

冬十月，復渡河東還，居突呂不部。梁王雅里殁，耶律朮烈繼之。

十一月，朮烈爲衆所殺。

四年春正月，上趨都統馬哥軍。金人來攻，棄營北遁，馬哥被執。謨葛失來迎，贐馬、駝、羊，又率部人防衛。時侍從乏糧數日，以衣易羊。至烏古敵烈部，以都點檢蕭乙薛知北院樞密使事，封謨葛失爲神于越王。特母哥降金。

二月，耶律遥設等十人謀叛，伏誅。

夏五月，金人既克燕，驅燕之大家東徙，以燕空城及涿、易、檀、順、景、薊州與宋以塞盟。左企弓、康公弼、曹勇義、虞仲文皆東遷。燕民流離道路，不勝其苦，入平州，言於留守張穀曰：「宰相左企弓不謀守燕，使吾民流離，無所安集。公今臨巨鎮，握强兵，盡忠於遼，必能使我復歸鄉土，人心亦惟公是望。」穀遂召諸將領議。皆曰：「聞天祚兵勢復振，出没漠南。公若仗義勤王，奉迎天祚，以圖中興，先責左企弓等叛降之罪而誅之，盡歸燕民，使復其業，而以平州歸宋，則宋無不接納，平州遂爲藩鎮矣。即後日金人加兵，内用平山之軍，外得宋爲之援，又何懼焉！」穀曰：「此大事也，不可草草。翰林學士李石智而多謀，可召與議。」石至，其言與之合。乃遣張謙率五百餘騎，傳留守令，召宰相左企弓、曹勇義、樞密使虞仲文、參知政事康公弼至灤河西岸，遣議事官趙祕校往數十罪〔二〇〕，曰：「天祚播遷夾山，不即奉迎，一也；勸皇叔秦晉王僭號，二也；詆訐君父，降封湘陰，三也；天祚遣知閤王有慶來議事而殺之，四也；檄書始至，有迎秦拒湘之議，五也；不謀守燕而降，六也；不顧大義，臣事于金，七也；根括燕財，取悅于金，八也；使燕人遷徙失業，九也；教金人發兵先下平州，十也。爾有十罪，所不容誅。」左企弓等無以對，皆縊殺之。仍稱保大三年，畫天祚象，朝夕謁，事必告而後行，稱遼官秩。

六月，榜諭燕人復業，恒產爲常勝軍所占者，悉還之。燕民既得歸，大悅。翰林學士李石更名安弼，偕故三司使高黨往燕山，說宋王安中曰：「平州帶甲萬餘，瑴有文武材，可用爲屏翰，不然將爲肘腋之患。」安中深然之，令安弼與黨詣宋〔二二〕。宋主詔帥臣王安中、詹度厚加安撫，與免三年常賦。瑴聞之，自謂得計。

秋七月，金人屯來州，闍母聞平州附宋，以二千騎問罪，先入營州。瑴以精兵萬騎擊敗之。宋建平州爲泰寧軍，以瑴爲節度使，以安弼、黨爲徽猷閣待制，令宣撫司出銀絹數萬犒賞。瑴喜，遠迎。金人諜知，舉兵來襲，瑴不得歸，奔燕。金人克三州，始來索瑴，王安中諱之。索急，斬一人貌類者去。金人曰，非瑴也，以兵來取。安中不得已，殺瑴，函其首送金〔二三〕。天祚既得林牙耶律大石兵歸，又得陰山室韋謨葛失兵，自謂得天助，再謀出兵，復收燕、雲。大石林牙力諫曰：「自金人初陷長春、遼陽，則車駕不幸廣平淀，而都中京；及陷上京，則都燕山；及陷中京，則幸雲中；自雲中而播遷夾山。向以全師不謀戰備，使舉國漢地皆爲金有。國勢至此，而方求戰，非計也。當養兵待時而動，不可輕舉。」

不從。大石遂殺乙薛及坡里括，置北、南面官屬，自立爲王，率所部西去。上遂率諸軍出夾山，下漁陽嶺，取天德、東勝、寧邊、雲内等州。南下武州，遇金人，戰于奄遏下水，復潰，直趨山陰。

八月，國舅詳穩蕭撻不也、筆硯祗候察剌降金。是月，金主阿骨打死〔三〕。

九月，建州降金。

冬十月，納突呂不部人訛哥之妻諳葛，以訛哥爲本部節度使。昭古牙率衆降金。金攻興中府，降之。

十一月，從行者舉兵亂，北護衞太保朮者、舍利詳穩牙不里等擊敗之。

十二月，置二總管府。

校勘記

〔一〕上有四子　本書卷六四皇子表，天祚凡六子，紀、傳所見皇子之數亦與表合。此處蓋襲宋代文獻之誤。

〔三〕事覺昱撻曷里等伏誅　疑「撻曷里」下奪「妻」字。按本書卷一〇二耶律余覩傳作「事覺，殺昱及撻曷里妻」，裔夷謀夏録卷一謂「蕭昱、撻曷里妻等皆誅」，契丹國志卷一一天祚皇帝中保大元年稱「事發，撻曷里妻等皆伏誅」。

〔三〕即率千餘騎叛入金　此事本書卷七〇屬國表繫於保大元年五月，金史卷二太祖紀同。

〔四〕「上出居庸關」至「遺傳國璽于桑乾河」　本書卷七〇屬國表，是年三月，天祚聞金師將及，輕騎以遁。又金史卷二太祖紀天輔六年（遼保大二年）三月，金師追天祚於鴛鴦泊，天祚奔西京。且下文二月甲午尚稱命人「將兵屯鴛鴦濼」，故知此處所記時間不確，蓋史官鈔襲宋代文獻所致。

〔五〕金師敗奚王霞末于北安州　「于」，原作「非」，據大典卷五二五一引遼史天祚皇帝紀及明鈔本、南監本、北監本、殿本改。

〔六〕李爽陳祕十餘人曾與大計　「陳祕」，會編卷九宣和四年六月二十四日有「陳泌」，或即此人。

〔七〕燕雲平及上京遼西六路　此處僅舉出五路，當有闕誤。按本書卷三〇天祚皇帝紀四附耶律淳傳作「燕、雲、平、上京、中京、遼西六路」，裔夷謀夏録卷一作「燕、雲、平、中上京、遼西六路」，契丹國志卷一一天祚皇帝中作「燕、雲、平、中京、上京、遼西六路」。此處所闕當爲中京，或「及」爲「中」之誤。

〔八〕夏四月辛卯西南面招討使耶律佛頂降金　此處干支疑誤。按金史卷二太祖紀及卷七六杲傳，四月辛卯金師取西京，戊戌杲自西京趨白水濼，耶律坦招徠西南諸部。耶律佛頂降金當在此後。

〔九〕加太子太保　「太子太保」，本書卷六九部族表保大二年七月同。卷一〇〇耶律棠古傳、卷六六皇族表並作「太子太傅」。

〔一〇〕乙丑上京毛八十率二千户降金　按毛八十即毛子廉，金史卷七五毛子廉傳稱「子廉率户二千六百來歸」，卷二太祖紀天輔六年七月乙丑謂「上京漢人毛八十率二千餘户降」，與傳略合。此處所記户數恐不確。又本卷及金史太祖紀皆繫此事於保大二年（金天輔六年）七月乙丑，然金史卷七五毛子廉傳則記於天輔四年，參以同卷盧彦倫傳，知毛八十降金當在天輔四年（遼天慶十年）五月金取上京以前，此處繫年疑誤。

〔一一〕夏國遣曹价來問起居　「曹价」，本書卷七〇屬國表保大二年八月作「曹介」。

〔一二〕石輦驛　本書卷七〇屬國表保大二年八月及金史卷七四宗望傳同。卷六五公主表、卷一〇一耶律阿息保傳、卷一一四蕭特烈傳及金史卷二太祖紀天輔六年八月癸巳、卷六五蒲家奴傳、卷六六勗傳、卷八二蕭仲宣傳並作「石輦鐸」。

〔一三〕天復元年　「天復」，本書卷一一四奚回离保傳同。會編卷一八宣和五年八月十五日作「天阜」，大金弔伐録天輔七年三月又白劄子、會編卷一九宣和六年正月十四日、宋會要蕃夷二之三五皆作「天嗣」，契丹國志卷一二天祚皇帝下作「天興」。

〔一四〕甲子　此處干支下無記事，而徑接追敍之文，有乖史例。按金史卷二太祖紀天輔七年（遼保大三年）正月稱「甲子，遼平州節度使時立愛降」。此處「甲子」下所敍張穀、時立愛降金事與之相涉而無所附麗，聊綴於甲子之下，蓋因史官雜採諸書節録不當所致。

〔一五〕上京盧彥倫叛　「盧彥倫」，原作「盧彥綸」，據大典卷五二五一引遼史天祚皇帝紀、金史卷七五盧彥倫傳改。

〔一六〕權遷州刺史高永昌　「高永昌」，金史卷二太祖紀天輔七年二月乙酉作「高永福」。

〔一七〕權潤州刺史張成　「潤州」，原作「閏州」，據本書卷三九地理志三潤州條及金史卷二太祖紀天輔七年二月乙酉改。

〔一八〕答書請和　「書」，原作「言」，據大典卷五二五一引遼史天祚皇帝紀改。

〔一九〕軍將耶律敵烈等夜劫梁王雅里奔西北部　「耶律敵烈」，或作「蕭特烈」。參見卷一一四逆臣傳下校勘記〔四〕。

〔二〇〕遣議事官趙祕校往數十罪　「趙祕校」，會編卷一七宣和五年五月十四日同。契丹國志卷一二天祚皇帝下作「趙能」，此處「祕校」蓋其官稱。

〔二一〕「翰林學士李石更名安弼」至「令安弼與黨詣宋」　此段抄自宋代文獻。按皇朝編年綱目備要卷二九宣和五年五月云：「（李）石與三司使高履因詣燕山，説王安中。（中略）安中入其語，送石、履赴闕，改石名安弼，履名黨。」續宋中興編年資治通鑑卷一六宣和五年五月略同，則李、高更名當在説王安中之後。

〔二二〕「夏五月金人既克燕」至「函其首送金」　會編卷一七、卷一八及金史卷二太祖紀、卷三太宗紀，張穀叛金至宋函其首送金，皆保大三年事。此處誤繫於四年。

〔三〕是月金主阿骨打死　金史卷二太祖紀，阿骨打卒於天輔七年（遼保大三年）八月戊申。此處誤繫於保大四年。

遼史卷三十

本紀第三十

天祚皇帝四

五年春正月辛巳，党項小斛禄遣人請臨其地。戊子，趨天德，過沙漠，金兵忽至。上徒步出走，近侍進珠帽，却之，乘張仁貴馬得脱，至天德。己丑，遇雪，無禦寒具，朮者以貂裘帽進；途次絶糧，朮者進麨與棗〔一〕；欲憩，朮者即跪坐，倚之假寐。朮者輩惟齧冰雪以濟饑。過天德。至夜，將宿民家，紿曰偵騎，其家知之，乃叩馬首，跪而大慟，潛宿其家。居數日，嘉其忠，遥授以節度使，遂趨党項。以小斛禄爲西南面招討使，總知軍事，仍賜其子及諸校爵賞有差。

二月，至應州新城東六十里，爲金人完顔婁室等所獲。

八月癸卯，至金。丙午，降封海濱王。以疾終，年五十有四，在位二十四年。金皇統元年二月，改封豫王。五年，葬于廣寧府閭陽縣乾陵傍。

耶律淳者，世號爲北遼。淳小字涅里，興宗第四孫，南京留守、宋魏王和魯斡之子。清寧初，太后鞠育之〔二〕。既長，篤好文學。昭懷太子得罪，上欲以淳爲嗣。上怒耶律白斯不，知與淳善，出淳爲彰聖等軍節度使。

天祚即位，進王鄭。乾統二年，加越王。六年，拜南府宰相，首議制兩府禮儀。上喜，徙王魏。其父和魯斡薨，即以淳襲父守南京。冬夏入朝，寵冠諸王。

天慶五年，東征，都監章奴濟鴨子河，與淳子阿撒等三百餘人亡歸。先遣敵里等以廢立之謀報淳，淳斬敵里首以獻。進封秦晉國王，拜都元帥，賜金券，免漢拜禮，不名。許自擇將士，乃募燕、雲精兵。東至錦州，隊長武朝彦作亂，劫淳。淳匿而免，收朝彦誅之。會金兵至，聚兵戰于阿里軫斗，敗績，收亡卒數千人拒之。淳入朝，釋其罪，詔南京刻石紀功。

保大二年，天祚入夾山，奚王回离保、林牙耶律大石等引唐靈武故事，議欲立淳。淳不從，官屬勸進曰：「主上蒙塵，中原擾攘，若不立王，百姓何歸？宜熟計之。」遂即位。百官上號天錫皇帝，改保大二年爲建福元年，大赦。放進士李寶信等一十九人，遥降天祚爲湘陰王。以燕、雲、平、上京、中京、遼西六路，淳主之；沙漠以北、南北路兩都招討府、諸蕃部族等，仍隸天祚。自此遼國分矣。封其妻普賢女爲德妃，以回离保知北院樞密使事〔三〕，軍旅之事悉委大石。又遣使報宋，免歲幣，結好。宋人發兵問罪，擊敗之。尋遣使奉表于金，乞爲附庸。事未決，淳病死，年六十。百官僞謚曰孝章皇帝，廟號宣宗，葬燕西香山永安陵。

遺命遥立秦王定以存社稷。德妃爲皇太后，稱制，改建福爲德興元年，放進士李球等百八人。時宋兵來攻，戰敗之，由是人心大悅，兵勢日振。宰相李純等潛納宋兵〔四〕，居民内應，抱關者被殺甚衆。翌日，攻内東門，衞兵力戰，宋軍大潰，踰城而走，死者相藉。五表于金，求立秦王，不從。而金兵大至，德妃奔天德軍，見天祚。天祚怒，誅德妃，降淳庶人，除其屬籍。

耶律雅里者，天祚皇帝第二子也，字撒鸞。七歲，欲立爲皇太子〔五〕，別置禁衞，封梁王。

保大三年，金師圍青塚寨，雅里在軍中。太保特母哥挾之出走，間道行至陰山。聞天祚失利趨雲内，雅里馳赴。時扈從者千餘人，多於天祚。天祚慮特母哥生變，欲誅之。責以不能全救諸王，將訊之。仗劍召雅里問曰：「特母哥教汝何爲？」雅里對曰：「無他言。」迺釋之。

天祚渡河奔夏，隊帥耶律敵列等劫雅里北走〔六〕。至沙嶺，見蛇横道而過，識者以爲不祥。後三日，羣僚共立雅里爲主。雅里遂即位，改元神曆，命士庶上便宜。

雅里性寬大，惡誅殺。獲亡者，笞之而已。有自歸者，即官之。因謂左右曰：「欲附來歸，不附則去。何須威逼耶？」每取唐貞觀政要及林牙資忠所作治國詩，令侍從讀之。烏古部節度使糺哲、迭烈部統軍撻不也、都監突里不等各率其衆來附。自是諸部繼至。而雅里日漸荒怠，好擊鞠。特母哥切諫，乃不復出。以耶律敵列爲樞密使，特母哥副之。敵列劾西北路招討使蕭糺里熒惑衆心，志有不臣，與其子麻涅並誅之。以遥設爲招討使，與諸部戰，數敗，杖免官。

從行有疲困者，輒振給之。直長保德諫曰：「今國家空虚，賜賚若此，將何以相給耶？」雅里怒曰：「昔畋於福山，卿誣獵官，今復有此言。若無諸部，我將何取？」不納。

初，令羣牧運鹽濼倉粟，而民盜之，議籍以償。雅里乃自爲直：每粟一車償一羊，三車一牛，五車一馬，八車一駝。左右曰：「今一羊易粟二斗且不可得，乃償一車！」雅里曰：「民有則我有。若令盡償，民何堪〔七〕？」

後獵查剌山，一日而射黃羊四十，狼二十一，因致疾，卒〔八〕，年三十。

耶律大石者，世號爲西遼。大石字重德，太祖八代孫也。通遼、漢字，善騎射，登天慶五年進士第，擢翰林應奉，尋陞承旨。遼以翰林爲林牙，故稱大石林牙。歷泰、祥二州刺史，遼興軍節度使。

保大二年，金兵日逼，天祚播越，與諸大臣立秦晉王淳爲帝。淳死，立其妻蕭德妃爲太后，以守燕。及金兵至，蕭德妃歸天祚。天祚怒誅德妃而責大石曰：「我在，汝何敢立淳？」對曰：「陛下以全國之勢，不能一拒敵，棄國遠遁，使黎民塗炭。即立十淳，皆太祖子孫，豈不勝乞命於他人耶？」上無以答，賜酒食，赦其罪。

大石不自安，遂殺蕭乙薛、坡里括，自立爲王，率鐵騎二百宵遁。北行三日，過黑水，見白達達詳穩牀古兒。牀古兒獻馬四百，駝二十，羊若干。西至可敦城，駐北庭都護府。

會威武、崇德、會蕃、新、大林、紫河、駝等七州及大黃室韋、敵剌、王紀剌、茶赤剌、也喜、鼻古德、尼剌、達剌乖、達密里、密兒紀、合主、烏古里、阻卜、普速完、唐古、忽母思、奚的、糺而畢十八部王衆〔九〕，諭曰：「我祖宗艱難創業，歷世九主，歷年二百。金以臣屬，逼我國家，殘我黎庶，屠翦我州邑，使我天祚皇帝蒙塵于外，日夜痛心疾首。我今仗義而西，欲借力諸蕃，翦我仇敵，復我疆宇。惟爾衆亦有軫我國家，憂我社稷，思共救君父，濟生民於難者乎？」遂得精兵萬餘，置官吏，立排甲，具器仗。

明年二月甲午，以青牛白馬祭天地、祖宗，整旅而西。先遺書回鶻王畢勒哥曰：「昔我太祖皇帝北征，過卜古罕城，即遣使至甘州，詔爾祖烏母主曰：『汝思故國耶，朕即爲汝復之；汝不能返耶，朕則有之。在朕，猶在爾也。』爾祖即表謝，以爲遷國于此，十有餘世，軍民皆安土重遷，不能復返矣。是與爾國非一日之好也。今我將西至大食，假道爾國，其勿致疑。」畢勒哥得書，即迎至邸，大宴三日。臨行，獻馬六百，駝百，羊三千，願質子孫爲附庸，送至境外。所過，敵者勝之，降者安之。兵行萬里，歸者數國，獲駝、馬、牛、羊、財物，不可勝計。軍勢日盛，鋭氣日倍。

至尋思干，西域諸國舉兵十萬，號忽兒珊，來拒戰。兩軍相望二里許。諭將士曰：「彼軍雖多而無謀，攻之，則首尾不救，我師必勝。」遣六院司大王蕭斡里剌、招討副使耶律松山等將兵二千五百攻其右，樞密副使蕭剌阿不、招討使耶律朮薛等將兵二千五百攻其左，自以衆攻其中。三軍俱進，忽兒珊大敗，僵屍數十里。駐軍尋思干凡九十日，回回國王來降，貢方物。

又西至起兒漫，文武百官册立大石爲帝，以甲辰歲二月五日即位〔一〇〕，年三十八，號葛兒罕。復上漢尊號曰天祐皇帝，改元延慶。追謚祖父爲嗣元皇帝，祖母爲宣義皇后，册元妃蕭氏爲昭德皇后。因謂百官曰：「朕與卿等行三萬里，跋涉沙漠，夙夜艱勤〔一一〕。賴祖宗之福，卿等之力，冒登大位。爾祖爾父宜加卹典，共享尊榮。」自蕭斡里剌等四十九人祖、父，封爵有差。

延慶三年，班師東歸，馬行二十日，得善地，遂建都城，號虎思斡耳朵，改延慶爲康國元年。三月，以六院司大王蕭斡里剌爲兵馬都元帥，敵剌部前同知樞密院事蕭查剌阿不副之，茶赤剌部秃魯耶律燕山爲都部署，護衛耶律鐵哥爲都監，率七萬騎東征。以青牛白馬祭天，樹旗以誓于衆曰：「我大遼自太祖、太宗艱難而成帝業，其後嗣君耽樂無厭，不恤國政，盜賊蠭起，天下土崩。朕率爾衆，遠至朔漠，期復大業，以光中興。此非朕與爾世居之地。」申命元帥斡里剌曰：「今汝其往，信賞必罰，與士卒同甘苦，擇善水草以立營，量敵而進，毋自取禍敗也。」行萬餘里無所得，牛馬多死，勒兵而還。大石曰：「皇天弗順，數也！」康國十年殁，在位二十年，廟號德宗。

子夷列年幼，遺命皇后權國。后名塔不煙，號感天皇后，稱制，改元咸清，在位七年。子夷列即位，改元紹興。籍民十八歲以上，得八萬四千五百户。在位十三年殁，廟號仁宗。

子幼，遺詔以妹普速完權國，稱制，改元崇福，號承天太后。後與駙馬蕭朵魯不弟朴古只沙里通，出駙馬爲東平王，羅織殺之。駙馬父斡里剌以兵圍其宫，射殺普速完及朴古只沙里。普速完在位十四年。

仁宗次子直魯古即位，改元天禧，在位三十四年。時秋出獵，乃蠻王屈出律以伏兵八千擒之，而據其位。遂襲遼衣冠，尊直魯古爲太上皇，皇后爲皇太后，朝夕問起居，以侍終焉。直魯古死，遼絶。

耶律淳在天祚之世，歷王大國，受賜金券，贊拜不名。一時恩遇，無與爲比。當天祚播越，以都元帥留守南京，獨不可奮大義以激燕民及諸大臣，興勤王之師，東拒金而迎天祚乎？乃自取之，是篡也，況忍王天祚哉？

大石既帝淳而王天祚矣，復歸天祚。天祚責以大義，乃自立爲王而去之。幸藉祖宗餘威遺智，建號萬里之外。雖寡母弱子，更繼迭承，幾九十年，亦可謂難矣。然淳與雅里、大石之立，皆在天祚之世。有君而復君之，其可乎哉？諸葛武侯爲獻帝發喪，而後立先主爲帝者，不可同年語矣。故著以爲戒云。

贊曰：遼起朔野，兵甲之盛，鼓行敻外，席卷河朔，樹晉植漢，何其壯歟？太祖、太宗乘百戰之勢，輯新造之邦，英謀叡略，可謂遠矣。雖以世宗中才，穆宗殘暴，連遘弑逆，而神器不搖，蓋由祖宗威令猶足以震疊其國人也。聖宗以來，内修政治，外拓疆宇。既而申固鄰好，四境乂安。維持二百餘年之基，有自來矣。

降臻天祚，既丁末運，又觖人望，崇信姦回，自椓國本，羣下離心。金兵一集，内難先作，廢立之謀，叛亡之迹，相繼蠭起。馴致土崩瓦解，不可復支，良可哀也！耶律與蕭，世爲甥舅，義同休戚。奉先挾私滅公，首釁構難，一至於斯。天祚窮蹙，始悟奉先誤己，不幾晚乎！淳、雅里所謂名不正，言不順，事不成者也。大石苟延，彼善於此，亦幾何哉？

校勘記

〔一〕朮者進㪚與東　「㪚」，原作「之」，據大典卷五二五一引遼史天祚皇帝紀及明鈔本、南監本、北監本、殿本改。

〔二〕清寧初太后鞠育之　本書卷二九天祚皇帝紀三，耶律淳卒於保大二年，會編卷九宣和四年六月二十四日、繫年要録卷一宣和四年六月辛亥同。又下文稱其卒年六十，則應生於清寧九年，不當云「清寧初」。

〔三〕以回离保知北院樞密使事　本書卷一一四奚回离保傳同。然卷二九天祚皇帝紀三保大二年三月謂「蕭幹爲北院樞密使，駙馬都尉蕭旦知樞密院事」，繫年要録卷一宣和四年七月己酉亦稱「遼樞密使蕭幹」，按蕭幹即回离保，惟官銜與此不合。

〔四〕宰相李純等潛納宋兵　「李純」僅此一見，按本書卷二九天祚皇帝紀三保大二年三月及卷一〇二李處温傳俱作「李處温」，會編卷八宣和四年六月十二日同。此處蓋音近致誤。

〔五〕七歲欲立爲皇太子　疑文有訛誤。按本書卷二九天祚皇帝紀三保大三年十月，「梁王雅里殁」，若下文卒年三十無誤，則當生於道宗大安十年；七歲爲壽昌六年，時天祚尚未繼位，不當有立皇太子事。

〔六〕隊帥耶律敵列等劫雅里北走　此事亦見本書卷二九天祚皇帝紀三保大三年五月庚申、卷五九食貨志上、卷六九部族表，惟「耶律敵列」作「耶律敵烈」。然卷一一四蕭特烈傳云：「劫梁王雅里，奔西北諸部，僞立爲帝，特烈自爲樞密使。」蕭特烈與耶律敵列（烈）蓋係一人，其姓氏當有一誤。

〔七〕民何堪　「何」，原作一字空格，據大典卷五二五一引遼史天祚皇帝紀及明鈔本、南監本、北監本、殿本補。

〔八〕因致疾卒　「卒」，原作一字空格，據大典卷五二五一引遼史天祚皇帝紀及明鈔本、南監本、北監本、殿本補。

〔九〕紀而畢　本書卷六九部族表作「紀而畢」。

〔一〇〕又西至起兒漫文武百官册立大石爲帝以甲辰歲二月五日即位　此「甲辰歲」當指遼保大四年（一一二四），然據今人考訂西遼紀年，大石稱帝當在一一三一或一一三二年。疑此「甲辰歲」或爲其北走稱王之年，此處蓋史官追敍致誤。又此句似謂大石稱帝於起兒漫，然據阿拉伯文獻，上文尋思干之戰在一一四一年，大石西至起兒漫當在此後。

〔一一〕夙夜艱勤　「艱」，原作「難」，據大典卷五二五一引遼史天祚皇帝紀及明鈔本、南監本、北監本、殿本改。